El Almirante

La odisea de Blas de Lezo,
el marino español nunca derrotado

LUIS MOLLÁ

El Almirante

*La odisea de Blas de Lezo,
el marino español nunca derrotado*

ALMUZARA

© Luis Mollá Ayuso 2018
© Editorial Almuzara, s.l., 2018

Primera edición: Mayo de 2018

Editorial Almuzara • Colección Novela
Edición al cuidado de: Rosa García Perea
Director editorial: Antonio Cuesta
www.editorialalmuzara.com
pedidos@editorialalmuzara.com — info@editorialalmuzara.com

Imprime: CPI Black Print
ISBN: 978-84-17418-14-4
Depósito Legal: CO-653-2018
Hecho e impreso en España—*Made and printed in Spain*

Índice

*La literatura es
una mentira
que nos puede ayudar
a comprender la verdad*

INTRODUCCIÓN

Don Blas de Lezo y Olavarrieta representa una figura indispensable de la historia de España a la altura del Cid Campeador, el Gran Capitán o cualquier otro personaje de tintes épicos de la rica historiografía nacional. Como los dos ejemplos expuestos, el Almirante fue uno de esos militares honrados a carta cabal que a pesar de ganar todo tipo de batallas, en los más diversos frentes, a los enemigos de España, se vio cruelmente derrotado en el cuerpo a cuerpo con la propia administración española, razón por la que su figura no ha tenido la relevancia histórica que debería corresponderle.

La hoja de servicios de don Blas está mutilada o incompleta, lo que significa que algunos hechos de su vida no podemos sino extrapolarlos de leyendas o tradiciones que han llegado hasta nosotros trasmitidas de generación en generación. En realidad y tratándose de un marino de su talla, podríamos decir que su vida es un océano en el que apenas tenemos visibilidad en ciertas islas menores que suponen los hechos contrastados, correspondiéndose la mayor parte de su biografía con el misterio inherente a la inmensidad de los mares. Este detalle, que convierte en una aventura más que complicada, si no imposible, el intento de abordar su biografía en condiciones, permite a un escritor atrevido acometerla con ciertas garantías al precio de rellenar sus vacíos con las indispensables dosis de fantasía mesurada.

El Almirante no es, por tanto, ni pretende ser una novela histórica, sino un libro de aventuras centrado en un personaje real cuya vida se reconstruye alrededor de un número más o menos alto de elementos históricos contrastados. Las heridas y mutilaciones recibidas por nuestro personaje en la batalla naval de Vélez-Málaga, en la defensa del castillo de Santa Catalina, en Tolón, y durante el asalto a Barcelona en 1714, a consecuencia de las cuales quedó cojo, tuerto y manco, son completamente veraces, como también lo es el hecho de que debido a esas taras fue apodado «mediohombre» por sus compañeros de armas, alias que aunque nunca rechazó, no era de su agrado. Sí encajaba de mejor grado, por el contrario, el apodo de «Anka Motz» (pata de palo en vasco) que procedía de los marineros, vascos como él, con los que compartía la misma suerte en la rutina de la mar y sobre los que ejercía un profundo liderazgo.

Terminada la Guerra de Sucesión, con la incorporación al trono de España del primer Borbón, llegaron también, entre otras cosas, las ordenanzas militares francesas que reservaban a los empleos más altos de la Armada la misma denominación que se daba a los del Ejército, por lo que en el momento cumbre de su vida, la defensa de Cartagena de Indias contra los ingleses, la graduación de Lezo era la de teniente general, aunque a efectos narrativos y para mantener la solera de su condición de hombre de mar, he preferido referirme a él como almirante, otorgándole a título literario el empleo que le hubiera correspondido en nuestros tiempos.

Tras su épica victoria sobre Edward Vernon en Cartagena de Indias, en la actual Colombia, circula que el vicealmirante inglés, que comunicó a Londres antes del final de la batalla una victoria que en realidad nunca llegó a producirse, fue represaliado, expulsado de la Armada británica y su nombre quedó proscrito de la historia de Inglaterra, hecho que no sólo no sucedió, sino que el que recibió tan injusto castigo fue precisamente Blas de Lezo, el vencedor en la batalla de Cartagena y en otros más de veinte combates anteriores, la mayor parte de las veces contra los ingleses, resultando la triste paradoja, tan carpetovetónica por otro lado, de que el único combate del que salió derrotado fue el que sostuvo contra los gobernantes de su propio país.

Afortunadamente, hoy la figura de uno de nuestros militares más emblemáticos y heroicos, y que tan denostado fue en su tiempo, está siendo restaurada poco a poco y los españoles empiezan a saber quién fue Blas de Lezo en unos momentos en que la crisis por la que atraviesa nuestro país, que no es únicamente económica, hace que nuestra sociedad esté más necesitada que nunca de este tipo de líderes, para, recordándonos quienes fuimos, permitirnos soñar con quienes podríamos volver a ser.

Hoy la figura de don Blas está siendo reivindicada como corresponde a sus muchos hechos y méritos, y aunque todavía no en cantidad suficiente, está recibiendo una serie de homenajes por parte de la sociedad española que hasta cierto punto compensan el olvido sufrido durante siglos. Sin embargo, es opinión de este autor que la guinda que falta a estas distinciones sería una película que honrara y divulgara en su justa medida al personaje, y liberara al cine español, al mismo tiempo, de los complejos en los que ha permanecido anclado durante demasiados años. En consecuencia, el autor ha elegido un estilo literario que centre la trama en el protagonista y los hechos que le son propios, alejándose en cierta medida de otros aspectos y personajes colaterales que permitan fijar y resaltar la figura del almirante vasco al modo de un guión cinematográfico.

En las páginas que siguen a esta introducción el lector encontrará un personaje fascinante que, pareciendo de ficción, es completamente real, aunque los detalles de los que se verá rodeado sean en algunos casos producto de la fantasía del autor. Blas de Lezo alcanzó las cimas del escalafón de la Armada a una edad tan temprana que dudo que hayan existido casos semejantes en la dilatada historia de la institución naval, viéndose por tanto obligado a ejercer el mando de no pocos buques y agrupaciones navales en uno de los escenarios bélicos más difíciles de imaginar y en circunstancias, casi siempre combates al cañón, que no permitían dudar ni hacer concesiones que pudieran ser aprovechadas por esos zorros de los mares que han sido siempre los marinos ingleses. Más allá de su larga lista de virtudes como hombre y como marino, y también con sus imperfecciones, que como cualquier ser humano también las tuvo, la figura de Blas de Lezo se identifica con la de un líder militar extraordinariamente heroico y con la de un entrañable ser humano que a los españoles no debería movernos a otro sentimiento que el de un enorme y sanísimo orgullo.

*A mi madre, que subió al cielo cuando este
libro estaba a punto de ver la luz.
Y a mis hermanos, su mejor obra.*

Fragata del Siglo XVIII

Glosario Naval

1 - Bauprés
2 - Palo Mesana
3 - Palo Mayor
4 - Palo Trinquete
5 - Mastelero de Sobremesa
6 - Mastelero Mayor o de Gavia
7 - Mastelero de Juanete mayor
8 - Mastelero de velacho
9 - Mastelero de Juanete proa
10 - Verga de Gata o gata seca
11 - Verga de Cebadera
12 - Verga de Sobrecebadera
13 - Verga de Trinquete
14 - Verga de Velacho
15 - Verga de Juanete
16 - Botalón de rastrera
17 - Cangreja

18 - Sobremesa
19 - Vela Mayor
20 - Gavia
21 - Juanete Mayor
22 - Vela Trinquete
23 - Velacho
24 - Juanete de proa
25 - Foque
26 - Contrafoque
27 - Cofa de Mesana
28 - Cofa de Mayor
29 - Cofa de Trinquete
30 - Bandera de combate
31 - Gallardete de Grimpola
32 - Banderas de señales
33 - Insignia
34 - Juanete de Sobremesa o Periquito

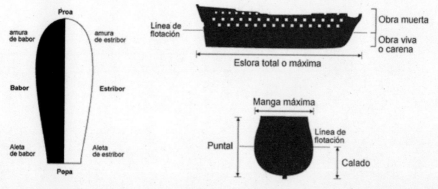

A Blas de Lezo,
gracias Almirante
por pelear por España.

(Estatua de Salvador Amaya
en la plaza de Colón de Madrid)

1. PASAJES DE SAN PEDRO, MAYO DE 1698

La nave enfiló la bocana de la ría de Pasajes con las velas flameando al viento, aunque a buena velocidad. El centenar de paisanos que esperaban su llegada respiraron profundamente. El resplandor de la hoguera del cabo de la Plata había avisado de su llegada y más tarde los espejos confirmado su identidad, sin embargo eran tantas las veces que aquel angosto brazo de mar en el que las dulces aguas del río Oiarso se abrazaban con las saladas del Cantábrico se había convertido en el escenario de los peores combates, desde los ataques de los vikingos muchos siglos atrás a los de cualquiera de los enemigos de España en épocas más recientes, que cuando el *Aingura*[1] hizo por fin su aparición, el suspiro contenido de la aldea se elevó hacia las alturas del monte Ulía como si se tratase de una oración.

Respondiendo a la etimología de los barcos de su clase, el *Aingura* era una pinaza construida enteramente en madera de pino. Se trataba de una embarcación pequeña, de cubierta corrida, popa cuadrada y tres palos: el trinquete, en el que arbolaba una vela cuadra con los blasones de la familia propietaria de la nave, el mayor, con dos velas igualmente cuadradas en la más alta de las cuales se repetían los blasones, y

---

1 Ancla en vasco

21

el mesana, con una vela latina o triangular que recogía garbosamente los vientos popeles. Un barco de construcción relativamente reciente como denunciaban los grumos que todavía se formaban en su madera, aunque su verdadera edad era imposible de calcular, pues había sido tomada por la fuerza a sus propietarios originales, un grupo de holandeses que habían asolado la costa vasca unos años atrás con la mala ocurrencia de haber rapiñado en Orio una partida de txacolí de la que decidieron disfrutar fondeados frente al promontorio de Telaizarra aprovechando la bonanza de la noche.

Los holandeses nunca volvieron a ver la luz del sol. Suponiendo que estarían borrachos, un par de balleneras de Pasajes, conocedores sus habitantes de la incursión en Orio, asaltaron la nave durante la noche y pasaron a cuchillo a los piratas. En vista de que habían tomado el barco mientras se encontraba plácidamente fondeado, los pasaitarras decidieron renombrarlo como *Aingura*, ya que su nombre original resultaba excesivamente difícil de pronunciar incluso para ellos, acostumbrados a la nomenclatura vasca más enrevesada. Tras la correspondiente subasta, el *Aingura* pasó a ser propiedad de Pedro Francisco de Lezo y Lizárraga, que con título de capitán de la Armada había servido a la patria con honor durante más de 20 años, siendo su intención a partir del momento en que se hizo con los servicios de la pinaza continuar sirviéndola bajo patente de corso.

Al llegar al pequeño muelle de la aldea el propio Lezo fue el primero en desembarcar. Después de gritar un par de órdenes a Patxi Nanclares, su fiel contramaestre y hombre de confianza, se fundió en un abrazo con su familia y amigos. Allí estaban Casimiro Pereira, nacido en Pontevedra, aunque hacía muchos años que empuñaba la vara de la municipalidad pasaitarra, Juan de Sabaña, vicario parroquial, Miguel Mújica, propietario de la fábrica de harina, Pedro Urquidi, Presidente de la Real Compañía Guipuzcoana de Caracas, con sede en la localidad, José de Leizaur, caballero de la orden de Santiago que no daba un paso sin consultar con su mujer, María Teresa de Cobarrubias, y así hasta una docena larga de amigos inseparables a los que acostumbraba a confiar a su familia cuando salía a *guerrear,* como solía decir él mismo. Y naturalmente allí estaba también su familia, empezando por Agustina de Olavarrieta, su esposa, flanqueada por sus padres y suegros, Francisco de Olavarrieta y Magdalena Ubillos, y Francisco de Lezo y Pérez de Vicente y Rafaela de Lizárraga. Correteando entre ellos y tratando de abrazar al padre, sus hijos no disimulaban la excitación que les producía el feliz regreso del patriarca. Manuel Alberto, Agustín Cruz y Pedro Francisco ya habían cumplido 13, 12 y 11 años respectivamente, y aunque eran brillantes estudiantes aún no habían mostrado inclinación por ningún tipo de profesión en concreto. Con sólo tres años, Joseph Antonio tiraba del faldón del marsellés de su padre insistiendo en que abriera el arcón con el que solía embarcar para sus periplos marineros y en el que acostumbraba a guardar los objetos más pintorescos cuando se daba la captura de algún buque, y por su parte, María Josepha y Theressa Antonia, las más púberes con excepción de María Joaquina, que con sólo dos meses de edad dormitaba en su canasto de mimbre, jugaban a unir las palmas de sus manos al compás de una vieja canción vasca que probablemente todos los presentes habían cantado alguna vez.

En el ascenso de la comitiva a la casa de los Lezo, en la calle de San Pedro, en cuyos jardines estaba previsto celebrar el feliz regreso del paterfamilias asando una ternera joven, el capitán se detuvo y cogió en brazos a su hijo Joseph Antonio, al que tenía un cariño especial por haber heredado el nombre de su hermano del mismo nombre fallecido de fiebres dos años atrás.

—No hijo. Lo siento. No hemos encontrado en la mar enemigos ni piratas con los que batirnos. Sin embargo —el padre hizo una seña a Roberto, su paje, que portaba el arcón—, creo que es posible que encontremos algo dentro del cofre.

Tras rebuscar en el arcón, el padre extrajo una figura de madera que mostraba a un oficial de la Armada blandiendo el sable y que el chico tomó entre sus manos sin disimular un gesto de decepción antes de entregárselo a su madre. En ese momento y tras dejar a Joseph Antonio en el suelo, el padre paseó la vista entre sus hijos reparando en que faltaba uno de ellos.

—Dónde está Blas —preguntó buscando la respuesta en los ojos de su madre, que le devolvió la mirada con una sonrisa.

—¿Dónde crees? —terció el padre Sabaña apuntando a la pinaza amarrada al pequeño muelle de la aldea.

Una risa espontánea se levantó de entre el grupo cuando vieron al pequeño Blas encaramado a la parte baja de la jarcia de la *Aingura* sujeto por los brazos del viejo Sebas, su amigo inseparable, que trataba de evitar que el chico trepara a las alturas. El agudo silbido nacido de los labios del contramaestre Nanclares, que se había unido al grupo que ascendía por la cuesta de San Pedro, hizo que Blas desistiese de sus intenciones y descendiese la plancha como un galgo para correr a echarse en brazos de su padre, mientras el pobre Sebas trataba de seguirlo agitando la cabeza y haciendo gala de una ostensible cojera.

—Padre —exclamó el niño alborozado cuando se vio en brazos de su progenitor—. ¿A cuántos enemigos habéis rendido?

—Aquí está mi muchacho —exclamó el capitán alzando el menudo cuerpo de su hijo —De modo que prefieres jugar con Sebas antes que venir a besar a tu padre.

—Claro que no —respondió Blas con dificultad desde su postura en el aire —. Sebas prometió enseñarme el barco. De no ayudarle a cumplir su promesa habría ido directamente al infierno.

Todos volvieron a reír ante la ocurrencia del chiquillo, en el momento en que Sebas lograba unirse al grupo con evidentes síntomas de fatiga.

—Demonio de muchacho —exclamó congestionado por el esfuerzo—. Lleva semanas soñando con este momento.

—Adora a su padre —terció doña Agustina con un mohín de ternura.

—Digamos que al menos tanto como a la *Aingura* —rio el capitán reiniciando la marcha hacia la casa.

Algunos quisieron continuar la chanza y buscaron al pequeño Blas con la mirada, pero este había descubierto la talla de madera que tan poco había entusiasmado a su hermano y se batía con ella contra un enemigo invisible.

Mientras tanto, el capitán caminaba ofreciendo el brazo a Sebas para ayudarle a sostenerse en pie, mientras atendía alguna confidencia del fiel amigo de su hijo Blas, cuarto de la larga prole del matrimonio Lezo Olavarrieta.

Sebas era un hombre entrado en los cuarenta que de joven se había ganado la vida en los balleneros hasta que una estacha quedó enganchada a su pie y al coger tensión le descalabró la pierna hasta el punto que hubo de serle amputada y sustituida por una de madera. A partir de aquel trágico momento dejó de navegar, empleándose primero en la propia factoría de ballenas de Pasajes y más adelante en la conservera de bonito, pero lo suyo era el contacto con la mar y con independencia de los trabajos en los que se empeñase para ganarse la vida, solía vérsele a menudo por el muelle ayudando a los pescadores a remendar sus redes y confeccionar sus sedales antes de afrontar la marea. A pesar de su tara, el mundo de Sebas seguía siendo la mar y aunque ya no pudiera ejercer el oficio de marinero, le gustaba sentarse en la taberna a recordar viejas historias y escuchar las de los que seguían haciendo de la mar su modo de vida. La primera vez que vio al pequeño Blas bajar la cuesta de San Pedro hasta el pequeño muelle pensó que se había perdido y se ofreció a devolverlo a su casa, pero pronto se dio cuenta de que, como él, el niño llevaba el mar en las venas y a partir de ese momento pasaban largas horas juntos, tiempo en el que Sebas le transmitía sus conocimientos de la profesión, recibiendo a cambio la ilusión que reflejaba siempre la mirada limpia del muchacho.

La fiesta duró hasta la caída de la noche. Antes, uno detrás de otro, los pequeños se fueron despidiendo de sus padres, abuelos y amigos de la familia y se retiraron a dormir. Luego, una vez se quedaron solos, los adultos hablaron de las preocupaciones propias de la situación del país.

—He oído que la salud del rey es delicada —comentó Casimiro Pereira con su habitual deje gallego.

—Bah, ese hace tiempo que no gobierna. Dicen que todo lo fía a ese catalán en quien tanto descansa la reina Mariana— se quejó la Covarrubias—. Pero mejor mantener los labios sellados, que en estos días dicen que hasta las paredes oyen.

—El conde de Oropesa —intervino don José de Leizaur tratando de justificar la alusión de su esposa al valido real—, es hombre inteligente y de recursos. En estos momentos de zozobra en que tantos esperan la muerte del rey para desmembrar el imperio, puede que sea el primer ministro más conveniente para España.

—Sí, pero el suyo es un gobierno títere en favor de los que mueven los hilos de la reina. Todos se hacen cruces con lo que haya de venir —volvió a escucharse la voz quejumbrosa de Pereira.

Se refería el gallego a que igual que la primera, la segunda esposa de Carlos II, Mariana de Neoburgo, tampoco había dado al rey un vástago capaz de heredar la corona española, y siendo la mala salud del monarca asunto común, muchos elucubraban en torno a su sucesión.

—Si la sucesión ha de ser cosa de Oropesa —se dejó oír la voz grave de Francisco de Lezo, padre del capitán de la *Aingura*—, me consta que la Corona de España podría ceñir la pequeña cabeza de José Fernando de Baviera. Así al menos parece haber testado nuestro rey Carlos.

—Santo Dios —terció doña Rafaela, su esposa—. Si no es más que un niño.

—Sería el final de los Habsburgo —sentenció don Francisco agitando la cabeza con pesadumbre.

Durante más de media hora la conversación giró alrededor de la sucesión de la Corona de España, asunto sobre el que se pronunciaron todos excepto el capitán Lezo, que en un momento dado la interrumpió levantando la mano derecha para reclamar la atención de sus invitados.

—Escuchadme —dijo una vez impuesto el silencio que reclamaba—. Como bien sabéis no hay nadie que conozca el alma de mi hijo Blas como su amigo Sebas. Pues bien, aunque era algo que en la familia todos sospechábamos, hoy Sebas me ha confirmado que Blas le ha expresado en varias ocasiones su intención de prepararse para llegar a ser oficial de la Armada.

El comentario del padre del muchacho desató la cháchara de la concurrencia. En general a los hombres les parecía una noticia jubilosa, pero las mujeres, en especial su madre y ambas abuelas, consideraban que Blas era demasiado pequeño para someterse a la dura preparación de un oficial naval. Recabando por segunda vez la atención de los reunidos, el capitán intervino de nuevo.

—Ya sabéis que estando las cosas como están, si queremos respetar el deseo de Blas, a pesar de que apenas ha cumplido los nueve años, habrá que enviarlo a estudiar a Francia.

—Eso no es problema —apuntó el padre Sabaña sin ocultar un guiño cómplice a Sebas—. Le buscaremos sitio en los Jesuitas de Bayona.

—Será el terror de los enemigos de España —sentenció su abuelo Francisco de Olavarrieta.

La sonrisa que iluminó el rostro de los presentes hizo sonreír también a su padre.

—Entonces no se hable más, padre Juan. Mañana mismo nos pondremos manos a la obra.

Esa noche, antes de acostarse, Pedro Francisco de Lezo besó uno por uno a todos sus hijos. Al llegar a Blas, antes hubo de retirar la talla de madera de entre sus pequeños dedos, después le apartó el flequillo, besó su frente y le susurró en medio de su sueño:

—Ya sabes. Debes estudiar mucho y prepararte a conciencia. Se avecinan tiempos difíciles y tú tendrás que librar a España de sus enemigos.

Al retirarse a su dormitorio, el capitán de la *Aingura* confesó a su mujer que le parecía haber visto una sonrisa en el rostro angelical de su hijo.

2. PALACIO REAL DE MADRID, NOVIEMBRE DE 1700

El primero de noviembre de 1700 Carlos II moría en su lecho en el Palacio Real de Madrid. No habiendo dejado descendencia, a su muerte la cuestión de estado más importante era su complicada sucesión.

Conscientes del delicado estado del rey de España, las potencias europeas tomaron posiciones tratando de obtener el máximo beneficio del real testamento. Era público y notorio que en 1696, en uno de sus escasos arranques de claridad, Carlos II había testado en favor de un único beneficiario: José Fernando de Baviera, nieto de Leopoldo I de Habsburgo, Emperador del Sacro Imperio Romano Germánico y sobrino nieto del propio Carlos II. Las disposiciones de este testamento ponían en manos del príncipe Elector de Baviera, de sólo cinco años de edad, los reinos de España, la Cerdeña, los Países Bajos españoles y la larga lista de colonias españolas en América, pero la prematura muerte del niño en 1699 dio al traste con las intenciones del ya moribundo monarca español.

Obligado a un segundo testamento, en esta ocasión se notó la mano de la reina, lo que evidenciaba que «el Hechizado», apodo con el que los españoles conocían a su monarca, estaba perdiendo facultades a pesar de que aún no había cumplido los 38 años. Claramente influenciada por el primer ministro, el conde de Oropesa, la reina Mariana de Neoburgo inclinó la firma del rey en favor del archiduque Carlos de Austria.

Por el llamado «Segundo Tratado de Partición» se establecía que la corona española quedaría en manos del archiduque, aunque la provincia de Guipúzcoa así como la mayor parte de las posesiones en Italia, fundamentalmente los reinos de Nápoles y Sicilia con algunos pequeños territorios adicionales, pasarían a la corona francesa como compensación a su renuncia del Borbón al trono español.

El tratado, que se firmó con el visto bueno de Francia, Inglaterra y las Provincias Unidas holandesas y la lógica oposición de Leopoldo I de Habsburgo, gran perjudicado del acuerdo, significaba la ruptura en pedazos del imperio español, por lo que era rechazado por la destartalada corte hispánica, opuesta a los designios del austracista conde de Oropesa. La aparición en escena del cardenal Portocarrero, que organizó un golpe de estado en 1699 que condujo a la caída de Oropesa, significó un cambio diametral del escenario, pues el nuevo valido se inclinaba por la causa borbónica. Luis Manuel Fernández de Portocarrero Bocanegra y Guzmán era partidario de desbaratar cualquier arreglo internacional referido a la sucesión de Carlos II que no tuviese en cuenta los intereses de España, impedir la división del imperio y evitar una guerra en la que habrían de derramar su sangre muchos españoles. En octubre de 1700, en su último testamento, Carlos II nombraba sucesor a Felipe de Anjou, nieto de Luis XIV de Francia.

En España la última decisión real fue bien recibida por la población castellana, pero tanto la aragonesa como la catalana preferían la opción austríaca, pues la llegada de un Borbón, partidario de políticas reformistas y centralizadoras, ponía en peligro sus fueros. En Europa la decisión supuso un catalizador para la política expansionista del Rey Sol, que despidió a su nieto con unas palabras que despejaban cualquier duda: *«Sed buen español, ese es ahora vuestro primer deber, pero no olvidéis que habéis nacido francés y que sois el depositario de la unión de Francia con España. Vuestro nombra-*

miento para el trono español es el medio capaz de hacer dichosas a ambas naciones y de mantener la paz en Europa...».

Y mientras Francia reía, Austria lloraba. La nueva situación hacía peligrar no sólo la hegemonía europea, sino también la colonial, aspecto este último que inquietaba a otros países como Inglaterra y Holanda. La primera, porque debido a sus intereses comerciales había puesto sus ojos en América, donde una España débil y aislada difícilmente sería capaz de mantener sus colonias, y los segundos porque llevaban treinta largos años de guerra con Francia, cuya unión con España, con quien, además, tenían cuentas pendientes, no hacía sino añadir a su corona un nuevo e incómodo enemigo.

Y por si la unión entre los reinos de España y Francia como consecuencia de que Felipe de Anjou se consolidara como nuevo rey de los españoles con el nombre de Felipe V no fuera lo suficientemente patente *per sé*, una disposición de Luis XIV en diciembre de 1700, pocas semanas antes de la coronación de su nieto, sirvió para que Europa tomase nota de los intereses del Rey Sol: «... *Felipe V no renuncia bajo la nueva corona española a sus derechos sobre la francesa, antes bien, su nombramiento supone el estrechamiento de lazos entre los dos países hermanos y la posibilidad de Francia de abrirse a los nuevos mercados emergentes.*» Coincidiendo con su cristalina declaración de intenciones, las tropas francesas comenzaron a establecerse en las plazas fuertes de los Países Bajos con el consentimiento de las españolas que las ocupaban.

En febrero de 1701, con sólo 17 años, Felipe V llegaba a Madrid y unos meses más tarde reunía a las cortes catalanas para confirmar sus fueros y consolidar su posición en suelo español. Sólo unos días antes, Leopoldo I llamaba a la unidad a los países europeos que se considerasen perjudicados por el nombramiento de Felipe V como rey de España, y de ese modo se formaba una peligrosa coalición para los intereses españoles a la que, además de Austria, se incorporaron otros países como Inglaterra, Holanda, Dinamarca, Portugal y Saboya.

A pesar de no haberse dado ningún tipo de declaración formal de guerra, los países de la nueva coalición expresaron sin disimulo sus pretensiones respecto al imperio Español, y así los ingleses exigieron la entrega de Menorca, Ceuta y Gibraltar; Holanda la parte de Flandes en poder de la corona española, mientras que Portugal se quedaría con Galicia y Extremadura. Además, cada uno de estos países puso sus ojos sobre una parte del imperio americano, llegándose al acuerdo de que los territorios no exigidos por ningún país pasarían a manos del archiduque Carlos.

La declaración de guerra se produjo de manera formal el 15 de mayo de 1702 y las primeras escaramuzas tuvieron lugar en la frontera entre Francia y España, dándose la paradoja de que eran españoles los que defendían la causa extranjera y extranjeros los que defendían la propia.

Sin Ejército, Armada ni recursos económicos suficientes, España no tuvo otra elección que echarse en brazos de Francia, que asumió la iniciativa militar de la guerra, estableciendo ciertas reformas como la abolición de los tercios, que fueron sustituidos por regimientos tradicionales, el uso de un uniforme común entre todos los soldados borbónicos y del fusil francés armado con bayoneta, que apartó a un lado los viejos arcabuces y picas españolas. Con la hacienda prácticamente esquilmada, los 37 millones de reales pagados a la corona francesa por su apoyo militar terminaron de vaciar las exhaustas arcas nacionales, que apenas se mantenían con los impuestos de los esforzados contribuyentes españoles y la plata de América.

El primer intento austracista de conquista por parte de las tropas del archiduque Carlos tuvo lugar en Ciudad Rodrigo y vino de Portugal. Por primera vez en la contienda se enfrentaron dos grandes ejércitos, imponiéndose las tropas borbónicas al mando de James Fitz-Stuart, duque de Berwick, hijo ilegítimo del rey Jacobo II de Inglaterra, el cual, derrocado en 1688, se exilió en Francia cuando su hijo tenía sólo 18 años. Una vez en Francia, en vista de que no podía aspirar a la corona británica por su condición de hijo natural, el duque de Berwick se alió con Luis XIV, combatiendo para él en la Guerra de Sucesión española.

Durante cinco años el archiduque Carlos trató de penetrar en territorio español con las fuerzas desembarcadas en Lisboa, pero todos sus intentos fueron inútiles. Hasta ese momento la guerra había sido un asunto prácticamente continental, pero en vista de sus continuos fracasos por tierra la coalición, principalmente anglo-holandesa, decidió lanzarse al mar. Con más de seis mil kilómetros de costa continental, España aparentaba por el mar una vulnerabilidad que no se había hecho patente por tierra. Se trataba, pues, de buscar los puntos más desguarnecidos en la costa española para proyectar los ataques de la coalición hasta conseguir echar de España al incómodo Borbón y sustituirlo por el continuismo del que se pretendía que reinara en España como Carlos III, pero las tropas borbónicas que por tierra se habían demostrado inexpugnables, no habrían de serlo menos en la mar.

3. COMBATE NAVAL DE VÉLEZ-MÁLAGA, AGOSTO DE 1704

Para llevar a cabo la estrategia por el mar, el archiduque Carlos se puso en manos del almirante George Rooke, un comandante naval nacido en Canterbury en 1650 y que había alcanzado el empleo de capitán de navío con sólo 23 años merced a los méritos acumulados en las guerras anglo-holandesas.

Como comandante de la Flota ahora combinada con sus antiguos enemigos, el primer objetivo de Rooke en la Guerra de Sucesión española fue la toma del estratégico puerto de Cádiz en el verano de 1702. A pesar de contar con 207 velas, el almirante británico fue rechazado y sólo pudo ocupar pequeñas poblaciones aledañas como Rota o El Puerto de Santa María, sin embargo su presencia y perseverancia en el bloqueo de la ciudad andaluza dio un fruto inesperado, pues la Flota de Indias que regresaba de América a las órdenes del brigadier Manuel de Velasco y Tejada tuvo que desviarse al norte, refugiándose frente a la pequeña aldea de Rande, en el interior de la ría de Vigo, donde Rooke la saqueó causando un grave perjuicio a la corona española, no tanto en cuanto a los caudales que transportaba, buena parte de los cuales pudieron ser desembarcados a tierra, sino a los buques que la componían, pues muchos se echaron a perder incendiados y hundidos por los anglo-holandeses.

Pero la guerra continuaba y dando por perdida Cádiz, Rooke, que llevaba embarcado el ejército del Príncipe Darmstadt, el cual había sido virrey de Cataluña durante los últimos años de reinado de Carlos II, intentó desembarcar en Barcelona buscando propiciar la rebelión de la ciudad catalana contra Felipe V, sin embargo, ni las instituciones ni el pueblo, a pesar de abrazar la causa austríaca, se atrevieron a rebelarse abiertamente en contra del Borbón. Tras este segundo fracaso Rooke se dirigió al sur, encontrando el enclave estratégico de Gibraltar prácticamente desguarnecido. Tras bombardearlo el 4 de agosto de 1704, el almirante ordenó el desembarco de un centenar de soldados embarcados en Barcelona en una playa de Gibraltar bautizada desde aquella fecha como de «Los Catalanes», donde consiguieron vencer la escasa resistencia del gobernador Diego de Salinas, que fue inmediatamente reemplazado por el Príncipe de Darmstadt.

Enterado de las correrías de la Flota anglo-holandesa por las costas españolas y del mucho daño que estaban haciendo a la causa de Felipe V, Luis XIV ordenó alistar su propia escuadra para marchar al encuentro de Rooke, de ese modo se armó en Tolón una gran flota al mando de Luis Alejandro de Borbón, conde de Toulouse, hijo natural del Rey Sol, que llevaba como consejero al veterano Almirante Víctor Marie d´Estrées. Dispuesta para el combate, la larga fila de barcos franceses abandonó el resguardo de la ensenada tolonesa el 22 de julio de 1704, de modo que la noticia de la toma de Gibraltar por los enemigos de Felipe V les llegó por medio de un aviso despachado desde Málaga cuando se encontraban navegando frente a la ciudad andaluza.

—Almirante, os supongo enterado de la situación —inquirió el conde de Toulouse a d´Estrées en la toldilla con la mirada fija en la proa de la formación.

—Así es señor. Siguiendo vuestras disposiciones el capitán de navío Lautrec me mantiene puntualmente informado.

—¿Y cuál es vuestra opinión? ¿Os parece oportuno el bloqueo de los ingleses en Gibraltar?

—Es una de las opciones. Lamentablemente no sabemos qué idea anida en la cabeza del almirante Rooke. Si su intención es mantener su flota en Gibraltar, el bloqueo no es una mala táctica, pues evitará que la Armada inglesa siga haciendo daño a los españoles donde menos lo esperen. Pero me temo que la idea de Rooke pueda ser otra.

—Os escucho, almirante.

—Señor. Rooke es un viejo zorro y en su cabeza, ciertamente, pueden haberse abierto hueco las fantasías más extravagantes, pero no debemos olvidar que en la guerra muchas veces son ese tipo de ideas las que conducen a la victoria.

El conde de Toulouse abandonó la observación del mar y se giró, poniendo toda su atención en las palabras del almirante d´Estrées.

—Sin embargo, por mucho que discurra, las circunstancias y el medio únicamente le permitirán elegir una de entre tres posibilidades.

»La primera, como habéis apuntado, es que atrinchere sus barcos en Gibraltar para impedirnos la recuperación de la plaza, aunque no espero esa actitud de él.

—Continuad —se dejó oír la voz sosegada del jefe de escuadra.

—La de Algeciras es mala bahía para acularse. Apenas da resguardo al viento por lo que los barcos al ancla tendrían mala defensa de nuestra artillería, y eso sin contar con que de rolar a poniente fresco las anclas no se agarrarían y convertirían el fondeadero en una ratonera. Recordad el desastre de La Herradura hace 150 años. No fue lejos de aquí y tampoco era un tenedero muy diferente. Cuando se desató el temporal era tarde para la escuadra del almirante Juan de Mendoza que allí se resguardaba con sus galeras. El resultado fue la práctica destrucción de la flota española y la pérdida de cinco mil vidas humanas, entre ellas la del propio Mendoza. Además, según el último informe recibido, Rooke habría desembarcado en la ciudadela más de cuatro mil soldados. Suficientes para defender la plaza sin necesidad de la flota.

—Entonces quedan dos posibilidades —rezongó el conde invitando al almirante a continuar con su exposición.

—En realidad es una posibilidad única, señor, pues una conduce inevitablemente a la otra.

—Explicaos.

—La primera posibilidad es que Rooke salga a la mar en busca de nuevos objetivos. Si lo intentó en Cádiz y en Barcelona y lo ha conseguido en Gibraltar, no sería descartable que volviese a intentarlo en Menorca, por ejemplo. La isla balear se cuenta entre sus objetivos más apetecidos.

—¿Y la segunda?

—Para completar esta primera posibilidad, me gustaría añadir que en el caso de darse, la escuadra a vuestro mando supongo que saldría tras Rooke buscando el combate.

—Naturalmente…

—Pues ahí la tenéis. La batalla. Esa es la tercera posibilidad, que en realidad no es más que una consecuencia ineludible de la segunda —completó d´Estrées dando por finalizada su exposición.

—Entonces, ¿qué proponéis?

—Navegar a Málaga. La premisa de reunirnos con los españoles es inevitable. Nos guste o no somos una escuadra combinada, así lo demanda el rey. Aunque el concurso de los españoles sea poco más que testimonial —completó con un deje de desprecio.

—Os recomiendo que moderéis vuestro lenguaje, almirante —reconvino el conde de Toulouse en un susurro—. Servimos a mi padre, pero no olvidéis que su objetivo es mantener la corona de España en la cabeza de un Borbón.

Viendo que el almirante d´Estrées mantenía la mueca de desprecio, lo miró fijamente a los ojos y le espetó:

—Almirante, no hará falta que lleguemos a Málaga para que se nos unan los españoles. Debéis saber que no son pocos los embarcados en buques franceses y os aseguro que todos sirven a mi padre como el mejor francés.

En ese momento el conde de Toulouse descubrió un grupo de guardiamarinas que tomaban la altura del sol con sus sextantes y alzando la voz hizo llamar a uno de ellos. El joven se acercó a la carrera y se cuadró delante del jefe de escuadra.

—¿Sois español, verdad?

—Lo soy, excelencia —respondió el guardiamarina sin relajar la postura.

El joven vestía el uniforme de oficial: casaca larga de lienzo rojo con gorjes azulados en el cuello, donde destacaba un ancla plateada que lo distinguía como guardiamarina; charreteras en los hombros, pantalón blanco, medias del mismo color, calzas azules y unos relucientes botines negros de lengüeta como calzado remataban su atuendo impoluto.

—¿Cuál es vuestro nombre? —Inquirió el conde con voz ronca.

—Lezo, excelencia. Blas de Lezo —contestó el guardiamarina con firmeza.

—¿Y vuestra edad?

—Cumpliré 16 en febrero.

—¿Sabéis a dónde nos dirigimos?

—A combatir, excelencia.

—¿Vuestro bautismo de fuego?

—Así es, excelencia.

—¿Dónde servís?

—Sirvo de enlace en combate y asisto el teniente Guillaume en las baterías de estribor en la segunda cubierta.

—¿A quién servís?

—A España, excelencia. A mi rey Felipe V, y a sus aliados como si fueran él mismo.

—Está bien Lezo, continúe con sus observaciones.

El guardiamarina dio media vuelta y se dirigió a un chigre sobre el que había dejado el bicornio. Se lo puso, regresó frente a su jefe de escuadra y saludó militarmente antes de retirarse. El conde de Toulouse miró inquisitivamente a d´Estrées.

—¿Qué os ha parecido, almirante?

—No está mal, un joven con aplomo —asintió d´Estrées—. Aunque esa palabrería tendrá que demostrarla en combate. De todos modos tampoco he entendido muy bien esa pantomima final; cuando ordeno a un subordinado que se retire es para que lo haga sin esperar que regrese.

—Me temo almirante que no habéis entendido el gesto del muchacho.

Sin esperar contestación, el conde de Toulouse volvió a dirigirse a d´Estrées sin perder un ápice de gravedad en la voz.

—El joven se ha visto en un compromiso. Se ha formado militarmente en Francia y tiene destino a bordo de un buque de Su Majestad Luis XIV. No ha querido mostrarse tibio al declarar que combate para su país y su rey, lo cual habla bien de su concepto de lealtad, pero por si no nos ha quedado claro el que tiene también con respecto a nosotros, ha esperado a calarse el bicornio para saludar. Junto al lugar donde ha llevado la mano al ejecutar el saludo luce la escarapela con los colores de la bandera de Francia.

El almirante permaneció pensativo contemplando al joven guardiamarina español.

—En cualquier caso reconozco que he jugado con ventaja —el conde sonrió melifluamente—. Me han llegado excelentes informes sobre la disposición y formación de ese guardiamarina...

El *rendez-vous* con la Flota española se produjo en tiempo y hora frente a la punta de Calahonda, en la costa de Málaga, no lejos de Gibraltar. Una vez interpretadas las órdenes y dispuesta la formación, la escuadra combinada quedó compuesta por 51 navíos de línea, 6 fragatas, 8 brulotes y 12 galeras, de estas últimas la mayor parte genovesas y unas pocas españolas. Entre todas las unidades se sumaban 3577 cañones y 24.277 hombres. Justo antes del atardecer, un aviso salió de la cala de Mijas con la noticia de que la anglo-holandesa había zarpado de Gibraltar y puesto proa al Mediterráneo con 53 navíos de línea, 6 fragatas y 7 brulotes, con un total de 3614 cañones y 22.543 hombres.

Nada más conocerse la salida de la flota enemiga de Gibraltar, el conde de Toulouse ordenó zafarrancho de combate en todos sus barcos. A pesar de la oscuridad, el sonido del cornetín saltando de barco en barco llegaba nítidamente a sus oídos a bordo del *Foudroyant*, un navío de primera clase de dos puentes y 104 cañones construido diez años atrás.

Apoyado indolentemente en la batayola, el hijo reconocido del Rey Sol recibía con preocupación el consejo del almirante d`Estrées.

—En mi opinión, señor, Rooke llevará el combate tan a levante como pueda. El viento sopla del este, por lo que tratará de ganar todo el barlovento posible para estar en ventaja cuando rujan los cañones. Si queréis mi consejo, yo haría lo mismo que él. Cuando amanezca el barlovento será del más veloz, y en condiciones de igualdad los más rápidos son ellos, ya que según los informes recibidos sus barcos estaban calafateados y limpios de moluscos y algas cuando salieron de Portsmouth, cosa que no puede decirse de los nuestros.

El conde de Toulouse levantó el rostro y clavó la mirada en el sur. Si las cosas eran como decía el almirante d´Estrées, y su pensamiento parecía bastante coherente, aunque no pudiera verlos los ingleses debían estar adelantándoles en la oscuridad, por lo que si quería seguir el consejo que acababa de recibir debería ejecutar sus recomendaciones cuanto antes.

—Además, señor. No tiene sentido mantener a todo el personal en sus puestos de zafarrancho. El ataque no se producirá de noche, y si así fuera, tiempo sobrado tendrán los marineros de ocupar sus puestos. Por el contrario, si el combate se entablara al amanecer, como me temo que sucederá, encontraréis a los hombres descansados y listos para la pelea.

—Bramville —dijo Luis Alejandro de Borbón alzando la voz a su capitán de banderas—. Ordene retirada de zafarrancho de combate. Que todas las unidades se preparen para virar al este. Quiero la maniobra lista en menos de veinte minutos.

El almirante tenía razón. Aunque no pudieran verse ambas flotas navegaban proa al viento, paralelas y a menos de dos leguas de distancia tratando de ganar el mayor barlovento posible. Aunque no por mucho, la flota anglo-holandesa era más rápida en dos o tres nudos, suficiente para permitir a Rooke adelantarse en la búsqueda de la ventaja táctica. Al amanecer un aviso trajo la noticia de que el enemigo había virado al norte en dirección a la costa española. Si el conde de Toulouse mantenía el rumbo, los ingleses aparecerían por la amura de estribor, cruzarían por la proa y después se pondrían a rumbo paralelo y opuesto para cañonear a los franceses por la banda opuesta. Una maniobra en la que, además de contar con la ventaja del barlovento todo el tiempo, los ingleses podrían permitirse concentrar todo su esfuerzo en una única banda, mientras que los franceses recibirían el fuego primero por estribor y más tarde por babor, lo que les obligaría a mantener un mayor esfuerzo de personal y menor cadencia de tiro.

La solución estaba clara, aunque el conde buscó y encontró la anuencia del almirante cuando cursó sus órdenes al capitán de banderas.

—Bramville, para todos los buques. Corregimos el rumbo veinte grados a babor. Proa al Este-Nordeste.

La intención del conde era evidente. Con el nuevo rumbo los ingleses habrían de permanecer más tiempo al norte, y si tenían suerte y el tiempo corría a su favor impediría a Rooke cruzarle la proa, y al ponerse a rumbo contrario les quedarían por estribor. De ese modo no tendrían necesidad de cambiar el tiro de banda.

Al amanecer las posiciones relativas de ambas flotas podían dibujarse en el dorso de una cajita de rapé. Ambas flotas quedaban separadas por unos pocos cables, la del conde de Toulouse navegando al Este-Nordeste y la del almirante Rooke intentando cortarle la proa con rumbo Nor-Nordeste. Cuando el inglés vio que no llegaba a tiempo a la maniobra que pretendía, abrió velas y puso sus buques al Oeste-Suroeste. El combate tendría lugar sin ventajas tácticas por razón del viento y sí las debidas exclusivamente a la fuerza de los cañones, aunque la maniobra de Rooke, ejecutada cuando estaba prácticamente encima de su enemigo, dejó a ambas escuadras tan próximas que el inglés perdió la superioridad que le daba el mayor alcance de sus cañones, ventaja, en todo caso, de la que únicamente hubiera podido disfrutar durante los primeros compases del combate, ya que lo probable era que a poco de comenzado los buques se engancharan dos a dos individualmente como si se tratara de parejas de baile.

Y así sucedió. Sabedor de en qué buque arbolaba su insignia el comandante francés, Rooke lanzó el *Royal Catherine*, navío en el que flameaba su gallardete de mando, sobre el *Foudroyant*, su homólogo francés. Y no venía solo. Dándole resguardo por ambas bandas, el *Banfleur* y el *Shrewsbury* se lanzaron también a por el insignia francés como avispas enfurecidas. Viendo la maniobra, el *Rubis*, el *Tonnant* y el *Orgueilleux* reaccionaron con celeridad y acudieron en socorro de su jefe de escuadra. En pocos minutos los siete buques estaban cubiertos por una densa nube de pólvora, enganchados en una melé en la que los cañonazos se disparaban y encajaban a sólo medio cable de distancia.

Una andanada del *Shrewsbury* barrió el puente del *Foudroyant* y mató a cinco hombres, entre ellos un guardiamarina, dejando herido al conde de Toulouse. Rooke preguntó el nombre del oficial a cargo de las baterías.

—Es el teniente Edward Vernon, señor —respondió el capitán de banderas después de consultar unas listas.

—Envíenle una felicitación al acabar el combate, se bate con bravura e inteligencia.

A través del catalejo, escrutando entre la nube de humo que los envolvía a todos, el almirante Rooke vio con admiración como el conde de Toulouse se ponía en pie rechazando la ayuda que le brindaban varias manos.

Justo una cubierta más abajo, el guardiamarina Lezo corría sorteando cuerpos mutilados tratando de no resbalar en los charcos de sangre que se acumulaban sobre el rojizo color de la cubierta, pintada en ese tono para disimular el de la sangre de los marineros como forma de ayudarles a espantar al miedo. El teniente Helyot, oficial responsable de la artillería, lo había enviado a avisar a las baterías altas para que usaran alguna que otra andanada de balas encadenadas que ayudaran a desmantelar la jarcia de los buques enemigos. En ese momento una bala inglesa destrozó la madera del mamparo, yendo un pedazo considerable de esta a golpear en la rodilla de Lezo, haciéndole rodar por la cubierta.

El joven guardiamarina sintió un dolor como nunca había imaginado. Tirando del pantalón vio que donde acababa este aparecía un amasijo de carne, nervios y hueso, quedando el pie descolocado en una postura imposible. Un sirviente de cañón que apilaba saquetes de pólvora le hizo un torniquete por encima de la rodilla con su propia camisa, que inmediatamente quedó impregnada con la sangre del dolorido guardiamarina. Dando un grito, el artillero llamó la atención de dos soldados que colocaron el cuerpo del joven sobre unas parihuelas y lo condujeron a la cubierta inferior. Para su desgracia el pobre Blas permanecía consciente y por si no fuera suficiente el dolor que sentía, la luz mortecina de los faroles, el olor a sangre y muerte y los gritos desgarrados de los que allí sufrían todo tipo de amputaciones terminaron por sobrecogerle hasta el punto de que apenas era capaz de respirar. Siguiendo órdenes del cirujano Marcel Bliguer, los dos soldados que lo habían conducido a la improvisada enfermería levantaron una porta y arrojaron por ella el cuerpo de un marinero que no había soportado la amputación de las piernas. En ese momento el barbero se acercó a Lezo, le dio a beber aguardiente y a oler un trapo impregnado en láudano.

Una vez que el guardiamarina parecía dormido, el barbero hizo una seña a Bliguer, el cual examinó la herida con sus lentes indicando a cada momento al barbero donde debía cauterizar con un hierro candente. La tibia y el peroné estaban destrozados y sus blancas astillas se mezclaban con las de la madera reventada por la bala; el pie estaba perdido.

—Amputación —sentenció el cirujano extendiendo el brazo para que el barbero le hiciera llegar la sierra.

En ese momento el guardiamarina, que no había emitido un solo quejido hasta el momento, regresó de su inconsciencia a tiempo de escuchar las palabras de Marcel Bliguer, que sonaron en sus oídos como un epitafio. Atento, el barbero volvió a darle a beber aguardiente y a aspirar el trapo impregnado en láudano mientras colocaba un trozo de cuero entre sus dientes. Al sentir el contacto de la sierra en su dolorida carne el joven marino profirió un grito y volvió a desmayarse.

El sonido de la sierra al cortar los huesos que aún colgaban por debajo de la rodilla izquierda del muchacho hizo apartar la cara al barbero, pero el joven guardiamarina no emitió ningún quejido. No supo que había perdido la pierna izquierda hasta que no despertó horas después.

4. PASAJES, GUIPÚZCOA, OTOÑO DE 1704

Durante las singladuras que siguieron al combate de Vélez-Málaga, Blas de Lezo se mantuvo en un duermevela en el que alternaba períodos de dolorosa conciencia con otros en los que permanecía aletargado como consecuencia del láudano. En ninguno de esos momentos le faltaron los cuidados del barbero ni las visitas del cirujano, pues según se susurraba por las cubiertas del *Foudroyant,* tras visitar a los enfermos el propio conde de Toulouse encomendó a los médicos el cuidado de la salud del guardiamarina español como si fuera la suya propia.

Desde los primeros instantes de su convalecencia Blas de Lezo fue consciente de que había perdido la pierna izquierda, y en los momentos de consciencia su sufrimiento se centraba en calibrar sus posibilidades de permanecer embarcado en tales condiciones. A pesar del lacerante dolor, el joven encontró fuerzas para preguntar al conde sobre la cuestión y su corazón volvió a llenarse de luz cuando este le contestó, acariciando su mano desnuda entre las enguantadas reales suyas, que no sólo no habría de guardar el uniforme, sino que había pensado en un futuro radiante para él. Lleno de una exultante e inesperada energía, el guardiamarina preguntó al jefe de escuadra por el resultado del combate y con una sonrisa y un gesto condescendiente en la mirada, el conde le acarició la frente y le pidió que descansara con un comentario escueto, pero lleno de contenido.

—Descansad Lezo. Los ingleses han llevado lo suyo gracias al comportamiento valeroso de nuestros soldados. Y a vos os tengo por uno de los más destacados.

Cuando despertó le pareció que había dormido un siglo. Ni siquiera abandonó su aturdimiento cuando lo desembarcaron del *Foudroyant* y lo condujeron al hospital en el que había despertado.

El Hospital Militar de San Eloy, en Tolón, era un edificio de dos plantas ubicado en el barrio marinero de la ciudad. Tras la arribada de la escuadra todos los recursos fueron dispuestos para la curación de los heridos en la batalla disputada en el sur de España, y una semana después de la llegada la mayoría de ellos habían sido dados de alta o se movían con mayor o menor dificultad por entre los cuidados campos de lavanda circundantes. De ese modo, la segunda planta de San Eloy volvió a dedicarse a las tareas habituales de un hospital, básicamente fracturas, herpes, sarna, torceduras, contusiones o úlceras, mientras que la baja siguió destinada a la cura de los marinos heridos en combate, entre los que se contaba el joven guardiamarina Blas de Lezo, que según consignas emanadas de lo más alto seguía siendo tratado con especial consideración.

—Señor, ¿Cuándo creéis que podré abandonar esta sala? Ya me encuentro mucho mejor y apenas siento dolor.

No era la primera vez que Lezo hacía la misma pregunta al cirujano Boucault, que solía escoger el silencio como respuesta, aunque en esa ocasión lo sustituyó por una voz tan cansada como llena de emoción.

—En realidad, Lezo, os hubiera despachado hace días, sin embargo me consta que, en atención a vuestro valor, el almirante Durand, Jefe del Departamento Naval del Mediterráneo, ha dispuesto que os mantengamos aquí hasta que se produjera cierto acontecimiento, el cual parece haber sucedido ya.

El cirujano Boucault esbozó una sonrisa radiante, se incorporó de la cama en la que permanecía sentado y se giró en dirección a la puerta de entrada a la sala, por la que no tardó en aparecer un grupo de individuos al frente de los cuales figuraba el capitán Pedro Francisco de Lezo y Lizárraga.

Al ver a su padre Blas sintió que se le disparaba el corazón, pero fue un sentimiento efímero que no tardó en quedar apagado por otro de congoja cuando se dio cuenta de que era la primera vez que su familia y sus amigos iban a verlo sin pierna y con sus sueños de llegar a ser un buen marino rotos en pedazos.

Cuando sintió el abrazo de su padre, Blas apretó los dientes y cerró los ojos con fuerza para evitar que una lágrima traicionera delatara sus emociones, pero su espíritu se fue regocijando conforme abrazaba al resto de sus amigos. Allí estaba Casimiro Pereira, el alcalde de Pasajes de San Pedro, que le mostró un acuerdo firmado por el consistorio que le reconocía como hijo predilecto de la villa; también estaban el padre Sabaña, el contramaestre Patxi Nanclares, don José de Lizaur, Antonio Piqueras, médico de la familia, Manuel Alberto, su hermano mayor, que a sus 19 años era un joven fuerte y espigado que ya acompañaba a su padre en la *Aingura* y que a falta de recibirse la correspondiente patente estaba destinado a convertirse en el capitán de la pinaza cuando a su padre comenzaran a pesarle las piernas. Junto a todos ellos, sonriendo bobaliconamente, Sebas no fue capaz de aguantar la tensión y se deshizo en lágrimas al abrazarlo.

—Vamos Sebas. Tú mejor que nadie sabes que no es para tanto —trató de animarle el joven Blas con el corazón encogido por la emoción.

Su padre le explicó que el conde de Toulouse le había concedido una licencia *sine die* para que pudiera recuperarse de sus heridas junto a su familia. Todo estaba arreglado y a la mañana siguiente abandonaría el hospital de San Eloy para dirigirse a Pasajes en un carro especialmente acondicionado acompañado de los suyos.

—Tardaremos diez o doce días, hijo, pero el aire fresco de la campiña y una buena alimentación ayudarán a tu recuperación.

Blas permaneció mirando a su padre sin pronunciarse.

—Además. Hemos pensado que con la ayuda de Antonio puedes empezar a dar los primeros pasos con tu nueva pierna

—con un gesto de la cabeza su padre señaló a Sebas que volvía a sonreír estúpidamente, esta vez sujetando un objeto entre las manos.

—Es tu nueva pierna —intervino Antonio Piqueras agitando su leonina melena y recogiendo el objeto de manos de Sebas—. Lo tengo hablado con el cirujano Boucault, sólo unos pocos minutos diarios al principio hasta que tu carne se habitúe a descansar sobre la madera.

—La ha hecho Sebas con sus propias manos. Pero todo el pueblo ha colaborado de alguna manera, unos con los herrajes, otros con las correas y los más fuertes con el hacha. Está hecha con el mejor fresno de Arriaga. Ya sabes lo que reza el dicho —completó el capitán Lezo con gesto tierno.

—«*Lizarra ez da bedeinkatu behar; berez da bedeinkatua*»— exclamó Blas en un arranque de júbilo, pues era una frase que le hacía evocar los verdes bosques de su terruño.

—Exacto —aplaudió su padre—. El fresno no hace falta bendecirlo, pues es bendito ya de por sí.

El viaje discurrió sin contratiempos. El tiempo era bueno y el carro se deslizaba con facilidad por los pedregosos caminos del sur de Francia. En las conversaciones en las postas en las que se detenían a descansar, Blas fue conociendo lo que a bordo del *Foudroyant* y en el hospital de San Eloy sólo había sido un susurro. La batalla naval en la que había perdido la pierna no había sido un éxito como proclamaba el rey de Francia. Cierto que había sido un combate de mucha sangre en el que las 1500 bajas francesas y españolas se habían visto dobladas en la escuadra de Rooke, pero esa pequeña victoria táctica no se había sabido consolidar. Según le contó su padre, el combate se prolongó durante nueve terribles horas, pero cuando la franco-española se encontraba en superioridad dejó que la anglo-holandesa se perdiera aprovechando la oscuridad de la noche, y como consecuencia Rooke consiguió refugiarse en Gibraltar, mientras el conde de Toulouse decidió regresar a Tolón para restañar sus heridas, dando la espalda al enemigo que de esa forma consiguió la victoria estratégica al conseguir conservar la ciudadela tomada tres semanas atrás.

Al conocer el verdadero resultado del combate Blas sintió un ramalazo de rabia que le impulsó a incorporarse del carro y correr a donde quiera que se encontraran los enemigos de su patria, pero la imagen de su pierna partida a la mitad, inflamada y enrojecida en el muñón a pesar de los desvelos de Antonio Piqueras le condenaba a permanecer postrado, y conforme pasaban los días sin que a pesar de sus esfuerzos fuera capaz de calzarse el trozo de madera que había tallado para él su amigo Sebas, Blas se iba sintiendo cada vez más descorazonado.

La situación no mejoró a la llegada a Pasajes. Su abuelo por vía materna había fallecido de pulmonía, lo que aumentó el sufrimiento de su madre, que se consumía haciendo propia la impotencia de su hijo, cuyo muñón no sólo no mejoraba sino que le seguía causando terribles dolores, hasta el punto de que no eran las pocas las veces que Antonio Piqueras tenía que administrarle algún opiáceo para que pudiera descansar. Por contra, la familia había aumentado con la llegada del pequeño Francisco, que ese mismo verano había cumplido cinco años y cuyas escapadas al puerto para corretear por entre las cubiertas de la *Aingura* hacían presagiar un futuro en la Armada como el de su hermano Blas.

Y si hasta ese momento los pasaitarras habían seguido el curso de la guerra a través de las noticias que se recibían diariamente en la alcaldía, el combate naval entre las dos flotas más poderosas de Europa significó también la frontera entre lo que había venido siendo una guerra internacional en la que España se había visto arrastrada para defender sus intereses y una guerra civil interna que dejó de permanecer soterrada para mostrarse abiertamente con toda virulencia.

Los intereses económicos que para ingleses, franceses, holandeses y también para los españoles representaba el rey Borbón, impuesto por Francia y aceptado por España, y el Austria, que alentaba la coalición anglo-holandesa, devinieron en una fractura dentro del propio país propiciada, fundamentalmente, por las dos coronas cuya unión había dado tanto beneficio a España doscientos años atrás: la de Castilla y la de Aragón.

Durante los últimos años de reinado de Carlos II la nobleza castellana se había ido distanciando cada vez más del rey y sus gobiernos títeres. Cuando llegó el momento de la sucesión y se presentó la opción de Felipe V que representaba el modelo francés, centralista y autoritario, los castellanos vieron el cielo abierto, todo lo contrario que las regiones pertenecientes a la antigua Corona de Aragón, que vieron en el Borbón una amenaza a sus fueros e intereses, sobre todo los comerciantes catalanes que habían ido prosperando con los últimos Austrias hasta el punto de situar a Barcelona como el centro neurálgico de los negocios en España en detrimento de la capital. Para ellos el archiduque Carlos representaba el sistema de gobierno federal que se daba tanto en Austria como en Inglaterra. Además, los catalanes estaban resentidos con Francia debido a la falta de apoyo del país vecino en las revueltas desatadas años atrás en contra de las disposiciones de Felipe IV. Y por si las cosas no estuvieran lo suficientemente enredadas, tras el fallido intento de desembarco de Rooke en Barcelona en mayo de 1704, el duque de Villahermosa, virrey de Cataluña, ordenó una feroz represión que llevó a la cárcel a muchos de los revolucionarios más significados, lo que tuvo un doble efecto, por un lado decantar a buena parte del pueblo hacia la causa austracista, por una simple cuestión de miedo, y por otro sembrar el germen de la discordia en el seno de la sociedad catalana, una semilla que brotaría con fuerza no mucho tiempo después. El empuje de los austracistas produjo que el archiduque Carlos fuera proclamado rey en Valencia el 17 de agosto, y un año después, en noviembre de 1705, el consejo de Aragón lo reconocía como su rey con el nombre de Carlos III, un monarca que estaba dispuesto a establecer su capital en Barcelona para extender desde la ciudad condal la conquista del resto del país.

Como toda España, Pasajes se encontraba también en pie de guerra, bien que contra un enemigo que en aquellos lares no se había dejado ver, aunque ello no era óbice para que el joven Blas de Lezo interiorizara como propios los insultos y oprobios a su rey, sintiendo cada vez con mayor intensidad la necesidad de calzarse su pierna de madera y embarcar en cualquier buque de su majestad para defender la legalidad de Felipe V con la fuerza de su espada.

Un mes después de su llegada a Pasajes se produjo un hecho que habría de cambiar el curso de su vida y de la historia de España, cuando el alcalde cruzó la puerta de la vieja mansión familiar de los Lezo agitando un sobre que acababa de llegar al consistorio.

—¡Un oficio real, es un oficio real! —gritaba Casimiro Pereira fuera de sí.

Las voces del alcalde hicieron que la familia se agrupara en el recibidor de la casa, expectantes de las nuevas que traía la autoridad municipal.

—Son dos —exclamó el patriarca de la familia exhibiendo lo que parecían sendas células que extrajo del sobre lacrado.

El primer documento era una merced de hábito firmada por el rey. En ella, tras un panegírico heroico relativo al comportamiento del guardiamarina Blas de Lezo en la Batalla de Vélez Málaga, Felipe V trasladaba y aprobaba el señalamiento del joven como oficial en el empleo de alférez de bajel de alto bordo. Al nombramiento, que en realidad había sido decidido por el rey de Francia, Felipe V aparejaba un cargo en su corte en el Ministerio de la Guerra. Una merced de hábito era una distinción muy poco habitual y que alcanzaba no sólo al señalado en ella, sino también a su familia, que con semejante distinción entraba en un círculo nobiliario limitado a muy pocos linajes.

Cuando el padre terminó de dar lectura al documento se fundió en un emocionado abrazo con su hijo. La tristeza que últimamente se había apoderado de la casa de los Lezo dio paso a una alegría incontenible. Todos se disputaban al muchacho para besarlo o abrazarlo y hasta la abuela Magdalena abandonó sus habituales sollozos para besar al nieto cuyo sufrimiento le producía tanto dolor.

Sin embargo, la alegría desatada en el recibidor de la solariega casa de los Lezo no era general. Había alguien cuyo gesto demudado parecía indicar que no participaba del éxtasis familiar. Se trataba del propio Blas, que aunque aceptaba los abrazos y las felicitaciones no parecía dejarse arrastrar por la incontrolada alegría del momento. Preocupado, su padre decidió leer a los suyos el contenido del segundo documento, que resultó ser una patente de teniente a nombre de su hijo Manuel Alberto, con lo cual quedaba consolidada la continuidad del mando familiar de la *Aingura*.

La segunda noticia multiplicó el júbilo que había producido la primera, y todos se apresuraron en felicitar al primogénito de los Lezo. Tras dar lectura al documento y después de fundirse en un abrazo con Manuel Alberto como lo había hecho instantes antes con Blas, el patriarca permaneció contemplando a este último, que se sostenía de pie apoyado en sendas muletas incrustadas en sus axilas, ofreciendo el aspecto de una persona hundida.

—Hijo, ¿qué te pasa? ¿No estás contento?

Blas permaneció impasible ante las palabras de su padre.

—Esa distinción que te hace el rey es un honor. Y no sólo para ti, también para la familia.

—Lo sé padre, y me siento inmensamente orgulloso por vos.

—¿Entonces? ¿Qué te sucede hijo?

—Padre, yo lo que quiero es navegar y combatir. No quiero ningún puesto en la corte. Quiero servir al rey con mi espada.

—Lo sé hijo, y también me siento muy orgulloso de ti, pero...

El capitán no supo reprimir una mirada lastimosa a la pierna de su hijo.

—Aprenderé a luchar con mi pierna de madera, padre, pero os ruego que respondáis a esa carta. Rechazad el puesto en la corte. Pedid que lo sustituyan por otro a bordo de cualquier barco.

El diálogo entre padre e hijo había subido de tono y todos permanecían pendientes de las palabras que se cruzaban.

—El oficio viene a tu nombre —intervino Casimiro Pereira—. Eres tú, Blas, quien debería contestar en cualquier caso.

El recién ascendido alférez permaneció en silencio.

—Es muy difícil, Blas —se dejó oír la voz de Antonio Piqueras—. En el mejor de los casos intervendría una junta médica que no aceptaría tu concurso a bordo de ningún buque si no es con la prótesis. Y aun así deberían verte desenvolverte a bordo como si lo hicieras con tu propia pierna.

—Lo lograré, padre —se defendió Blas preso de una nueva y desconocida excitación al intuir que había alguna posibilidad de reintegrarse al servicio—. Empezaré a practicar mañana mismo. Sebas y Patxi me ayudarán —completó buscando la mirada cómplice de sus amigos.

Un silencio sepulcral se instaló en el recibidor. Todos miraban al padre expectantes de su respuesta, pero el capitán mantenía la mirada fija en el suelo como si le pesara más que a su hijo la opinión que le producían sus fervientes deseos.

—¿Y por qué no? —Se dejó escuchar de repente la voz del caballero Lizaur—. El no ya lo tenemos y al fin y al cabo está pidiendo algo tan lícito como combatir por su rey, y que yo sepa el país está en guerra. Es una prueba difícil, pero yo no dudo de su tesón.

Don José envió a Blas su apoyo envuelto en la calidez de una sonrisa.

—Y si es por contestar al oficio, yo mismo puedo preparar la respuesta. Aunque la objeten, las autoridades de la Armada no pueden sentirse más que honradas ante semejante demanda, y en virtud de la merced de hábito con la que el rey ha distinguido a nuestro querido Blas, la petición deberá ser despachada por el propio monarca. Personalmente doy a Blas mi voto de confianza. Aunque también lo compadezco, le queda un duro trabajo por delante.

A partir de aquel día, Blas se levantaba diariamente con el sol, se ajustaba su pata de fresno y recorría incansable los caminos comarcales. La compañía de otro tullido como Sebas y la del contramaestre con su peculiar cabello encrespado les hacía aparecer a ojos de los forasteros como una santa compaña de tres únicas almas, lo que llevaba persignarse a más de uno.

Durante los primeros días los dolores fueron horribles. La parte operada de la pierna por debajo de la rodilla se encontraba inflamada y al ajustarse la prótesis aumentaba la inflamación en un círculo vicioso desesperante. Pero Blas sabía que tenía que acostumbrarse cuanto antes a su nuevo apéndice. El país estaba en guerra y si su concurso era aceptado como esperaba, tendría que superar una dura prueba antes de volver a embarcar para combatir por su rey. Al antiguo *toc toc* de la pata de madera de Sebas retumbando por las cubiertas de la *Aingura* se sumaba ahora el producido por la de Blas, más grave debido al zuncho metálico con el que Sebas había rematado el trozo de madera de fresno.

La respuesta tardó sólo dos meses en llegar, algo desacostumbrado y más teniendo en cuenta que la consulta evacuada a Madrid por el caballero Lizaur hubo de viajar posteriormente a París. Pero la guerra necesitaba de todas las manos y fue el propio conde de Toulouse el que dio respuesta a los anhelos de Blas. Las pruebas de su valor le avalaban incluso sin su pierna izquierda, por lo que fue aceptado de nuevo a bordo de los buques de Luis XIV y además no habría tribunal médico que lo impidiese, pues los cirujanos estaban demasiado ocupados atendiendo los buques y hospitales de campaña, aunque habría de pasar tres meses a prueba y el capitán de navío Zafré, comandante del navío *Vainqueur*, su nuevo destino, tenía fama de duro y exigente.

Acompañado de su fiel Sebas, Blas de Lezo regresó a Tolón en sólo cuatro días utilizando el sistema de postas. El padre lo vio partir apenado, pero orgulloso de su decisión, aunque antes habló con Patxi Nanclares y no necesitó mucho tiempo para convencerlo de que debería viajar con Blas, pues sus facultades habían quedado demasiado mermadas y a bordo de un navío la ayuda de Sebas podría resultar insuficiente.

El uso de la montura representaba un nuevo reto para el muchacho, pero Sebas, ayudado exclusivamente por su inseparable navaja, moldeó una prótesis que podía articularse al trozo de fresno que sustituía a su pierna izquierda y acomodarse dentro de los zapatos acharolados del uniforme. Por otra parte, aunque no desaparecidos del todo, los dolores habían remitido mucho y poco a poco el muñón en el que terminaba su autonomía había ido tomando forma y color y ya se ajustaba de un modo casi natural al cazo metálico con el que se iniciaba la madera de su pata de palo.

La primera misión a bordo del *Vainqueur* le llevó frente a las costas de Peñíscola, donde el navío francés se batió con los buques austracistas que trataban de conquistar la plaza. Blas tuvo una actuación sobresaliente, presentándose en cualquier sitio donde fuera necesario empujar. Su inteligente y valiente actuación cuando una bala de cañón se atascó dentro del tubo con la mecha prendida salvó la vida a los servidores de la batería, y al barco de los graves daños que hubiera sufrido de haber explotado el cañón. Acostumbrado al mar, pero no tanto a combatir, las blasfemias de Patxi Nanclares se dejaban oír a lo largo de toda la eslora del navío, al encadenarse los momentos en que el joven oficial ponía en riesgo su vida.

Liberada Peñíscola, el *Vainqueur* navegó hasta Palermo, ciudad sitiada también por los buques de la Armada del archiduque Carlos. Frente a la capital de Sicilia, perteneciente en aquellas fechas a la corona de Aragón, el *Vainqueur* se batió con bravura poniendo a la fuga a las unidades enemigas, incluidas las de porte notablemente superior. En el brillante informe que Enmanuel Zafré elevó al conde de Toulouse se ponderaba la extraordinaria capacidad del alférez Blas de Lezo, a pesar de su juventud, para arengar a su tropa y conducirlos al combate con determinación. Si hasta ese momento Luis Alejandro de Borbón era consciente del valor e inteligencia de Blas de Lezo, en Palermo quedó también acreditada su extraordinaria capacidad de liderazgo.

Con la satisfacción de haber dispersado a los enemigos que acosaban dos de los principales enclaves españoles en el Mediterráneo, el *Vainqueur* se dio a la vela de regreso a Tolón acompañado de otros dos navíos y dos fragatas en lo que se esperaba una navegación tranquila a la base para reponer cargos, sin embargo, apenas rebasada por el sur la isla de Cerdeña, con las naves aparejadas al norte y viento bonancible del sur, el vigía de la cofa cantó la presencia de dos naves que aparentemente trataban de apartarse de la derrota de la agrupación, lo que levantó las sospechas del jefe de la escuadra francesa que ordenó destacarse al *Vainqueur*, no tardando el navío en acorralar a los dos buques.

Se trataba de sendas goletas extrañamente aparejadas con velas latinas, sin duda con idea de ofrecer en la distancia la impresión de tratarse de otro tipo de embarcaciones más propias del Mediterráneo. Zafré ordenó alistar el trozo de visita y como quiera que el alférez al mando hubiera resultado herido en Palermo, Blas de Lezo se ofreció para sustituirlo. Zafré sabía que el joven oficial español trataba de hacer méritos para superar la prueba a la que se sabía sometido, pero el trozo de visita estaba conformado por un grupo de marinos seleccionados entre los más ágiles y aguerridos, pues debían desembarcar a un bote, remar hasta el buque a visitar para abordarlo de la manera más rápida y quizás tener que reducir por las armas a los que trataran de evitar el registro. Decididamente un oficial al que le faltaba una pierna no era el más apropiado para la misión, pero tampoco se había presentado ningún otro voluntario ya que se trataba de una misión arriesgada, pues no pocas veces, sobre todo cuando los buques visitados transportaban material de guerra, los capitanes reaccionaban abriendo fuego sobre el trozo de visita para tratar de huir a continuación o presentar batalla al buque que los apuntaba con sus cañones, con la premisa de que tampoco había mucho que perder. Finalmente el comandante del *Vainqueur* accedió a que Lezo llevase a cabo la visita a condición de que le acompañara su fiel Patxi Nanclares, aunque se negó en redondo a que el viejo Sebas hiciera lo propio. Con un cojo era suficiente, pensó Zafré agitando la cabeza completamente desprovista de pelo.

Pero no sucedió. Impresionados al ver a un oficial desenvolverse con tanta frescura con un sable en la mano y una pierna de madera, los capitanes se sometieron a la pertinente inspección de la que resultó que transportaban alimentos para la Flota enemiga que merodeaba la zona.

Tras requisar la carga y hacer prisioneras a las tripulaciones, ambas goletas fueron ofrecidas a Blas de Lezo en reconocimiento a su valor. La prueba a la que había sido sometido había quedado superada con creces. Cuando dos semanas después remontaba orgulloso el rio Oiarso con las goletas apresadas para atracar en Pasajes en el mismo muelle en el que se mecía la *Aingura*, la villa al completo acudió a recibirle y a aclamarle. Blas regaló una de las goletas a su hermano Manuel Alberto para que tuviera su propio barco, recomendándole bautizarla con el nombre de *Aitite²*, en memoria del abuelo Francisco de Lezo, fallecido semanas atrás.

---

2   Abuelo en vasco

Blas podía haberse quedado con la segunda goleta e inaugurar una próspera línea comercial con su hermano, pero prefirió regalarla a los hombres que le acompañaban a bordo, los cuales, a su vez, decidieron venderla. Semejante tipo de dádivas no era habitual, pero significó un golpe de refuerzo a su liderazgo, pues cuando llegó el momento de volver a la mar y al combate, los paisanos que querían embarcarse con él formaban una larga cola en el muelle. La leyenda de Blas de Lezo comenzaba a consolidarse.

5. ¡AL ABORDAJE!

A su regreso al Mediterráneo el escenario de la guerra había sufrido un cambio notable. Los buques ingleses comenzaban a demostrar una superioridad artillera humillante y la flota del conde de Toulouse se había batido prácticamente en retirada. Los cañones ingleses, fabricados con el excelente carbón de Gales, eran capaces de proyectar sus balas a distancias a las que franceses y españoles no podían llegar de ningún modo. Poco a poco la guerra en la mar pasó a ser un juego para los ingleses, a los que bastaba maniobrar para mantener a sus enemigos dentro de su radio de tiro procurando al mismo tiempo no entrar en distancia de los cañones enemigos; de ese modo la flota franco-española comenzó a rehuir el combate y Felipe V decidió fiar su suerte a la guerra en tierra. La clave estaba en Barcelona, capital ideológica de los partidarios del archiduque Carlos, y para atacarla era necesario mantener viva la resistencia de un grupo de rebeldes que apoyaban al rey Borbón desde el interior de la ciudad.

Pero los rebeldes estaban siendo aniquilados por culpa de las delaciones y la falta de recursos; era necesario establecer una cadena logística capaz de proveer a los partidarios del Borbón intramuros con el abastecimiento necesario para facilitar el asalto de las tropas al mando del duque de Berwick y la única vía posible era el mar, que los buques de Rooke patrullaban constantemente. Hacía falta un marino inteligente y valiente que fuera capaz de burlar el bloqueo para hacer llegar los recursos necesarios hasta playas controladas por los rebeldes, de forma que la llama de la defensa pudiera mantenerse encendida hasta la llegada de la infantería de Felipe V.

El conde de Toulouse lo vio claro desde el principio. Cierto que Blas de Lezo no ostentaba galones suficientes como para disponer a sus órdenes una flotilla de buques con los que burlar el bloqueo, y que sus limitaciones físicas empujaban a desestimar su concurso en beneficio de otro oficial de mayor graduación y con las extremidades completas, pero a esas alturas ya eran muchos los que habían navegado con el marino vasco y sabían de sus extraordinarias dotes de mando. Para Luis Alejandro de Borbón ni la edad ni las taras eran argumento suficiente. Si se trataba de astucia y valor, su hombre tenía que ser Lezo.

Para la ejecución de la misión, el joven alférez eligió un modelo de barco que conocía a la perfección: la pinaza, un buque lo suficientemente pequeño y rápido como para poder colarse entre los polifemos ingleses, pero de dimensiones sobradas para transportar una buena cantidad de carga en cada viaje.

Finalmente el conde puso a disposición de Lezo cuatro pinazas que el marino vasco bautizó con los nombres de las cuatro especies autóctonas más comunes en su tierra, y en pocas semanas la *Renard,* la *Lapin,* la *Sangliar* y la *Liévre*[3] estaban listas para el combate y las dotaciones adiestradas para la misión que les tocaba llevar a cabo. Blas de Lezo decidió izar su insignia de jefe de flotilla a bordo de la *Renard* y tras su brillante actuación frente a las costas de Cataluña, sus enemigos comenzaron a referirse a él como «el zorro de los mares».

La idea de la maniobra era tan simple como efectiva. Apoyadas en su mayor velocidad, las pinazas se presentaban al caer la noche y sorprendían a las pesadas unidades inglesas que únicamente podían seguirlas a distancia tratando de alcanzarlas con sus pesadas balas de 36 libras. El bramido de los cañones de costa dispuestos por los rebeldes en luga-

---

3   Zorro, conejo, jabalí y liebre.

res estratégicamente alejados de la vigilancia austracista significaba el momento de dar media vuelta para las unidades navales de la coalición y también la llegada a tierra de los suministros; en todo caso, era orden de Lezo que si un buque enemigo se atrevía a perseguir a las pinazas hasta la playa, deberían encallarla y abandonarla a la mayor urgencia. En las noches de plenilunio en las que la puntería de la artillería inglesa se equiparaba a la que demostraban con la mejor luz del día, las pinazas tenían que moverse en zigzag, pues el acierto de una sola de las balas inglesas significaría con toda probabilidad la completa destrucción de la nave. Después de las primeras operaciones y recordando la humareda que producían los labradores de su tierra cuando quemaban las malas yerbas, a Lezo se le ocurrió una idea para enmascarar los barcos consistente en remolcar una batea con paja húmeda a la que daban lumbre al acercarse a los barcos de vigilancia enemigos. La densa humareda producida por la paja húmeda al arder impedía a los artilleros ingleses fijar los objetivos. En las noches oscuras, el alférez español ordenaba cargar sus cañones de 18 con balas huecas rellenas de material inflamable y acercándose sigilosamente a los buques ingleses les encajaba la munición entre las cuadernas, produciéndoles incendios que los tenían ocupados toda la noche y que propició la pérdida de alguna unidad e incluso, en una ocasión, el fuego ocasionado por sus pinazas en un navío inglés sirvió de acicate para que otras unidades de su misma bandera terminaran de hundirlo confundiéndolo con uno de los barcos enemigos.

La mayoría de los hombres que le acompañaban en la *Renard* eran vascos enrolados con él por la larga estela de su prestigio, entre ellos sus queridos Sebas y Patxi. El viejo pescador decidió que si su comandante podía servir a su país con una pata de palo él no iba a ser menos, y en cuanto al contramaestre, aunque en un principio se ocupaba de vigilar la seguridad del hijo de su patrón por encargo de este no tardó en hacerlo por convencimiento propio, al entender que el pequeño Lezo terminaría haciéndose un hueco en los libros de historia merced a su inteligencia, arrojo y valor.

La llegada de nuevas unidades inglesas en apoyo del bloqueo hizo que finalmente el socorro a los rebeldes catalanes no pudiera consolidarse y Lezo fue llamado a Tolón, donde le esperaban nuevas misiones, aunque antes protagonizó un episodio por el que sería recordado hasta su muerte.

Visto que los ingleses tenían superioridad táctica en la mar, el conde de Toulouse trataba de rendir la flota enemiga a base de atacar a los buques rezagados y para ello dividió la escuadra en pequeñas flotillas que pudieran cubrir el mayor área posible en el Mediterráneo.

Al mando del capitán de mar Sebastián Rochelle, una de estas flotillas estaba compuesta por los navíos *Rubís,* de 56 cañones, el *Toulouse,* de 60 y las pinazas *Sangliar* y *Renard,* con Lezo al mando de esta última.

En la seguridad de los muelles de Tolón, Lezo había tratado de convencer a Rochelle de que dado que la superioridad artillera de los ingleses les impedía entablar con ellos el modelo de combate tradicional, había que imaginar nuevas tácticas, y él llevaba tiempo adiestrando a sus hombres en una maniobra que los ingleses seguramente no esperarían jamás de sus enemigos: el abordaje.

Para Blas de Lezo la maniobra de abordaje contaba con una gran ventaja, y era que, pensando únicamente en mantener y mejorar la superioridad artillera, los ingleses fiaban todo su adiestramiento a la carga y puntería de los cañones, por lo que el alférez vasco pensaba que si podían acercarse a los buques ingleses y conseguían abordarlos, la ventaja táctica pasaría a ser de los españoles si previamente habían ensayado el combate cuerpo a cuerpo, del mismo modo que los anglo-holandeses entrenaban a diario las tácticas artilleras.

—La idea no parece mala, Lezo. Aunque tiene lagunas. Por ejemplo, ¿cómo pensáis acercaros al enemigo? Durante la maniobra de aproximación la ventaja del tiro seguirá siendo inglesa y es posible que cuando vuestro buque llegue a distancia de abordaje no queden hombres a bordo para manejar la espada.

—He pensado en ello, señor. Y creo haber encontrado la solución.

—Adelante. Estoy seguro de que me sorprenderéis.

—Es cierto que la maniobra de aproximación es el talón de Aquiles del abordaje, puesto que el barco atacante quedaría sometido al fuego del defensor, que siendo inglés y por mor de su artillería resulta una coyuntura doblemente peligrosa, sin embargo los riesgos pueden minimizarse mediante dos elemento sencillos: velocidad y ángulo de aproximación.

—Explicaos Lezo.

—Simplemente se trata de ser más veloces que ellos y atacarlos por el ángulo menos expuesto. En cuanto a esto último, resulta obvio que el flanco más vulnerable para el defensor son las aletas. La aproximación en un ángulo de 45° entre la popa y el través dejaría inútiles la larga fila de cañones de los costados, y aunque es cierto que los buques atacados podrían disponer de uno o dos en el castillo de popa para esta eventualidad, su potencia de fuego quedaría muy mermada, y en cualquier caso el atacante podría disponer de algún cañón a proa para contrarrestar este fuego. Aunque esta maniobra no serviría de nada si no se ejecuta combinada una velocidad superior a la del enemigo.

—Continuad. Os escucho.

—Para el combate los navíos ingleses acostumbran a arriar el paño alto, manteniendo únicamente las velas principales para conseguir la velocidad suficiente que les permita maniobrar a los barcos enemigos. De ese modo consiguen una plataforma estable, ya que si izaran estays, escandalosas y pericos sus navíos serían más rápidos, pero se recostarían a las bandas en detrimento de la puntería de sus cañones, en un caso por apuntar demasiado bajo y por hacerlo excesivamente alto en el costado contrario. La ventaja táctica, por lo tanto, reside en aproximarse por las aletas con todo el aparejo, incluido los paños altos, de ese modo el atacante conseguiría una amplia velocidad relativa sobre el atacado, podría ejecutar la maniobra de aproximación en el menor tiempo posible y adelantarse a los posibles cambios de rumbo del enemigo hasta situarse paralelo a su buque y a distancia de lanzar los garfios de abordaje.

—Parece inteligente, Lezo, pero sigo viendo debilidades.

—Naturalmente, señor. Yo también las veo. No me es ajeno que en el momento de quedar paralelos estaríamos a tiro de sus cañones, pero a esas distancias ellos quedarían también dentro del alcance de los nuestros. En ese punto sería cañón contra cañón e inmediatamente a continuación, sable contra sable.

—No sé, Lezo. Dicen que sois un demonio de sagacidad, pero esta maniobra no termino de verla en la práctica...

—Señor, lo único que os pido es que llegado el caso me concedáis permiso para acometerla.

Y la ocasión se presentó en febrero de 1706 con motivo de una patrulla en los accesos a Tolón, donde se habían visto unidades inglesas merodeando. El mistral llevaba días soplando con furia, pues se había encajonado en el valle del Garona siguiendo el curso del río hasta salir a mar a abierto como el disparo de un obús, originando un fortísimo temporal con tormentas encadenadas que habían iluminado el mar con sus relámpagos y atronado en los oídos de los marineros recordándoles que, además de los buques que disparaban cañonazos, el mar seguía siendo su enemigo natural.

Pero es un dicho y un hecho que después de la tempestad siempre viene la calma, aunque la mar permanecía agitada por un fuerte oleaje de fondo y los cielos presentaban un color gris metálico que tenía como virtud una mejora sensible de la visibilidad en superficie.

El vigía del *Rubis* fue el primero en cantarlo. Desde la cofa había visto un punto oscuro al sur a la distancia aproximada del horizonte, que poco a poco fue tomando la forma de un barco. Previsor, Sebastián Rochelle envió a la *Sangliar* a explorar y poco después la pinaza trajo la noticia de que se trataba de un navío inglés de 80 cañones que parecía en apuros.

Un navío de 80 cañones era un enemigo demasiado peligroso como para no tomar precauciones y una pieza muy codiciada al mismo tiempo como para dejarla escapar. Rochelle decidió acercarse a husmear con los dos navíos, disponiendo entre ellos la suficiente separación como para que pudieran acometer al solitario enemigo desde dos puntos diferentes, mientras las pinazas permanecerían por la popa de los navíos esperando acontecimientos.

Desde el primer momento se vio que el navío inglés tenía problemas. Sin el palo mayor, buena parte de la superestructura presentaba el color oscuro del hollín, propiciado seguramente por un incendio, producto, quizás, del latigazo de un rayo durante la tormenta. Probablemente habían perdido al grueso de su flota durante el temporal y ahora buscaban reintegrarse, aunque en sus condiciones la falta de velocidad era un lastre grave e inoportuno. En cualquier caso eran cuatro contra uno que, además, presentaba averías significativas. Rochelle decidió atacar.

El primer cañonazo fue inglés y buscaba la madera del *Rubís,* aunque quedó largo. Por su parte el navío francés devolvió el fuego, pero su andanada quedó corta por un cable. Mientras tanto, gracias a su velocidad superior, el *Toulouse* había ido cerrando distancias y sorprendió al inglés por la otra banda, pero su fuego quedó igualmente corto. Con superioridad numérica era del todo impensable rehuir el combate, pero Rochelle sabía que para poner al navío inglés a tiro debería aceptar un infierno de fuego antes de poder producir los primeros disparos útiles. Una señal en el pico del palo mayor hizo saber al comandante del *Toulouse* las intenciones de su jefe de lanzarse a por el inglés como una pareja de mastines rabiosos.

Primero fue el *Toulouse.* Tras centrar el tiro sobre él por la banda de babor, el navío inglés le lanzó una andanada de balas encadenadas que causaron enorme destrozo en la jarcia, hasta el punto de hacerle perder velocidad e impedirle mantener el ritmo de aproximación. Si no podía acercarse a distancia de tiro de sus cañones, resultaba del todo improcedente permanecer dentro del radio de fuego de los ingleses. Otra señal indicó a Rochelle que el *Toulouse* se retiraba del combate para reparar sus averías.

El *Rubís,* por su parte, continuaba acercándose a una velocidad considerable. El inglés había conseguido centrar el tiro sobre él y le había causado destrozos importantes, pero en pocos minutos estarían en condiciones de devolvérselo. En ese momento volvió a escucharse el bramido seco de una nueva andanada desde la banda de estribor del navío inglés. Para desgracia de los franceses se trataba de balas rojas, proyectiles de hierro sometidos a la fragua hasta llevarlos al rojo incandescente que produjeron tres incendios diferentes a bordo.

Un incendio en un buque de madera es un asunto de capital importancia que exige el concurso de todas las manos antes de que el fuego se propague y termine con el barco. Con tres fuegos a bordo, la más elemental prudencia aconsejaba renunciar a cualquier actividad que no fuera tratar de extinguirlos, lo que se hacía mucho más complicado si se seguían recibiendo balas incendiarias. Incapaz de disimular un gesto de ira, Rochelle dio orden de poner distancia al buque inglés para poder dedicarse a apagar sus fuegos. Al girar la cabeza en dirección a los incendios vio por un momento a las pinazas que le seguían obedientemente por fuera del radio de tiro de los ingleses. En ese momento una idea se abrió paso en su cabeza como un rayo.

—Señalero, ordene a las pinazas maniobrar con independencia.

Sebastián Rochelle no quería arrogarse la responsabilidad de haber enviado a Lezo a un combate desigual en el que dos navíos franceses de porte muy superior a su *Renard* habían quedado desarbolados. Con aquella señal, sin embargo, dejaba el asunto en manos del oficial español, ya que después de todo tampoco tenía otra opción. Lo que contempló a través de su anteojo a partir de ese momento le hizo frotarse los ojos en más de una ocasión.

Con el sable desenvainado y moviéndose como un tigre por la cubierta de su buque a pesar de su ostensible cojera, Blas de Lezo gritaba órdenes que no llegaban a sus oídos debido a la distancia, pero que la propia secuencia de los hechos ponía en evidencia, pues de repente sus hombres comenzaron a trepar a la arboladura y poco después desfaldaban las velas altas, las cuales, una vez tensas las escotas, escoraron la *Renard* hasta que los penoles de las gavias quedaron a pique de besar el agua. En apenas unos minutos la pinaza desfiló por su costado como un galgo, levantando altos bigotes de espuma por la proa y dejando una blanca estela sobre el mar. Desde el puente, Lezo tuvo tiempo de cuadrarse ante su superior y enviarle un saludo antes de dejarlo por la popa. Apretando los dientes y llevándose las manos a la boca para hacer un conducto con ellas, Rochelle le gritó:

—Vamos Lezo. Dios está con vos. Dadles su merecido.

Era evidente que Lezo trataba de acometer la maniobra que con tanto detalle le había explicado en Tolón, porque una vez alcanzada la línea de la aleta, la pinaza puso rumbo al navío inglés a toda la velocidad que era capaz de sacar al viento. No tuvo que pasar mucho tiempo hasta que el estampido de los cañones ingleses y la columna de agua levantada a estribor de la *Renard* le indicaron que la pinaza estaba a tiro de sus cañones.

A bordo de la *Renard,* seguido por su fiel Patxi Nanclares como si fuera su sombra, Lezo se desgañitaba dando órdenes. Había visto levantarse los piques a estribor y por la estela que dejaba el buque inglés adivinaba su caída a esa misma banda para intentar situar a la *Renard* a tiro de sus cañones, pero el barco francés era más rápido y no solo cerraba distancias a los ingleses sino que maniobraba para mantener los 45 grados y quedar fuera de sus límites de tiro. El movimiento en el castillo de popa del navío enemigo le hizo ver que arrastraban un cañón para batir el ángulo por el que la pinaza se aproximaba velozmente, pero el oficial vasco no se arredró y continuó pidiendo velocidad a sus marineros mientras ordenaba abrir fuego con los dos cañones que había situado a proa.

La nube de humo que dejaron los disparos le impidió ver de forma inmediata sus efectos, pero cuando se disipó pudo contemplar como la zona acristalada del espejo de popa del navío inglés había quedado destrozada, aunque todavía podía leerse el nombre escrito en grandes caracteres dorados: *Resolution.* Mientras tanto, una bala procedente del navío inglés pasó tan cerca del costado de babor que a bordo de la *Renard* pudieron escuchar su silbido, y la que le siguió pocos minutos después hizo el mismo efecto por la banda contraria. Lezo sabía que el *Resolution* había conseguido centrar el tiro, pero el siguiente disparo tardaría en llegar y mientras tanto la distancia se reducía a pasos agigantados. Sin dejar de ejecutar mentalmente la cuenta atrás, el joven oficial siguió impartiendo órdenes hasta bajar enérgicamente el sable que mantenía apuntando al cielo y gritar con toda la fuerza de sus pulmones:

—¡Timón todo a estribor! ¡Prepararse para abordaje!

Como si fueran el grupo sincronizado de danzarines de un reloj de cuco, unos hombres comenzaron a trepar a las gavias, otros se dedicaron a adujar en cubierta unos cabos terminados en sólidos garfios de hierro, mientras que los más lascaban unas escotas y amuraban otras coordinados con el esfuerzo de cinco musculosos marineros que llevaron el timón de la *Renard* a su máximo ángulo de virada. De ese modo, mientras la pinaza comenzaba a ponerse paralela al *Resolution,* se escoró a estribor en un ángulo imposible hasta el punto de que algunos hombres rodaron por cubierta. En ese momento sonó el estampido del cañón, pero la bala hizo un arco por encima de la pinaza yendo a caer al otro lado, donde levantó una espumeante columna de agua.

Había llegado el momento crítico y la *Renard,* conforme se situaba paralela al navío inglés, comenzó a recibir fuego a bocajarro desde sus pesadas baterías de 36 libras. El estropicio a bordo fue enorme, pero sus hombres estaban adiestrados y cada uno sabía lo que tenía que hacer, y así, mientras las velas altas quedaban destensadas y el barco se estabilizaba en balance y velocidad, los cañones de la pinaza escupieron también su fuego, que aunque de calibre menor causaba importantes daños a los ingleses, dada la poca distancia que separaba a los barcos. Otra voz de Lezo, cuya figura sobresalía como la de un gigante en medio del humo de la pólvora, se dejó escuchar por encima del ensordecedor griterío y un grupo de forzudos marineros se incorporó de la cubierta donde habían permanecido agazapados, y tras girar tres o cuatro veces los garfios por encima de sus cabezas los lanzaron en dirección el buque inglés para que, una vez firmes, los marineros de Lezo, contagiados de la energía de su jefe, halaran de los cabos acercando la pinaza hasta que los combatientes franco-españoles pudieron leer el miedo en la mirada de los ingleses. La batalla sicológica estaba ganada y moviéndose como un diablo con la pierna de madera como si fuera un apéndice natural, Lezo saltó a la cubierta del *Resolution* repartiendo mandoblazos a diestro y siniestro con la espalda cubierta por el sable y el puñal que empuñaban las manos de Patxi, dando paso al resto de sus hombres que gritaban frenéticamente siguiendo el ejemplo de su líder.

Lezo había enseñado a sus hombres la técnica de la lucha cuerpo a cuerpo, algo a lo que, efectivamente y como consecuencia de su superioridad artillera, los ingleses no estaban acostumbrados, de modo que el combate no tardó en decantarse del lado de los seguidores del Borbón, los cuales combatían, espalda contra espalda, cada hombre con su espejo o sombra correspondiente, de modo que ninguno pudiera ser atacado traicioneramente por la espalda. Cuando los ingleses estaban a pique de pedir la rendición, una explosión nacida en las entrañas del barco hizo estremecerse sus cuadernas de proa a popa e inmediatamente un sinfín de lenguas de fuego comenzaron a surgir de las portas inferiores, ascendiendo por los costados hasta envolver completamente al buque. Viendo que el barco tenía difícil salvación y que teniéndola era poco lo útil que iba a quedar de él, Lezo ordenó la retirada, pues las llamas comenzaban a lamer la madera de pino de su *Renard*.

Recuperados de sus averías, el *Rubís* y el *Toulouse* se reunieron en el punto donde la *Renard* de Lezo y la *Sangliar* parecían contemplar los últimos momentos de vida del *Resolution*, donde los ingleses, incapaces de apagar los fuegos que devoraban al navío, aparejaron la poca maniobra que quedaba disponible y aproaron la nave a tierra, hasta que a unos pocos cables de la localidad ligur de Ventimiglia, el *Resolution* se deslizó serenamente al fondo del mar.

Desde el *Rubís* se dio orden de aparejar los botes para salvar cuántas vidas inglesas fuera posible e incluso el capitán de navío Sebastián Rochelle decidió arriar el suyo propio con el que, a despecho de las más elementales leyes de la Marina, se desplazó a la *Renard* a felicitar a su comandante en su propio buque por la rutilante victoria conseguida. Pero a Blas de Lezo se le iba todo en compadecerse de las doce vidas perdidas a bordo de su nave, la mitad de ellas correspondientes a sus leales marineros vascos, entre ellos su querido Sebas, alcanzado por un disparo a quemarropa durante los primeros compases del abordaje. La pena de haber perdido en la lucha a un amigo tan querido le acompañaría en todos sus barcos a lo largo de su vida, aunque la sangre de cada vasco perdida en batallas a su servicio, aparejada con el enorme prestigio que el zorro de los mares ganaba con cada combate, llamaba a otros cien paisanos a unir sus suerte a la de tan extraordinario genio del mar.

6. TENIENTE DE GUARDACOSTAS, 1707

Consolidadas Cataluña, Valencia y Mallorca como afines a la causa del archiduque Carlos, los austracistas decidieron retomar los objetivos internacionales. Para ello, el príncipe Eugenio de Saboya, comandante en jefe de los ejércitos del emperador, puso sus ojos en Tolón, base principal de la Marina francesa en el Mediterráneo y corazón de las operaciones navales en este mar contra los intereses de Austria e Inglaterra.

El príncipe Eugenio, fruto de los amores de Luis XIV con Olympia Mancini, esposa del príncipe Eugenio Mauricio de Saboya-Carignano, había jurado odio eterno al Rey Sol motivado por el deseo de este de que siguiera la carrera eclesiástica en perjuicio de la militar. A pesar de haberse educado en la corte francesa, el príncipe huyó de Francia y sirvió voluntariamente en el ejército austríaco, donde dejó constancia de su valor y preparación. Nombrado comandante en jefe de los ejércitos del emperador, dio a Austria sonoras victorias contra los franceses en el norte de Italia aliado con el duque de Marlborough, comandante de las fuerzas terrestres inglesas. Cuando su ejército de treinta mil soldados acampó en la Liguria, a orillas del Mediterráneo, empezó a vislumbrar un sueño largamente acariciado: acabar con la Flota del conde de Toulouse. De esa forma el Mediterráneo quedaría como un mar exclusivo de la alianza anglo-holandesa y conseguiría aplacar sus propios demonios golpeando a Luis XIV en la persona de su hijo oficialmente reconocido, justo lo que nunca se le había concedido a él.

Los austríacos carecían de fuerzas navales, pero el ataque por tierra del príncipe Eugenio estaría coordinado por mar con la flota combinada del almirante Showell, que había relevado a Rooke después de que este se retirara del servicio. Ante la inminencia del ataque a Tolón por parte de los saboyanos, el mariscal Tessé, Comandante de los Ejércitos franceses del Sur, llamó a todas las fuerzas a la defensa de la estratégica plaza mediterránea, incluidos los marinos, cuyos barcos se refugiaron en la abrigada rada tolonesa.

De este modo el alférez Blas de Lezo fue asignado la fortaleza de Santa Catalina, elemento clave de la defensa de la plaza debido a su elevada posición. Lezo tuvo tiempo de preparar el terreno antes de que el príncipe Eugenio comenzara el asedio, recibiendo así las primeras lecciones sobre la defensa de plazas fortificadas.

El asedio comenzó el 29 de julio de 1707 y no hubieron de pasar muchos días para que la tenaza que apretaba doblemente la guarnición de Tolón por tierra y por mar empezara a dar sus frutos. Por tierra la infantería llegaba hasta las puertas de la ciudad y comenzaban los trabajos de zapa de sus muros defensivos, mientras que las unidades navales de Showell golpeaban las murallas costeras con sus baterías de 36 libras, moviéndose a la velocidad suficiente para entorpecer la puntería de los cañones en tierra. De vez en cuando las fragatas inglesas, más ligeras y maniobrables que los pesados navíos, penetraban entre estos para acercarse a la ciudad y disparar a corta distancia contra sus muros.

Y eso fue justo lo que sucedió el 7 de agosto. En el fragor del combate, la *Rye*, una fragata de 32 cañones al mando del teniente de navío Edward Vernon, penetró entre la cortina de navíos hasta disparar una andanada de 12 cañonazos de 18 libras, yendo uno de los proyectiles a impactar en el muro tras el cual se parapetaba Lezo con sus hombres. El golpe en sí no encerraba ningún peligro, pues se trataba de uno más de los muchos cañonazos que habían encajado los sillares de la fortaleza sin menoscabo de su resistencia, sin embargo una de las esquirlas que levantó fue a alojarse en el ojo izquierdo del oficial español que sintió un dolor agudo, y aunque la sangre que comenzó a manar del ojo de inmediato parecía apuntar a una lesión de importancia, Lezo siguió impartiendo órdenes y arengando a los suyos al combate, a pesar de los esfuerzos de Patxi Nanclares por tratar de examinar la herida. Finalmente, la enérgica orden del capitán a cargo de la defensa de la muralla dio con Lezo en la enfermería, donde el cirujano que atendía a los heridos no tardó en darse cuenta de que la retina había quedado dañada de manera irreversible. El oficial español estaba condenado a quedarse ciego del ojo izquierdo, aunque en un intento de calmar el fuerte dolor que debía estar soportando procedió a limpiar la zona ocular, practicar una sangría y tratar la herida con tópicos a base de sangre de pichón, azúcar y sal de mar. A pesar del descanso que el cirujano insistió que debía seguir a la cura, Blas de Lezo optó por regresar a su puesto de combate con un apósito hasta que los ingleses aflojaron en el empuje, momento en que regresó a la enfermería para seguir siendo atendido. Si la opinión que el muchacho había merecido al conde de Toulouse cuando su bautismo de fuego en Vélez-Málaga fue extraordinaria, no lo fue menos el impacto causado al mariscal Cissé en la defensa de Tolón, el cual remitió un informe al rey con encendidos elogios hacia su persona.

Por su parte, después de perder diez mil hombres en el asedio y empujado por el duque de Berwick, que acudió desde España en defensa de la plaza francesa, el príncipe Eugenio tuvo que renunciar a su deseo de tomar Tolón. Para entonces, y debido a la presión de los ingleses desde el mar, los franceses se habían visto obligados a incendiar su flota para que no cayera en manos del enemigo. De este modo podría decirse que en el asalto a Tolón hubo dos grandes derrotados: Los austríacos, que no pudieron tomar la ciudad, y los franceses, que se quedaron sin barcos. Y un único vencedor: la Marina británica, que pasó a ser dueña absoluta del Mediterráneo.

Trasladados a Felipe V los elogiosos informes sobre Blas de Lezo, este recibió a vuelta de correo un oficio en el que se le notificaban dos cosas. Por una parte el ascenso a teniente de guardacostas por méritos en combate y por otra, en vista de la pérdida de la visión en el ojo izquierdo, una nueva oferta para ocupar un destino en la corte adaptado a su experiencia y méritos. Caso de rechazarlo porque prefiriera retirarse a su tierra vasca, la oferta incluía una pensión vitalicia por sus servicios continuados a la corona y los daños sufridos en combate en defensa de su rey. El oficio real se remitía acompañado de un informe médico en el que el Cirujano Mayor de Su Majestad informaba que si ya era arriesgado e impropio para un marino el empeñarse a bordo con una pata de madera, a dicha merma había que sumarle la resultante de la difícil adaptación del cerebro de un tuerto a la visión monocular, con el grave trastorno añadido a la función del equilibrio, especialmente grave a bordo de un buque, y que todo, en su conjunto, aconsejaba el cese de dicho oficial en el servicio a bordo de las flotas de su majestad.

Muy probablemente el cirujano no sabía sobre qué tipo de oficial escribía, pero el rey sí, y cuando a petición del propio Lezo se le admitió seguir prestando servicio a bordo de los buques franceses, la Marina gabacha no tardó en reaccionar y lo destinó a la localidad atlántica de Rochefort, aunque antes el joven se vio obligado a pasar un período de cuatro meses recuperándose en Pasajes de la herida del ojo y acostumbrándose a su nueva condición de cojo y tuerto. Durante su estancia en la villa pasaitarra, Blas sufrió una nueva herida, esta vez en el corazón, pues se enamoró de una joven de 15 años de nombre Aimara Usandizaga que no correspondió a sus amores.

La llegada a Rochefort del flamante teniente de navío Lezo, que apenas tenía 18 años, no pasó desapercibida en la minúscula localidad recién fundada por Luis XIV sobre una vieja fortaleza medieval para contar con un puerto y un astillero modernos en el Atlántico. Alrededor de la industria naval comenzaba a florecer una ciudad cuyos habitantes estaban acostumbrados a ver la llegada de nuevos oficiales, en algunos casos, según la alcurnia y posibilidades de cada cual, con uno o dos criados a su servicio. Sin embargo, hasta la fecha no se había visto nunca que un teniente de navío se presentase en la prefectura naval acompañado de más de cien paisanos dispuestos a servir con él como marineros, privilegio especial autorizado por su propio rey. En cualquier caso, sus hazañas le precedían y prácticamente todos los habitantes de la pequeña villa se concentraban a las puertas de la prefectura en las orillas del río Charente. Ninguno daba crédito a que un joven de su edad, con sus evidentes taras físicas, pudiera contar con semejante estela de victorias sobre el enemigo, alguna de las cuales, como la obtenida frente al navío *Resolution*, recorrían Europa de norte a sur situándole, a pesar de su edad, a la altura de los estrategas navales más reconocidos.

La *Valeur* era una urca aparejada en fragata que había sido retenida en depósito en Cádiz quince años atrás cuando navegaba bajo pabellón holandés con el nombre de *Concordia*. Armada con 38 cañones, 8 de ellos eran de 24 libras y podían ser instalados en las partes altas del buque como el castillo o la toldilla sin perjuicio de la estabilidad. El resto de la artillería, repartida entre cañones de 12 y 8 libras, podía distribuirse a expensas de la misión e incluso ser embarcada en botes, pues desde la quema de la flota en Tolón los buques de la Marina francesa y los pocos con que la completaba la española se empleaban en el Atlántico como corsarios repartidos entre las bases navales de Rochefort y Brest.

En vista de la misión encomendada a la *Valeur*, principalmente la guerra al tráfico comercial y correr como alma que lleva el diablo si aparecían los grandes navíos ingleses, Blas de Lezo sometía a sus hombres a un intenso entrenamiento diario en el que él mismo participaba sin descanso a pesar de sus limitaciones físicas.

Con el adiestramiento completado y el alférez guipuzcoano Antonio Garay como segundo comandante, la *Valeur* comenzó a patrullar las aguas propias y adyacentes del golfo de Vizcaya y pronto empezaron a llegar los resultados, pues no eran pocas las balandras y goletas que trataban de aprovechar la situación de guerra para intentar introducir mercancía de contrabando en España, bien directamente por la costa del Cantábrico o a través de la Aquitania francesa. Puesto que el rey de Francia se consideraba suficientemente servido en razón de la limpieza de contrabandistas que hacían los buques patentados en corso, y que Blas de Lezo se sentía suficientemente pagado con su sueldo, los grandes beneficiados de las requisas eran las tripulaciones, que se repartían la mercancía incautada y el dinero obtenido por las naves que vendían al mejor postor. Pero Lezo quería ir más lejos. Sabía que hasta el momento sólo había obtenido victorias pírricas que apenas hacían daño al inglés, a pesar de que en media docena de casos, tras el pertinente cañonazo por la proa los buques acosados decidieron combatir, lo que tuvo como efecto la requisa de buque, carga y tripulaciones. En todo caso, después de los primeros combates la práctica del abordaje fue cayendo en desuso conforme comenzó a circular entre los contrabandistas ingleses que el sistema empleado por los hombres de Lezo era digno de asustar al propio miedo.

Blas de Lezo sabía que la caza mayor estaba más al norte, pues los buques holandeses y la mayoría de los ingleses que mantenían relaciones comerciales con las colonias ponían rumbo a América después de cruzar el canal de la Mancha. Ningún barco francés se había alejado tanto de sus puertos, pero él no era un comandante que se ajustase a pautas y tampoco tenía miedo a que su presencia en zonas próximas a Inglaterra fueses detectada y sacara de sus guaridas a los grandes mastines de la Flota inglesa.

Tras abandonar el puerto de Rochefort y recalar en la isla de Ouessant, frente a Brest, punto más occidental de la costra francesa, la *Valeur* navegó al norte hasta situarse en los accesos del canal de la Mancha y la espera no tardó en dar fruto, pues al amanecer del día siguiente el vigía cantó la presencia de un navío inglés, lo que en un principio hizo recelar a los tripulantes de la urca, pero cuando el mismo vigía reconoció en el pico del palo mayor el gallardete de la Compañía Inglesa de las Indias Orientales, Lezo supo que había llegado el momento de atizar un buen golpe a los herejes.

El alférez Garay trató de hacer una llamada a la prudencia. Los barcos de la principal compañía inglesa de comercio con América solían regresar con valiosos cargamentos, pero en el tránsito de ida no era probable que cargasen riquezas de importancia, y por otra parte ondear un gallardete falso era un truco bastante corriente y podría suceder que en realidad se encontrasen frente a un navío de porte superior a la *Valeur*.

Siempre reflexivo, Lezo agradeció al alférez donostiarra su preocupación.

—Tenéis razón, Garay, en cuanto a que este navío vendrá mejor cargado de riquezas a su regreso de América, pero no olvidéis que estamos en guerra y es a bordo de este tipo de buques en los que la Armada británica acostumbra a enviar los regimientos de reemplazo y los caudales para pagar a los soldados acuartelados al otro lado del mar, razones que me sugieren que de este ataque podría derivarse un buen golpe a su rey. En cuanto al pabellón, no habiendo recibido ataques tan al norte dudo que las unidades navales inglesas utilicen esa estratagema, aunque si finalmente resultara un navío de combate en lugar de mercante con mayor razón nos batiremos con ellos.

—Cierto comandante. No obstante he considerado que debía advertiros.

—Naturalmente Garay. Esas preocupaciones entran dentro de vuestras responsabilidades de segundo comandante y yo espero de vos que nunca dejéis de hacérmelas llegar. Además, desde que hace pocos meses la firma del Acta de Unión ha reunido en uno a los tres países de la Gran Bretaña, Escocia y Gales, hay que esperar que los navíos de combate de Su Graciosa Majestad se disimulen entre los afilados acantilados de la costa sur de Gales y las islas adyacentes.

Los temores de Garay resultaron infundados, pues el navío vislumbrado se trataba de un mercante de nombre *Abercrombie*, que no contestó a los cañonazos de aviso de la *Valeur*, procediendo su capitán a largar todo el trapo para ganar velocidad y virar al viento, seguramente con idea de buscar refugio en la costa galesa tal y como había aventurado Lezo. Pero la *Valeur* era una nave afilada que tomaba bien todos los vientos y no tardó en ponerse a distancia de abordaje, momento en que se vio que los soldados destinados a las guarniciones de América habían sido llamados a cubierta para defender al *Abercrombie* con sus mosquetes.

Hasta el momento Lezo no había querido hacer uso de su artillería por no echar a perder el navío que estaba dispuesto a capturar, pero era evidente que el abordaje era una temeridad con cientos de fusiles apuntando a la *Valeur*. Con los buques paralelos y los fusiles ingleses listos para hacer fuego, Lezo decidió enviar un mensaje al *Abercrombie* y a una orden suya se abrieron las troneras, dando paso a las bocas de los cañones tras las que podían verse humeantes los botafuegos listos para darles mecha. La grímpola negra izada en ese mismo instante en la parte alta del palo mayor representaba la última oferta de rendición por parte del comandante vasco. Tras un titubeo en el castillo de popa por parte de los oficiales de librea roja y cola de abadejo, un gallardete blanco ascendió a lo más alto del palo mayor del navío inglés.

Aceptada la rendición, Lezo envió una dotación de presa al *Abercrombie* que informó que tal como había pronosticado su comandante cargaba soldados y caudales para las colonias. A remolque de la *Valeur*, el *Abercrombie* fue conducido a Brest, donde recibiría otro nombre y una nueva bandera. Los más de setecientos soldados de guarnición fueron hechos prisioneros junto con la tripulación del navío y los cinco cofres con caudales para el pago de las guarniciones de las colonias inglesas ingresaron en las arcas del rey de Francia. Lejos de sentirse decepcionados, los hombres de Lezo se mostraron entusiasmados con su jefe y en tierra se formaban extensas colas en la leva por parte de los que querían formar parte de su tripulación.

La captura del *Abercrombie* sin disparar un solo tiro hizo mucho daño a los ingleses. No sólo en la parte material y porque supuso la constatación de que habían perdido el control de un mar adyacente como el de Vizcaya, sino por el hecho lacerante de que los accesos a un punto tan determinante como el canal de la Mancha quedaban comprometidos. Con efectos inmediatos, el Almirantazgo ordenó detraer cuatro navíos armados del frente Mediterráneo para patrullar las aguas próximas a la Gran Bretaña.

La *Valeur* se había convertido en la pesadilla de los ingleses. Sus hazañas se exageraban en las tabernas de los muelles españoles, franceses y también en los de toda la costa de

Inglaterra. Después de nueve apresamientos en unos pocos meses, incluido el *Abercrombie*, el Almirantazgo dispuso un premio de 500 guineas para el comandante capaz de hacer desaparecer la urca, lo que llenó de orgullo a sus tripulantes y de envidia a los que tanto deseaban serlo.

Ocurrió una tarde clara del mes de diciembre de 1710. El golfo de Vizcaya se había visto sacudido por una serie de galernas encadenadas que habían mantenido a la *Valeur* al pairo a la espera de la bonanza. Pasada la tormenta, un viento suave del este y una mar apaciblemente rizada permitían a la urca francesa continuar la patrulla. Y para su suerte, dos de los sedales que solían largar por la popa capturaron sendos bonitos que permitieron al cocinero lucirse con un marmitaco que hizo las delicias de los marineros.

De gustos frugales en lo tocante a la comida, Blas de Lezo prefería permanecer atento a sus mapas. Con la llegada del buen tiempo era de esperar que los contrabandistas tratasen de ganar la costa española o la francesa y desde que el Almirantazgo había establecido la alerta tampoco era descartable tropezar con alguno de los navíos que vigilaban la zona. Cuando el vigía gritó velas en el norte y más tarde confirmó que se trataba de un navío de tres palos, Lezo ya tenía decidido su plan.

—Mi idea es desaparecer con las sombras de la noche y atacar al amanecer. Sea mercante o de combate, un navío en estas latitudes sólo puede ser inglés.

Sentados alrededor de la mesa sobre la que se desplegaba una carta náutica llena de anotaciones, Garay, Patxi y el nostramo permanecían pendientes del plan que estaba a punto de compartir con ellos su comandante.

—Nuestra posición actual es esta —dijo Lezo señalando un punto en la carta—. A partir de aquí no nos queda otra opción que especular.

El silencio que siguió a su exposición hizo ver al comandante de la urca que sus hombres esperaban su análisis.

—A esta hora, tan ciertos como estamos nosotros de su presencia, lo están ellos de la nuestra. Si para nosotros un navío a cinco leguas al norte significa que son ingleses, para los herejes una urca a la misma distancia al sur podría hacerles aventurar que se trate de la *Valeur* que tanto buscan. En ese caso, ¿qué se os ocurre que puedan estar pensando?

—Atacarnos, si pueden —se dejó oír, vehemente, la voz de Patxi.

—Nos harán rumbo para ponernos a tiro de sus cañones —dijo el nostramo al sentir el peso de la mirada de su comandante.

—Aunque fuéramos un navío igual en armamento, seguirían siendo superiores desde el punto de vista artillero —apuntó Garay en una nueva llamada a la prudencia.

El silencio se apoderó de la estancia mientras Lezo medía rumbos y distancias en el mapa utilizando los dedos.

—¿Y vos qué pensáis? —Volvió a escucharse la voz de Garay envuelta en un halo de preocupación.

—Yo estoy con Patxi en que nos atacarán en cuanto puedan. Somos su razón de ser. Los han traído aquí para acabar con nuestra presencia, pero se les viene la noche encima. Como nosotros, lo más seguro es que el comandante de ese navío inglés se haya reunido a tratar la situación con sus oficiales. Lo que me pregunto es qué podría salir de esa asamblea.

—Al amanecer podríamos estar a pocas millas de Rochefort… —se escuchó la voz trémula de Garay.

—Si ese fuera el pensamiento de los ingleses acerca de nuestras intenciones, seguramente pondrían ese mismo rumbo para tratar de tenernos a tiro al amanecer. Pero no creo que sea esa su idea.

—¿Entonces? —preguntó Patxi con las manos extendidas.

—Si pusieran rumbo al este, pensarán que nosotros podríamos hacerlo al oeste para buscar presas y por la mañana nos habrían perdido. Si por el contrario, pusieran rumbo al oeste pensando que busquemos el tráfico comercial y nosotros nos retiráramos al este como aconseja Garay, nos habrían perdido igualmente. Creo que facharán las velas y permanecerán al pairo sin moverse de donde están. De esa forma al amanecer podrán hacerse una idea de la situación y no quedarán lejos de nosotros hagamos lo que hagamos.

—Está bien. ¿Pero qué haremos? —preguntó el segundo sin disimular su ansiedad.

—Veamos —dijo Lezo volviendo a poner el dedo índice sobre la carta—. Si los ingleses permanecen al pairo por la noche, el viento y la corriente los llevarán hasta aquí. Si queremos sorprenderlos, con las primeras luces del alba nosotros deberemos quedar una legua a su barlovento, es decir aquí. Si no somos capaces de conseguir el factor sorpresa el combate carecería de sentido, por lo que tendremos que estar preparados para que en el caso de que nuestros cálculos no se cumplieran, dar todo el paño y escapar a uña de caballo. Patxi, ¿qué tiempo nos espera mañana?

—La anochecida vino teñida de cirros y tintes anaranjados, señor. Mañana amanecerá igual que lo hizo hoy —en privado Patxi se dirigía a Blas por su nombre de pila, pero en actos de servicio prefería huir de la familiaridad.

—Entonces —dijo Lezo dirigiéndose al segundo y al nostramo—. Durante la noche haremos rumbo para dirigirnos al punto señalado. Huelga decir que los faroles y candiles permanecerán apagados y que queda prohibido fumar. Quiero a la gente descansada, mañana puede ser un día muy largo.

A bordo del navío británico *Stanhope* las cosas no habían sucedido exactamente como las había imaginado Lezo. Su comandante, el capitán de navío John Combs, había ido ascendiendo en el escalafón hasta convertirse en uno de los ases del Almirantazgo y no precisamente por someter sus decisiones a los principales de las naves que le había tocado mandar. Su fama de huraño y duro hasta la crueldad mantenía a sus tripulaciones obedientes y listas para el combate, pero no trasmitía a su gente la sensación de liderazgo que irradiaba el hombre al que ansiaba enfrentarse a la mañana siguiente. Formado profesionalmente a las órdenes de Rooke, de quien había sido segundo en varias ocasiones, Combs había heredado de este la tenacidad, el espíritu de combate, la paciencia y la constancia a la hora de perseguir incansablemente a las presas hasta conseguir hacerse con ellas. Y aquella noche, tras recibir de su segundo la novedad de que el vigía había identificado al sur los palos de una fragata, decidió recluirse solo en su camarote intentando dilucidar la mejor opción táctica para dar caza al que estaba seguro que era el buque más buscado por el Almirantazgo.

Convencido de que el comandante español rehuiría el combate, sabedor de que mandaba un barco de prestaciones inferiores a su *Stanhope*, Combs pensó que su oponente disponía de los 360 grados del horizonte para elegir un rumbo de escapada durante la noche, por lo que decidió pasar las horas de oscuridad a la deriva y decidir con la amanecida; después de todo, si un golpe de suerte le había traído a la fragata francesa, otro podría devolvérsela de la misma forma a la mañana siguiente. La suerte no era un atributo en el que confiara demasiado, aunque nunca había dejado de acompañarle en los momentos más trascendentales de su carrera, y ahora que acariciaba con la punta de los dedos el rojo fajín de almirante no tenía por qué ser menos.

❧❀❧

Acodado en la batayola entre su fiel Patxi y el alférez Garay, Lezo llevaba más de una hora escrutando la oscuridad con su único ojo útil. Sabía lo importante que resultaba permanecer alerta en la primera claridad del crepúsculo, y lo mismo que él se mantenía vigilante sus hombres estaban preparados para cumplir las órdenes del nostramo desde las primeras claras.

Hacía veinte minutos que había creído vislumbrar un minúsculo punto de luz y la sensación se había vuelto a repetir unos instantes atrás, si bien en esta ocasión Patxi y Garay lo habían visto también. Con independencia de su bandera, era costumbre en todos los navíos que los fumadores se concentraran en un punto concreto del alcázar para dar lumbre a sus cigarros. El tabaco había sido causa del incendio y la pérdida de algunos barcos, por eso las ordenanzas de todas las marinas situaban un punto en la cubierta al aire libre para dar cauce a la necesidad de algunos de llenarse los pulmones con el humo de un cigarro, y aunque en la *Valeur* habían prohibido fumar durante la noche, a bordo del buque que Lezo intuía no lejos de ellos, quizás por no sospecharlos tan cerca, se veía que no habían sido tan escrupulosos.

Mientras se dejaba la vista en aquel punto oscuro Lezo tuvo un pálpito. Sabía que el Almirantazgo había destacado cuatro navíos a la zona para buscarlos y que a bordo de uno de ellos, el *Stanhope*, figuraba como comandante el capitán de navío John Combs, una de las rutilantes estrellas de la oficialidad de la Marina británica.

Combs era conocido por su agresividad en la pelea. Tanto en el Mediterráneo como en el Atlántico contaba sus combates por victorias, exactamente lo mismo que Lezo. El marino vasco imaginaba que antes o después estaban llamados a enfrentarse y sabía que, llegado el momento, tendría que servirse de toda su astucia, pues si conocida era la superioridad artillera de los ingleses, más aun tratándose de un combate desigual entre un navío y una urca, en el caso de los barcos de Combs la diferencia se hacía aún más grave, pues utilizaba alguna técnica desconocida que doblaba el número de disparos por minuto con respecto a otros navíos ingleses.

Meses atrás, en la Rochelle, Lezo tuvo la oportunidad de entrevistarse con un viejo marinero superviviente de un combate con la *Stanhope*, el cual contaba aterrado como las bocas de los cañones ingleses escupían fuego sin descanso, como si estuviesen servidas por demonios. Pero Lezo sabía que no había tales demonios y que algunos comandantes diseñaban unos railes en los puentes que les permitían intercambiar las baterías entre ambas bandas con cierta rapidez, de modo que cuando llegaban al combate podían asomar por cada tronera de la banda elegida para el combate dos y hasta tres cañones diferentes. El problema con que podían encontrarse tales comandantes era que si el combate cambiaba de banda por un azar del destino, para mudar la artillería necesitaban un tiempo con el que no siempre podían contar o durante el cual se hacían vulnerables.

Con las primeras luces del crepúsculo se hizo evidente que lo que tenían enfrente era un navío de combate que, con el aparejo indolentemente aferrado en las gavias, parecía una mujer impúdicamente sorprendida en mitad de la noche. Además del barlovento, la *Valeur* contaba con una ventaja añadida, pues el navío inglés se recortaba por el este, justo por donde empezaba a asomar la primera claridad del alba, lo que a ojos de los ingleses otorgaba a la urca una cierta oscuridad inicial en la que enmascararse. En cualquier caso Lezo tenía suficiente con lo que había visto y sin recurrir a gritos ni pitos de nostramo las velas de la *Valeur* comenzaron a hincharse con el viento que enviaba la amanecida y el de los cientos de pulmones de sus hombres que se llenaban fuertes e impetuosos con el nombre que adornaba los costados del barco. La situación táctica era la deseada por Lezo y poco a poco la urca comenzaba a ganar velocidad dirigiéndose directa a la aleta de estribor del navío, en el que a menos de diez cables empezaron a verse las primeras caras descompuestas y a escucharse los primeros gritos. A pesar de que era evidente que no los esperaban tan cerca ni a hora tan temprana, los ingleses reaccionaron con celeridad y a los pocos minutos las velas desplegadas recogían el viento que necesitaban para maniobrar a estribor y situar al inesperado atacante a tiro de sus cañones.

La discreción no tenía ya razón de ser y, sable en mano y acompañado en todo momento de su inseparable Patxi Nanclares, Lezo voceaba sus órdenes a pleno pulmón para mantener el ángulo de ataque. Apenas a siete cables del navío enemigo se le heló la sangre al ver dibujado en el espejo de popa el nombre de su adversario: *Stanhope*. Así pues, estaban a punto de batirse con el mítico e imbatido John Combs. Mientras daba órdenes de fuego a los dos cañones instalados en la proa, el comandante vasco se fijó en que a pesar de su escasa inercia, el *Stanhope* acusaba una ligera inclinación a estribor. Recordando las palabras del náufrago de la Rochelle, pensó que probablemente concentraba la mayor parte de sus cañones en esa banda, justo por la que se aprestaba a dirigir el combate.

A bordo del navío inglés, a medio vestir pero reconocible por su librea azul y las doradas charreteras en los hombros, el sorprendido Combs vociferaba también sus órdenes. No necesitaba leer el nombre del buque que le embestía para saber quién era su comandante y cuáles sus métodos. La fragata francesa había ganado la batalla de la sorpresa, pero aún quedaban otras por dirimir, principalmente la de los cañones, y el ingenuo comandante vasco al que veía agitar el sable en la toldilla y bailar como un títere sobre su pata de palo se dirigía a abordarle por la banda en la que concentraba tres de cada cuatro de sus temidos cañones. La falta de velocidad le impedía gobernar el navío para poder disparar su artillería como hubiera sido de su gusto, pero un solo disparo de cada uno de los cuatro cañones dispuestos a popa le sirvió para horquillar a la fragata francesa que se lanzaba sobre él como un jabalí enfurecido.

De los dos cañonazos de la *Valeur* sólo uno alcanzó su destino, produciendo mucha astilla pero daños inapreciables, en cambio los ingleses acertaron con dos de sus tres disparos, pues afortunadamente uno de los cañones de la *Stanhope* se atoró en el momento de hacer fuego. Uno de los cañonazos penetró en el segundo puente produciendo todo tipo de estragos, pero el que más daño hizo fue el segundo, que destrozó la proa de la urca, silenció los dos cañones de proa y causó graves destrozos en la jarcia de los foques, tan necesaria para ayudar al buque a caer al viento. Pero a esas alturas no había marcha atrás y menos por haber encajado un cañonazo que podía ser sólo el primero de muchos. La distancia al navío inglés se cerraba a pasos de gigante y en el momento de caer a estribor para oponer su costado de babor al estribor inglés, Lezo perdía la ayuda de las velas más necesarias. Justo entonces el marino vasco detuvo la mirada en la cubierta de su buque. Cosidos a la madera y protegidos del fuego de los mosquetes ingleses por las defensas dispuestas a lo largo de toda la eslora, sus marineros permanecían atentos a sus órdenes con los garfios en la mano, prestos a incorporarse para lanzarlos a la nave enemiga en cuanto les fuera ordenado. La distancia a la *Stanhope* era tan corta que podía ver la sonrisa de un lobo dibujada en el rostro de Combs. En ese instante un fogonazo que no hubiera igualado el cañón de mayor calibre iluminó su mente. Las defensas de cuero le habían susurrado a Combs el secreto de la banda de ataque del buque francés y justo ahí se aprestaba a recibirlos con los cañones armados y a pique de botafuegos. Sintiendo el peso de la mirada de sus hombres encargados de la maniobra, que esperaban la orden de caer a estribor para hacer fuego por babor como tantas veces había sucedido, Lezo mantuvo el brazo en alto mientras docenas de piques de fusil levantaban astillas a su alrededor. Sin orden de cambio de rumbo la proa de la fragata francesa desfiló a cinco brazas de la popa del navío inglés y los hombres de la *Valeur* vieron pasar ante sus ojos el nombre del navío inglés tan cerca que hubieran podido dar lustre al metal. Apenas la urca había sobrepasado por media eslora la popa del *Stanhope*, Lezo bajó el brazo y con la ayuda habitual de los más fuertes en la barra del timón consiguió poner su barco paralelo al inglés por la banda en la que estos no los esperaban.

Otro grito y los marineros se incorporaron y lanzaron sus garfios, que de tan cerca que quedaban de los ingleses bien podrían haberlos hechos fijos sin lanzarlos. Por su parte, los herejes reaccionaron dirigiendo el fuego de sus mosquetes por la banda desprotegida de la *Valeur*, pero la mayor parte de ellos se sabían abordados y cuando los primeros ingleses comenzaron a lanzarse al agua para escapar de lo que sabían una muerte segura, su ejemplo fue imitado por muchos otros, y hasta los artilleros, que apenas produjeron dos disparos, elegían las portas de los cañones para arrojarse a la seguridad del mar antes que permanecer a bordo ante la fiera acometida de los marineros francos y españoles. Sin embargo, igual que sucediera con el *Resolution*, una explosión en las entrañas de la nave anunció que los ingleses habían prendido fuego a la santabárbara, pues seguramente Combs prefería su barco hundido antes que entregado al rey de Francia.

Partido en dos, el navío inglés se fue a pique en pocos minutos, desapareciendo primero la proa y más tarde la popa, dejando como último acto de su vida al servicio del mar el noble saludo de John Combs, a quien Lezo acababa de vencer por la astucia. Desaparecido el *Stanhope*, la *Valeur* abandonó la zona de combate con importante daños en la proa y en el segundo puente, dejando aquel mar de lamentos de herejes agarrados a los trozos de madera de lo que había sido uno de los barcos míticos de la Marina británica.[4]

El recuento de bajas arrojó la cifra de 26 marineros muertos, la mayoría a consecuencia de la bala que la *Valeur* había encajado en la proa en los primeros compases del combate. Después de dar el último adiós a los compañeros y enviarlos al mejor túmulo que pueda anhelar un marino, los hombres de la urca celebraron con ron la importante victoria, aunque su comandante se disculpó y prefirió permanecer a solas en su camarote.

Conocía a muchos de los marineros muertos y con algunos de ellos había compartido juegos en su infancia en Pasajes. Los había entrevistado a su llegada a bordo y todos respondían a un mismo perfil, el orgullo de servir a la patria en el buque que mandaba su paisano Blas de Lezo. Y ahora tenía que notificar su muerte a las familias. En esos momentos recordó sus andanzas infantiles por los campos y caminos de su querido terruño acompañado de su querido amigo Sebas y su ojo seco no fue capaz de reprimir una lágrima. A pesar de la victoria, aquella noche Lezo lloró desconsoladamente.

---

4   Se dice que el combate del Stanhope pudo no haber existido o haberse dado en realidad contra un navío mercante con menos de 50 hombres de tripulación. En el epílogo final se exponen las razones que mueven al autor a pensar que en realidad sí pudo haber sido el navío que se novela en este capítulo.

7. FIN DE LA GUERRA DE SUCESIÓN, 1715

En abril de 1707 el ejército de Felipe V se enfrentó al del archiduque Carlos en las llanuras de Almansa, imponiéndose el Borbón en una batalla que comenzó a decantar el final de la guerra hacia sus intereses, pues la retirada de los austracistas permitió al duque de Berwick tomar consecutivamente los estratégicos enclaves de Valencia, Zaragoza, Lérida y Alicante.

Pero lo que el aspirante austracista perdía en tierra lo ganaba en la mar y, prácticamente sin oposición, el almirante Showell ocupó consecutivamente las plazas de Orán, Cerdeña y Menorca, mientras que a Luis XIV las cosas le iban cada vez peor en Europa, pues su ejército de cerca de cien mil hombres fue derrotado en Mons, viéndose obligado a replegarse al sur hasta la ciudad de Lille, donde terminaría diezmado dos años después. Francia se vio inmersa en una grave crisis económica que obligó a Luis XIV a enviar a su primer ministro a negociar una paz cuyas condiciones finalmente no aceptó, entre otras cosas por la obligación que se le impuso de reconocer al archiduque Carlos como rey de España. A pesar de todo el rey de Francia propuso a Felipe V que cediera algunos territorios al austríaco para calmar sus ímpetus y como quiera que este se negara, el Rey Sol retiró de España la mayor parte de sus ejércitos. En su deseo de reinar en España sin presiones, Felipe V exigió entonces a su abuelo la destitución de su embajador en España y rompió relaciones con el Papa, que había reconocido al archiduque Carlos. Desesperado, a espaldas de Felipe V, Luis XIV inició conversaciones con el gobierno británico que habrían de conducir en 1713 al Tratado de Utrecht que pondría fin a la guerra.

Y mientras en Europa Luis XIV negociaba silenciosamente la paz más honrosa y ventajosa para España, dentro del país, sin el apoyo del ejército francés, las campañas militares se resolvían favorablemente para el archiduque Carlos, que en agosto de 1710 reconquistaba Zaragoza y se lanzaba a por Madrid, lo cual causó la desbandada de las tropas borbónicas y la toma y saqueo de la capital por los partidarios del Austria. Paralelamente, una escuadra de ocho navíos ingleses a las órdenes del conde de Savella zarpó de Barcelona con un ejército de mil catalanes dispuestos a reconquistar Valencia, lo que no se produjo porque no encontraron el apoyo suficiente dentro de los muros de la ciudad.

La quema de iglesias en Madrid y los abusos y violaciones por parte del ejército del inglés James Stanhope encendieron a los madrileños y llenó a todos los españoles de un fuerte sentimiento anti austracista. Cuando Stanhope decidió regresar a Barcelona y cometió el error de acampar en una hoya en la Alcarria sin asegurar las alturas circundantes, el ejército borbónico, que se había vuelto a reunir alimentado por el odio hacia los austracistas, colocó cañones en las lomas y masacró al de Stanhope y a los catorce mil hombres enviados desde Barcelona en su auxilio. Reconquistada Zaragoza, el ejército de Felipe V se lanzó sobre Cataluña. De ese modo, mientras Luis XIV trataba de negociar una paz a la baja para España, su nieto la ganaba por las fuerza de las armas.

El 17 de abril de 1711 moría el emperador José I de Habsburgo, siendo sucedido por su hermano el archiduque Carlos. Sólo tres días antes había fallecido Luis de Francia, padre de Felipe V, lo que acercaba a éste a la sucesión de Luis XIV, teniendo todavía por delante a su hermano mayor, el duque de Borgoña, y a su hijo, un niño de constitución extremadamente delicada. Estos óbitos encadenados dieron un giro a la situación, pues la unión potencial de España con

Austria en la persona del archiduque Carlos resultaba ahora más peligrosa para Inglaterra y Holanda que la alianza con Francia. En estas condiciones Ana Estuardo ordenó acelerar las negociaciones de paz, incluyendo el reconocimiento de Felipe V como rey de España. En París, un agotado Luis XIV estaba dispuesto a aceptar cualquier imposición inglesa y de ese modo las conversaciones de paz comenzaron en Utrecht en las primeras semanas de 1712 sin que España fuese invitada a las mismas. La muerte del duque de Borgoña, que dejaba un hijo incapaz, llevó a Luis XIV a proponer a Felipe V como su sucesor al trono de Francia, pero en estricta aplicación del *balance of power*, Inglaterra exigió que las coronas de España y Francia no ciñeran la misma cabeza, y en noviembre de ese mismo año Felipe V renunció formalmente al trono francés.

En el momento de ser investido rey de España, Felipe V quedó hondamente decepcionado por la situación que heredaba de los Austrias, a la que no escapaba una Marina fragmentada y desorganizada que no se correspondía con la que consideraba que debía contar un país con semejante extensión colonial. Sobre el papel existía un número suficiente de flotas: la del Estrecho, la de Avería, la del Mar del Sur, las de Cataluña, Flandes, Nápoles y Portugal, y, sobre todo, las de la Carrera de Indias, Barlovento, Filipinas, Nueva España y los Galeones de Tierra Firme. Un total de 12 flotas diferentes y sus correspondientes astilleros que disimulaban la lacerante realidad de que únicamente existían naves para traer la plata de América, además de apenas media docena de galeras ancladas en Cartagena, aunque, eso sí, no faltaba para cada armada un jefe elegido a dedo y un grupo heterogéneo de soldados y marineros sin preparación ni oficio suficiente. No le pareció, desde luego, una Marina preparada para la guerra que se les venía encima, y bien poco que tardó la realidad en golpearle con su látigo cruel, pues además de haber pocos barcos, la batalla de Rande hizo patente que la organización tampoco era la adecuada a un imperio con más de cinco mil leguas de costa en las que una flota cargada con las riquezas que tanta falta hacían no tenía donde guarecerse en el norte, justo donde por su naturaleza tendían a llevarla los vientos alisios a su regreso de América. Por otra parte, la posterior toma de Gibraltar por los ingleses le hizo ver que tampoco la supuesta flota en el que debía ser el punto estratégico principal de la península, la del Estrecho, era efectiva en modo alguno.

Aunque no se consideraba un estratega y mucho menos un hombre de mar, Felipe V tomó nota de que las armadas de España no sólo debían refundirse en una única más eficiente, sino que debía disponerse una nueva organización con tres bases y sus correspondientes arsenales, una en Cartagena, que ya existía, para cubrir el escenario del Mediterráneo, donde la guerra al moro y la piratería no descansaban nunca; otra en Cádiz, donde había poco más que un embarcadero para despachar las flotas de Indias, y una tercera en el norte, donde las flotas que llegaban de América con urgencias o perseguidas pudieran guarecerse, además de mantener cerca al inglés, cuya hegemonía comenzaba a resultar peligrosa.

Pero la situación más urgente en esos momentos era una guerra para la que el país no estaba en absoluto preparado, por lo que inicialmente los escasos recursos militares hubieron de ponerse en manos francesas, reservándose los españoles algún éxito esporádico menor, como los ataques a los ingleses por la flota de galeras de Cartagena al mando del brigadier José de los Ríos cuando el bloqueo de Barcelona o la actuación individual de algunos oficiales navales, como el guipuzcoano Blas de Lezo, que no hacían sino poner de relieve la dolorosa realidad de que habían tenido que formarse en las escuelas navales de Francia.

En los primeros meses de 1713 la guerra seguía su curso y el agotamiento militar en ambos bandos hacía prever una solución diplomática al conflicto, de manera que sin que se produjera el cese de los combates comenzaron las conversaciones que habrían de llevar a ambas partes a la ansiada Paz de Utrecht.

La desmedida actuación de las tropas del archiduque Carlos en la toma de Madrid y los excesos cometidos en su avance hacia Barcelona tuvieron la virtud de levantar al pueblo español, que espontáneamente comenzó a reunirse para formar partidas de guerrilleros que se enfrentaron con valentía a los ejércitos del archiduque, a los que desmoralizaban con continuos e inesperados ataques a las líneas vitales del suministro. De esta forma llegó la derrota del ejército del general James Stanhope, que permitió a Felipe V acorralar a los austracistas en Cataluña, situación que se mantenía en el momento de la firma de la Paz de Utrecht, cuando toda España excepto, Cataluña y Mallorca, lo habían aceptado como rey.

Con la firma de la paz en 1713 España renunciaba prácticamente a todas sus posesiones en Europa. Las italianas quedaron repartidas entre la Casa de Saboya y los Austria. Holanda se anexionaba los territorios en Flandes y Portugal recuperaba la colonia de Sacramento en el Río de la Plata, tomada por España en 1706. Inglaterra, por su parte, recibió formalmente las plazas fuertes de Menorca y Gibraltar, además de abrir una brecha en el monopolio español en América que con el tiempo habría de devenir en una nueva guerra. Mediante el llamado «Navío de Permiso», Gran Bretaña podría enviar anualmente un buque de 500 toneladas a comerciar en las colonias españolas y mediante el «Derecho de asiento» obtenía el monopolio de la trata en América de negros previamente capturados en África. Si como resultado de la Guerra de Sucesión Inglaterra no pudo sentar en el trono de España al rey que les convenía inicialmente, el resultado de la paz les hacía dueños y señores de todos los mares. El imperio español se desmoronaba y el país pasaba a un segundo plano en el universo de las relaciones internacionales. Que Inglaterra terminara absorbiendo las posesiones españolas de ultramar de manera más o menos artera era sólo cuestión de tiempo. A menos que apareciera en el panorama español un líder capaz de pararles los pies a los ingleses y detener la sangría a la que los tenían sometidos.

Pero si la paz ponía fin al conflicto internacional, la guerra no había terminado dentro de las fronteras españolas, pues Cataluña y Mallorca seguían resistiéndose a la entronización de Felipe V y la política centralista que habría de imponer siguiendo el modelo francés. Al mando del duque de Pópoli, el ejército Borbón bloqueó la ciudad de Barcelona, donde sus habitantes se negaron a pagar los impuestos con los que José Patiño y Rosales, ministro de Hacienda de Felipe V, intentaba evitar la bancarrota que amenazaba las arcas reales. En realidad, el bloqueo era sólido sólo por tierra, pues en la mar las escasas seis galeras con que contaba el almirante López Pintado resultaban insuficientes para impedir el tráfico comercial establecido por la ciudad con Mallorca y Cerdeña, y que mantenían a Barcelona aprovisionada como si no hubiera estado de guerra.

En esas condiciones, en julio de 1714 el duque de Berwick relevaba a su homólogo de Pópoli y surgía en el Mediterráneo una nueva armada compuesta por buques comprados en el extranjero, al frente de la cual López Pintado puso al almirante Andrés de Pes y Mazarraga. En esta escuadra navegaba un buque de nombre *Campanella* que había sido adquirido en Italia y rebautizado como *Nuestra Señora de Atocha*, a cuyo mando se encontraba un joven de 24 años cojo y tuerto, que había sido ascendido a capitán de fragata tres años atrás después de la heroica captura de un navío inglés en aguas del golfo de Vizcaya.

El asedio duraba cerca de dos meses en los que la escuadra del almirante Pes había mantenido Barcelona libre de socorros, de modo que, sin munición ni víveres, la situación dentro de la ciudad comenzaba a hacerse insostenible. El 4 de septiembre Berwick hizo llegar a los sitiados una propuesta de rendición, pero estos pusieron una serie de condiciones que no fueron aceptadas. En Barcelona todo lo fiaban a la llegada de un convoy procedente de Génova compuesto por 20 buques cargados de subsistencias y defendido por un grupo de cuatro fragatas de 30 cañones y varias tartanas armadas. Llegada a Pes esta información, el almirante ordenó una batida a sus buques, y fue precisamente el *Nuestra Señora de Atocha* el que los descubrió cuando intentaban llegar a Barcelona pegados a la costa. Con sus 30 cañones, el buque al mando de Lezo se dirigió a interceptar a la larga fila de unidades enemigas y tras cañonearlos en la distancia para llamar la atención del resto de la flota de Pes, se acercó a la que parecía la nave capitana de la expedición conminando a su comandante a la rendición. A menos de cien metros de distancia, la respuesta de la fragata fue una demostración de fuego de mosquete, yendo una de las balas a alojarse en el brazo derecho de Blas de Lezo. Pero el bravo marino español sabía de la importancia de que el convoy no alcanzase Barcelona y se mantuvo en su puesto hasta la llegada del resto de las unidades de Pes y la captura del grupo expedicionario de socorro. Sólo entonces aceptó ser conducido a tierra para que lo vieran en un hospital de campaña.

El joven fue atendido por el practicante de cirugía Bentura Sanz, el cual se maldijo por no haberle recibido antes, pues a esas alturas, sostenía, a pesar del torniquete de urgencia practicado a bordo, el miembro había perdido abundante sangre y provocado una atrofia muscular probablemente definitiva. La intervención posterior del cirujano Juan Lacomba no hizo sino certificar el pesimista pronóstico de Sanz.

Falta de suministros, Barcelona se rindió el 11 de septiembre de 1714 y prácticamente a continuación la flota del almirante Andrés Pes fue enviada a Nápoles para recoger y trasladar a España a Isabel de Farnesio, una joven de 22 años elegida por Felipe V como su segunda esposa tras enviudar de la primera en febrero de ese mismo año. La Farnesio llegó a España acompañada por su secretario, Julio Alberoni, un prelado que había estado al servicio de Luis XIV durante la guerra y que no tardaría en ascender socialmente en la corte española, donde en poco tiempo sería nombrado cardenal y consejero real.

Pero la guerra no había terminado, pues faltaba por someter el Reino de Mallorca, a donde fue enviada de nuevo la flota de Pes. Y quizás porque el buque destacado para las negociaciones de paz estaba al mando de un oficial que con apenas 25 años acababa de ser ascendido a capitán de navío por méritos en combate, y que a pesar de tus taras físicas, pues era cojo, tuerto y manco, tenía fama de expeditivo en la defensa de los intereses de su rey, la ciudad se entregó sin combatir el 15 de junio de 1715. Y con la llegada de la paz, con una exposición en la que se hacía notar que aquel hombre se había ido dejando diferentes partes de su cuerpo con cada trozo de gloria rendida a su rey, Felipe V volvió a ofertar a Lezo un puesto en la corte que sin el corsé de la guerra estaba llena de buenas ideas respecto a la Armada. Pero una vez más el valiente marino guipuzcoano declinó la oferta. Quería seguir sirviendo a España a bordo de sus buques. Cojo, tuerto y manco, sus compañeros de la Armada acuñaron para él el mote de «medio hombre», pero aunque nunca se le oyeron quejas al respecto, sus más íntimos sabían que no era un alias de su agrado, al contrario que el de «Anka Motz», pata de palo en vasco, que aceptaba de mejor grado al provenir se unos subordinados sobre los que había demostrado en cada combate una gran capacidad de liderazgo.

8. AMÉRICA, VERANO DE 1716

«Larga trinquete en nombre
de la Santísima Trinidad,
Padre, Hijo y Espíritu Santo.
Tres personas y un solo
Dios verdadero,
que sea con nosotros
y nos guarde,
que acompañe
y nos dé buen viaje a
salvamento y nos lleve y
vuelva a nuestras casas...»

La oración de Simón Grau, piloto mayor de la capitana, aún permanecía suspendida en el aire cuando los gritos del nostramo comenzaron a desparramarse a lo largo de toda la nave. Los hombres, que habían permanecido con la rodilla hincada sobre la madera de la cubierta, se pusieron en pie y en medio de un maremagno de gritos y excitación, las velas comenzaron a buscar su acomodo en las alturas.

El navío *El Salvador*, en cuyo palo mayor arbolaba su insignia el capitán de navío Francisco Barco como capitán general de la expedición, fue el primero en abandonar la plácida ensenada de la bahía de Cádiz en busca del mar abierto. Detrás suyo, como una hilera de patos en una marisma, una tras otra las cuatro fragatas que habrían de conformar la llamada Armada de la Guarda pusieron proa al viento para ocupar su puesto en la formación de protección a barlovento. Inmediatamente a continuación salieron los doce buques mercantes en los que se estibaban todo tipo de productos nacionales y manufacturas extranjeras por un valor cercano a los diez millones de pesos. Contra el ejemplo de las fragatas militares, la salida de las urcas, corbetas y carracas resultó más descoordinada y lenta, y el convoy tardó más de dos horas en quedar dispuesto y a rumbo, momento en que, de un modo mucho más garboso, el navío *Nuestra Señora del Carmen*, en cuyo palo de mesana arbolaba su insignia el capitán de navío Blas de Lezo, hizo su aparición en escena cerrando la formación por la popa en su papel de nave almiranta.

Aprobado y pendiente de ejecución el traslado a Cádiz de la Casa de Contratación de Indias, y aunque por motivos de calado del río Guadalquivir la carga se había llevado a cabo en el propio puerto gaditano, el registro de cuanto se había embarcado, tanto mercancías como pasajeros y vituallas para sustento del personal, se había hecho en Sevilla, que se resistía a entregar a Cádiz el monopolio del control de la Flota de Indias.

Adaptados a la velocidad del buque más lento, con la capitana por delante con la insignia en lo alto de la grímpola del palo de proa, la almiranta cerrando la formación con su gallardete en el de popa, los mercantes entre ambos y las fragatas a barlovento para acudir prestas ante cualquier amenaza, la flota comenzó su andadura por el llamado mar de las Yeguas, parte del océano que separaba la ciudad de Cádiz de la más septentrional de las islas Canarias. Próxima a caer la noche, los buques cerraron distancias al fanal de la capitana para navegar unidos durante las horas de oscuridad. Una vía de agua en una carraca redujo sensiblemente su velocidad y la llegada del grupo a Santa Cruz de Tenerife se dilató hasta los doce días.

La estancia de la agrupación naval en la ciudad que fundara en el sanluqueño Alonso Fernández de Lugo en 1494 se prolongó lo justo para embarcar víveres, agua y unos pocos pasajeros. Con el registro cerrado por la desconfiada Casa de Contratación de Sevilla, el manifiesto de carga no podía modificarse, lo que era una queja habitual de las autoridades canarias, pero la Casa sabía que si aceptaba esas modificaciones tendría que admitirlas también para el viaje de regreso, y no quedando el archipiélago canario en la ruta de los vientos del tornaviaje, obligaba a disponer un desplazamiento adicional a las islas a la llegada de los barcos procedentes de América. En realidad, el problema de fondo era que la carga en América destinada a Canarias tenía que pasar un tiempo en depósito en Sevilla, donde solía ser objeto de robos y expolios, lo que obligaba a la Casa al desembolso de importantes indemnizaciones. De ese modo, sin que la carga se viera afectada, embarcadas las vituallas y los nuevos pasajeros, la flota aún dispuso de unos días en Tenerife para que los barcos pudieran acometer las reparaciones más urgentes.

A la salida de Canarias la expedición se adentró en el mar de las Damas, llamado así porque las condiciones de navegación eran tan ideales que los marineros decían que hasta las mujeres podrían gobernar los buques dejándose arrastrar por el alisio que las empujaba suavemente por la popa.

A bordo del *Nuestra Señora del Carmen*, el capitán de navío Blas de Lezo no permitía relajaciones a pesar de lo monótono de la navegación. Embarcado como segundo pero cumpliendo funciones de comandante por enfermedad del titular, dada la condición de buque militar de su navío, sin carga de la que preocuparse ni pasajeros a los que atender, la dotación se mantenía ocupada en continuos ejercicios en los que no faltaban simulacros de zafarrancho de combate y de abordaje para mantener el grado de adiestramiento necesario para el caso de que la flota fuera atacada.

Desde la consolidación de Felipe V en el trono de España comenzaron en el país una serie de reformas que dieron lugar a la creación de una Armada única, en la que se refundaron las otras muchas particulares que hasta la fecha habían tratado de servir al país de una forma descoordinada y algo incongruente, de manera que en lugar de producirse la sinergia de sus efectos, se estorbaban unas a otras con escaso aporte al servicio de España, tan necesitada de una buena Marina que permitiera explotar los abundantes frutos que daban las colonias.

Extinguida la antigua fórmula que permitió a muchos jóvenes formarse en las escuelas navales francesas, en aquellos momentos la educación de los guardiamarinas españoles podía conseguirse únicamente en la cubierta de los barcos que poco a poco iban conformando la lista oficial de la nueva Armada. A bordo del *Nuestra Señora del Carmen* eran tres los aspirantes a convertirse en oficiales, y de entre ellos, Blas de Lezo sentía especial inclinación por uno de aspecto taciturno y vulnerable.

Salvador Amaya podía haberse ganado la vida perfectamente como pintor y escultor. A pesar de su edad sus obras eran muy cotizadas, pero pudo en él su afán de servir a España a través de la Armada, y el destino le reservó lo que cualquier guardiamarina habría considerado un golpe de fortuna y el mayor honor: embarcar a las órdenes del capitán de mayor prestigio de la incipiente Armada, el cual, a pesar de tratarse de un oficial exigente que acostumbraba a mantener distancias con los jóvenes aprendices de oficiales, mostraba cierta predisposición hacia las ganas de servir y de aprender de Amaya.

Apostado junto al timonel, acompañando la guardia de Salvador Amaya y escoltado por su fiel Patxi Nanclares, Blas de Lezo acababa de recorrer los 360 grados del horizonte con su catalejo, cuando un sonido en las alturas llamó su atención, aunque antes de levantar la vista para identificarlo el guardiamarina había reaccionado ordenando a la guardia que tensara la escota que originaba el sonoro gualdrapeo de la vela.

—Señor —escuchó a su lado la voz de Amaya una vez reposicionada la vela—. Antes de salir de Cádiz escuché decir que pronto abrirá sus puertas el nuevo Colegio de Guardiamarinas...

—Así es —contestó el comandante lacónicamente.

Lezo sabía que el nuevo Colegio de Guardiamarinas, cuyos edificios ya se levantaban en el antiquísimo barrio gaditano del Pópulo, abriría sus puertas al primer curso en unas pocas semanas. Dado su prestigio y antigüedad era uno de los oficiales que había sido consultado y tenía un conocimiento profundo del modelo de carrera que la nueva Armada de Patiño quería fomentar en sus aulas, sin embargo no tenía respuesta para la cuestión que preocupaba a Amaya, referida a la posibilidad de que los guardiamarinas embarcados en ese momento desembarcaran de sus unidades para ser formados junto a los 37 alumnos que ya estaban nombrados como componentes de la primera promoción del colegio gaditano.

—Señor, se dice que la formación apunta al área eminentemente teórica, como la que recibían antaño los oficiales españoles en Francia.

Lezo pensó en explicar al guardiamarina que los oficiales de su generación apenas tuvieron tiempo de formarse en la, efectivamente teórica, Escuela Naval francesa, pues la Guerra de Sucesión los había empujado a todos a los barcos, por lo que, en definitiva, su formación personal había resultado más práctica que teórica. El mensaje de dolor que le llegó desde el muñón de su pierna izquierda no hizo otra cosa que certificar dicha realidad. Finalmente, decidió apartar a un lado la cuestión de su propia formación para arrojar un poco de luz sobre los aspectos que debían preocupar al atribulado joven.

—Para mi gusto, Amaya, el programa de formación del Colegio de Guardiamarinas de Cádiz en más práctico que el que siguen los *gardes Marins* franceses en su país, aunque menos que el de los *midshipmen* en Inglaterra. En mi opinión, los rectores han sabido escoger lo mejor de uno y otro modelo.

—¿Os consta, señor, que se hayan tomado disposiciones para…?

Brazo en alto, Lezo interrumpió la pregunta del guardiamarina que, según la nueva legislación, embarcado a bordo de los buques de Su Majestad tenía consideración de oficial.

—No sé, Amaya, si finalmente os convocarán al Colegio de Guardiamarinas, pero dejadme deciros que en realidad allí tenéis poco que aprender. Las materias que se impartirán en sus aulas y que verdaderamente importan a bordo de un barco, como podrían ser la navegación, la cosmografía o la maniobra, ya las estáis aprendiendo sobradamente aquí, y en cuanto al baile y otras galanterías previstas en el plan de estudios del nuevo Colegio no os ayudarán a combatir a nuestros enemigos.

Salvador Amaya recibió las palabras de su comandante enfrascado en un respetuoso silencio.

—Creedme, Amaya, esas materias están destinadas únicamente a incidir en lo que para mí constituye un grave error, como son las pruebas de hidalguía que se vienen exigiendo y sin las cuales parece que un oficial de la nueva Armada no podrá ser considerado un caballero. Ignoro la calidad de la sangre que corre por vuestras venas, pero puedo deciros que yo mismo no superaría esas exigencias, aunque bien sabe Dios que eso no me ha hecho nunca temblar el pulso a la hora del combate.

Salvador Amaya se mantuvo silencioso contemplando la línea del horizonte. El capitán de navío Lezo era el oficial de mayor prestigio de la Armada y todos sabían que aunque procedía de la pequeña burguesía guipuzcoana no podía presentar patente de nobleza en los apellidos como se había exigido a los 37 jóvenes que estaban a punto de empezar a prepararse en Cádiz.

—Creo que no debería preocuparos eso, Amaya; los guardiamarinas que se están formando a bordo de los buques serán tan oficiales como los que obtengan sus galones en el nuevo Colegio de Guardiamarinas.

—Se dice también que los astilleros actuales se concentrarán en Cádiz, Cartagena y Ferrol...

Salvador Amaya prefirió obviar el espinoso tema de la limpieza de sangre, sabía que si sus jefes informaban bien de él alcanzaría el empleo de oficial sin dificultades, pero era público en la Armada que en el futuro los puestos de mayor responsabilidad quedarían reservados para los oficiales hidalgos formados en el Colegio de Guardiamarinas, con alguna excepción, quizás, para los que ascendieran por méritos en combate como había sucedido con Lezo, aunque para ello era necesario un estado de guerra que ya no existía.

Lezo se sintió reconfortado por el comentario. No le era desconocido que en la cabeza del joven guardiamarina anidaba la idea de dedicarse algún día a la construcción de buques, asunto para el que lo consideraba especialmente dotado.

—Decís bien Amaya. Don José Patiño, a quien Su Majestad el Rey ha confiado la reconstrucción de la Armada y que en breve parece que será nombrado Intendente General[5], ha dispuesto, además del establecimiento del Real Colegio de Caballeros Guardiamarinas, la concentración de la construcción en tres únicas cabeceras navales. De ese modo Cartagena seguirá siendo la base natural del Mediterráneo con el objetivo principal de dar respuesta a las incursiones cada vez más osadas de la piratería berberisca. Lo de Ferrol parece una necesidad, por una parte por proximidad a los ingleses y por otra porque esas latitudes son el destino natural de los alisios que empujan a los buques que vienen de América. Su Majestad aprendió dolorosamente esta lección en 1702, recién llegado al trono, con la experiencia de la Flota de Indias refugiada y expoliada en Rande. En cuanto a Cádiz, parece que, además del Colegio, tendrá su propio astillero en las entrañas de los caños de la isla de León. La capital gaditana seguirá siendo cabecera de la Flota de Indias y además está previsto que la Casa de Contratación se desplace allí próximamente en vista de los muchos problemas que ocasiona mantener una organización tan alejada de los barcos y lo difícil que se hace remontar el rio con buques cada vez más pesados y de mayor calado.

—Señor, sé que os consta que nací en Madrid hijo del escultor Marino Amaya, y de la nobleza de mi sangre solo puedo decir que fluye a borbotones por mis venas empujada por el mucho orgullo que tengo a mis apellidos. No sé si me llamarán al Colegio de Guardiamarinas, aunque por el amor que le tengo al mar desearía fervientemente que así fuese. Y en caso contrario, bien sabéis que si no me es dado defender a la patria a bordo de nuestros buques, me gustaría dedicar mi vida a su construcción.

—En cualquiera de los dos campos estoy seguro de que serviréis a la patria a su entera satisfacción.

---

5   Ministro.

—Mi padre trabajó con don José Antonio de Gaztañeta en la construcción en Colindres de una capitana real. Por aquella época el gran ingeniero de Motrico terminaba de escribir su *Arte de fabricar reales*. Heredé un ejemplar de mi padre y antes de morir le acompañé a visitar los astilleros de Guarnizo. Ahora, con la concentración de la construcción en los tres departamentos me pregunto qué será de los astilleros cántabros.

—Es una pena, pero están llamados a desaparecer. Y no sólo los de Orio, Guarnizo, Colindres y Pasajes, también los catalanes de Barcelona, San Feliú de Guixols, Areyns de Mar, Mataró y Sitges. ¿Conocéis los métodos de Gaztañeta?

—Sólo vagamente, señor. Mi padre me habló mucho de sus barcos, todos buenos en el gobernar, de respuesta rápida al timón, seguros en los peores temporales, firmes al viento y con la batería baja presta al combate con cualquier tiempo y en toda contingencia.

Tras escuchar a Amaya, Blas de Lezo se mantuvo en silencio durante unos instantes, aunque finalmente respondió al muchacho:

—Ignoro qué será de vos. Os participo que os he recomendado para el Colegio de Guardiamarinas, pero debéis saber que Gaztañeta sirvió muchos años a bordo de los barcos antes de pasar a construirlos. De momento vuestro afán debe ser permanecer preparado para el combate. Se avecinan tiempos difíciles y los aliados de hoy puede que mañana no lo sean tanto.

»¿Os espera una mujer en alguna parte? —Preguntó repentinamente Lezo cambiando el sesgo de la conversación.

Salvador Amaya palideció y sintió que el corazón echaba a galopar dentro de su pecho como un potro salvaje. La mala suerte de Lezo en el amor era legendaria. Un hombre con tantas taras físicas solía producir rechazo en las encopetadas mujeres de la metrópoli. No obstante, su comandante no era persona con la que andarse con rodeos o remilgos, de modo que decidió contestar con la mayor sinceridad.

—Mi corazón tiene dueña, señor.

—¿Una madrileña? —Replicó Lezo en tono burlón— Demasiado alejado del mar, me parece.

—Conocí a Victoria Amanda en Madrid, sí, pero su familia procede del norte, aunque ahora se hayan afincado en Toledo. Mi padre trabajó con el suyo en Cantabria y cuando su familia marchó a instalarse a Toledo pasaron por Madrid. Ahí fue cuando la conocí y desde entonces vivo en un suspiro.

—¿Un suspiro? Pues yo os veo muy entero —contestó Lezo sonriente.

—Al decir de ella misma, un suspiro es la expulsión del aire que sobra en la evocación de la persona que falta. Aunque no deje de cumplir con mi obligación, así vivo, señor.

—Sois afortunado, Amaya. La añoranza del amor es un buen motor para contar los días. Sobre todo los de un marino.

—No es tanto la añoranza como la esperanza de una vida juntos. En realidad la veo a diario.

—¿A diario? ¿Bromeáis?

—Victoria Amanda tiene el cabello rubio de los rayos del sol y en cada uno de sus ojos está el azul del océano. La veo todos los días, señor, cada vez que sale el sol por el horizonte.

—Es hermoso lo que decís, Amaya, pero creo que la guardia os reclama.

La capitana había ordenado un cambio de rumbo mediante banderas que habían ido saltando de buque a buque hasta llegar a la almiranta. El viento menguaba conforme se iban adentrando en el Atlántico y hacía falta permanecer muy atentos a las velas para no perder un ápice de él. Dejando atrás el característico *toc toc* que producía su pata de palo en la madera de la cubierta, Lezo se retiró a su camarín, dejando la guardia en manos de Amaya.

※※

Los días pasaban sin otra preocupación que la de ver aparecer velas de corsarios en el horizonte ni otra ocupación que las lecturas pías o la misa diaria que convocaba en el combés a la mayoría de la tripulación, excepción hecha de la onomástica de la Virgen del Rosario, en que no faltó un alma al Santo Sacrificio, aunque ese día una inesperada mar de fondo que hizo balancearse incómodamente al navío obligó a celebrar una misa seca sin la presencia de vasos litúrgicos.

Veintiocho días después de abandonar la isla de Tenerife el vigía cantó desde la cofa la de Puerto Rico, que desfiló a escasas leguas al sur de la formación. La llegada a Puerto Rico significaba que en un par de singladuras más estarían a la altura de La Española y otras tantas después habrían llegado a La Habana, destino inicial de los buques cuya arribada debía haber sido anunciada por un aviso salido de Cádiz una semana antes que la flota. Desde La Habana la armada se partiría en dos grupos, uno con destino a Portobelo y el otro a Veracruz.

Apoyando la cadera en la borda, Blas de Lezo terminó de recorrer el horizonte con el catalejo y levantó la mirada a las velas henchidas de viento que daban al navío un andar cercano a los cinco nudos.

—A la orden señor, tal y como ha ordenado la capitana, los serviolas han sido doblados en las cofas de todos los palos —la voz familiar de Amaya rescató al comandante de sus pensamientos.

—Bien hecho. Estamos cerca de nuestro destino pero aún no hemos llegado, y en lo que toca a la presencia de posibles corsarios nos aguarda la parte peor.

—Lo sé, señor. Corre por el barco que fue por estas aguas donde se perdió el tesoro de Moctezuma.

Blas de Lezo sonrió para sus adentros. Lo había comentado la noche anterior con Patxi Nanclares bajo el manto de las infinitas estrellas de la noche caribeña. En 1522 el corsario Juan Florín, al servicio de la corona de Francia, atacó tres galeones que regresaban de México cargados con las joyas que Cortés había arrancado a Moctezuma. Uno de los galeones consiguió escapar, pero los otros dos fueron abordados y despojados de su carga, lo que hizo enojar al emperador Carlos, que odiaba al rey de Francia como a su peor enemigo.

—No os falta razón, Amaya —contestó Lezo pausadamente. Y no olvidéis que un siglo después de ese desafortunado encuentro, el holandés Piet Heyn capturó frente a Matanzas buena parte de los buques de la Flota de Indias en su ruta desde Nueva España con un cargamento de oro, plata y piedras preciosas por valor de doce millones de florines. Esta es una zona peligrosa en la que los corsarios acostumbran a esperar la llegada de los barcos en el estrecho de La Florida para atacarlos a la salida de La Habana, aunque no ponen el mismo énfasis en los buques que llegan de la metrópoli, pues su carga suele tener un valor considerablemente menor. Pero no es esta la única responsabilidad de un comandante, pues esta es zona de vientos que sin aviso pueden llegar rolar alocadamente y crecer hasta convertirse en peligrosos huracanes.

En realidad, aquella era la primera navegación de Lezo en aguas del nuevo continente, pero a esas alturas llevaba más de 15 años a lomos del mar y había oído cientos de historias respecto a los corsarios del Caribe y los ciclones que solían asolar aquellas aguas.

—Señor, ¿puedo preguntar si seguiremos viaje a México? Se dice que sólo dos carracas navegarán a Santa Fe.[6]

Desde que en el siglo XVI se ordenó que los mercantes que hacían la Carrera de Indias navegaran juntos o en conserva, se estableció el sistema de la doble flota, pues una vez llegados los barcos a Cuba, las expediciones solían partirse en dos, una llamada la Flota de Nueva España, que se dirigía a Veracruz, en el golfo de México, y otra destinada a Tierra Firme, que con el nombre de flota de los Galeones tenía como destino la localidad de Portobelo. En cualquier caso, ninguno de estos puertos era el destino final de la carga, ya que en el norte, desde Veracruz la mercancía recorría doscientas leguas en carros de bueyes hasta Acapulco, desde donde continuaba viaje a Filipinas a bordo del Galeón de Manila, mientras que la que llegaba a Portobelo viajaba hasta el mar del Sur por caminos de tierra para seguir viaje a Lima por el Pacífico, de donde llegaban en sentido inverso los importantes cargamentos de la plata del Potosí.

---

6   Se refiere al virreinato de Nueva Granada o de Santa Fe, en el momento de la conversación a punto·de formarse como un nuevo territorio segregado del virreinato de Perú y que se disolvería en 1723, aunque volvería a establecerse nuevamente en 1739 como consecuencia de la Guerra del Asiento y la presión de los ingleses en la zona.

—En esencia el sistema no ha cambiado mucho, aunque la próxima incorporación del virreinato de Nueva Granada obligará a la Flota de Galeones a hacer escala en Cartagena de Indias antes de Portobelo. La idea del rey es armonizar la presencia de los buques en cada puerto con la celebración de las ferias correspondientes, aunque sin prolongar demasiado las fechas, ya que ahora franceses e ingleses acechan nuestro comercio de una manera legal para lucrarse a costa de nuestro beneficio.

—Nunca he estado en una de esas ferias, señor, ni sé cuál es el beneficio. Sí alguna falta me hace ese Colegio de Guardiamarinas es para aprender sobre las finanzas. ¿Habéis conocido esas ferias? ¿Ya habéis comerciado antes?

—Desde los primeros viajes a América se instauró el sistema de ferias como modelo de comercio. Los efectos manufacturados que salían de España se vendían en los puertos de destino, y de regreso se embarcaban los productos naturales más abundantes en América y que eran desconocidos en España. En ambos casos el género que movía la flota de Indias podían doblar o triplicar su valor. El problema que nadie quiso ver, quizás porque no interesaba, fue que si al principio los barcos abastecían sólo a unas pocas docenas de terratenientes, con el paso del tiempo estos se convirtieron en miles y como la flota seguía uniendo América con la metrópoli una vez al año y la mercancía transportada seguía siendo prácticamente la misma, esta comenzó a alcanzar precios en destino diez o veinte veces superiores al que tenía en origen.

»Cuando empezaron a aparecer los piratas y se decidió proteger la carga con la Armada de Guardia, la corona, que retuvo desde el principio el monopolio del comercio con América, comenzó a cobrar a los comerciantes el llamado impuesto de Avería, consistente en un pequeño tanto por ciento sobre la carga. Con el paso de los años y conforme subían los precios, la corona comenzó a cobrar otros impuestos como la alcabala, el almojarifazgo, el de visita y registro o el de palmeo por cada tonelada de carga. Entonces, para mantener sus márgenes de ganancia, los empresarios incrementaron los precios, pero la corona reaccionó y para quitarse de encima una serie de pagos que comenzaban a resultarle excesivamente onerosos, gravó la carga con nuevas cantidades dirigidas a sostener los gastos de hospitales, lazaretos, expósitos o la Inquisición, caudales que hasta entonces salían del presupuesto real.

—Entonces, señor, ¿es para acabar con esa loca carrera de precios que el rey tiene previsto promulgar en breve su *Proyecto para galeones y flotas del Perú y Nueva España*?

—Es algo más profundo, pues con ese programa Patiño intenta regular también las funciones de la Armada de Guardia, los navíos de Aviso y de todos los buques militares que acompañan a la Flota de Indias.

—Y en cuanto a esas ferias, señor, ¿Cuál consideráis que debe ser nuestra actitud como fieles servidores del rey?

—No nos corresponde a nosotros inmiscuirnos en el comercio que en ellas se hace. Al parecer es bastante corriente encontrar operaciones en la frontera de lo picaresco, pero todo lo que sea negocio conviene a la corona. Sí nos toca colaborar con las autoridades locales en que las ferias no se prolonguen más allá de los quince días reglamentarios. He leído informes de las celebradas en Portobelo tiempo atrás en las que el negocio se extendió hasta los 45 días, lo cual afecta al movimiento de la flota que después de una feria debe dirigirse a otra. Por lo demás, se sabe que en las ferias abundan las reyertas, disputas y juegos de naipes no siempre inocentes, de los que debemos mantener alejados a nuestros marineros. Además, los puertos americanos que nos aprestamos a visitar suelen ser insalubres y reúnen las mejores condiciones de humedad y temperatura para la propagación de las peores enfermedades, por lo que el cirujano debe permanecer muy atento para evitar que nuestros marineros las traigan a bordo. Por lo demás —completó Lezo con una sonrisa—, tengo algunos encargos de España y estoy deseando visitar esos chamizos donde el regateo se hace arte. Quiero aspirar esos aires de fritanga y visitar alguna que otra pulquería para comparar estas ferias tan afamadas con las que se celebran en mi tierra, quizás más humildes, pero seguramente no menos alegres.

—Me lo estáis metiendo por los ojos señor, y también por los agujeros de la nariz. —Sonrió Amaya—. Estoy deseando conocer La Habana. Y también Cartagena y Portobelo. He oído que son todas tierras de mucha luz y hermosura.

—En unos días saldremos de dudas, Amaya. Aunque me temo que nuestra estancia en La Habana será más prolongada de lo previsto.

El joven guardiamarina se mantuvo expectante de las palabras de su comandante, el cual, tras un prolongado silencio dejó salir lo que parecía que le hacía daño mantener dentro de sí.

—Lamentablemente son los comerciantes los que marcan los tiempos a la flota y no al revés. Todos tienen informadores en las principales ciudades y son estos los que les señalan el incremento de los precios de los artículos que transportamos en función de la falta de ellos que se tiene en las ciudades que visitamos. Para nuestra vergüenza y a pesar de la prohibición, no son pocos los oficiales navales y comandantes que aprovechan estos viajes para ganar dinero a costa de su propio contrabando. Y lo mismo podría decirse de algunas autoridades locales. Temo que mientras permanezcamos atracados en La Habana se sucedan una tras otra una larga serie de averías que nos impidan navegar, hasta que los comerciantes reciban las oportunas informaciones que nos lleven allí donde sus artículos sean demandados. Ahí seguramente se acabarán las averías.

El repique de la campana anunciando el rezo del Ángelus interrumpió la conversación entre los marinos. Terminada la oración, el guardiamarina se disculpó y corrió a buscar su sextante para proceder a la observación de la meridiana. Por su parte, el comandante se ajustó el bicornio y se sumergió en sus pensamientos, recorriendo la cubierta del navío de lado a lado con los ojos fijos en la madera y dejando suspendido en el aire el característico sonido de sus pisadas: *toc, toc, toc...*

9. LIMA, VERANO DE 1730

Hacía horas que el color de la mar había mudado del azul al verde pálido debido a la presencia de algas en un fondo cada vez menos profundo. Como otros atardeceres, el pasajero del parche en el ojo y la pata de palo cuya identidad era conocida a bordo sólo por unos pocos, se mantenía erguido viendo desaparecer por la popa los remolinos producidos en la superficie del mar por el paso de la corbeta *Doña Beatriz*.

Estaba preocupado. Se sabía dotado de un carácter fuerte y en ocasiones no demasiado reflexivo, lo que, a pesar de las advertencias de su joven esposa, era posible que en aquella ocasión le hubiera llevado demasiado lejos.

Su padre, muerto ya, lo mismo que su querida madre, le había dejado como herencia una frase de la que había hecho consigna en los momentos más difíciles de su vida: —*Hijo mío, entre ser honesto y no serlo no se puede elegir el camino de en medio..* En aplicación de esa máxima y en su condición de General Jefe de la Armada del Mar del Sur en el Pacífico, se había enfrentado a José de Armendáriz, marqués de Castelfuerte y virrey de Perú, a quien había acusado temerariamente de nepotismo, y este, llevando al extremo sus atribuciones de virrey, dejó de pagarle el sueldo hasta empujarle al límite de la indigencia. Para entonces Blas de Lezo tenía esposa y dos hijos a los que alimentar, y sabiendo que en Lima la situación jamás se inclinaría de su lado a la vista de los apellidos del virrey y el Toisón de Oro que adornaba su pecho, decidió enviar una carta personal a José Patiño solicitando la baja en la Armada. Para poder embarcar rumbo a España con su familia en la *Doña Beatriz*, Lezo tuvo que pedir dinero a sus amigos, y en esos momentos de reflexión a bordo de la corbeta, a pique de desembarcar en Cádiz, se preguntaba a quién podría recurrir para obtener el apoyo necesario para viajar a Pasajes con su familia a la espera de que le fueran reintegrados sus emolumentos y los señoríos de Ovieco, Cañal y Pitiegua, entre otros bienes que correspondían a su esposa por herencia y que habían sido sometidos a revisión por parte del alguacil real como consecuencia de las falacias puestas en circulación por el virrey.

Sus problemas en América habían comenzado 17 años antes, a su llegada a La Habana como comandante del *Nuestra Señora del Carmen,* nave almiranta de la Flota de Indias. Como había comentado tantas veces con el guardiamarina Salvador Amaya a lo largo de los muchos días que demandó aquella navegación, en Cuba la flota se vio sometida a una cadena de infortunios que ralentizó su salida a México y Cartagena de Indias, y aunque al final el grupo de barcos que tenían como destino Veracruz zarpó sólo 25 días después de la llegada a La Habana, el resto de la flota que debía navegar a Tierra Firme recibió orden de carenar las naves, que era tanto como decir que la salida se dilataba un par de meses como mínimo. Los comerciantes seguían teniendo en su mano el destino de la Flota de Indias y mientras sus marineros engordaban en La Habana, el mercado americano era abastecido por buques franceses amparados en la excusa de que pertenecían a una nación aliada de España, a pesar de que las relaciones entre ambos países eran tan tensas que estaban a punto de romperse. Mientras tanto, viendo la inacción de los españoles y el descaro de los franceses, los ingleses se sumaron al negocio mediante una doble fórmula, la primera merced al «Navío de Permiso» acordado en la paz de Utrecht, el cual, a pesar de que tenía concedidos un límite máximo al comercio de 500 toneladas, se reabastecía en alta mar con nuevos géneros que les suministraban otras naves, y la segunda utilizando en su beneficio el asiento de negros, que les autorizaba a descargar mercancías en puertos prohibidos con la excusa de que los esclavos necesitaban comida o agua, todo ello con el consentimiento de las autoridades españolas obtenido mediante sobornos, como la conocida «onza del Capitán General», que no era otra cosa que el pago a las altas autoridades políticas y militares por los esclavos que se les consentía vender en tierras españolas.

A Blas de Lezo se lo llevaban los demonios. Su personalidad y sentido del honor le impedían aceptar de buen grado semejante degradación en los virreinatos. Felipe V había hecho un esfuerzo notable racionalizando los impuestos para impulsar el comercio, pero tenía que seguir pagando marineros ociosos con la Flota de Galeones anclada en puerto, mientras franceses e ingleses hacían el negocio que en virtud del monopolio establecido por la Casa de Contratación correspondía al rey de España. Para colmo, la carga del azogue que permitía el amalgamiento de la plata en Perú seguía retenida en Cuba y los responsables de las minas del Potosí tenían que comprarlo a particulares a precios abusivos de los que se lucraban esas mismas autoridades, y algunas poblaciones costeras del Nuevo Reino de Granada como la Isla Margarita, La Guaira o Maracaibo celebraban sus ferias en ausencia de la flota de España, negociando sin disimulo con barcos franceses, holandeses o ingleses.

Por otra parte, el engranaje que mantenía activa la comunicación entre el Atlántico y el Pacífico se deterioraba a marchas forzadas y hacía años que dificultaba la llegada a Portobelo de la plata del Potosí. Las 20 leguas que separaban la ciudad atlántica de la de Panamá, ubicada en el Pacífico, y que se cubrían por una camino de tierra paralelo al río Chagres, empedrado para facilitar el paso de las mulas, había sufrido algunas inundaciones hasta quedar impracticable, de modo que la plata almacenada en Panamá, además de menguar peligrosamente por utilizarse para afrontar pagos las más de las veces inexistentes, despertaba la codicia de los piratas que merodeaban por el Pacífico esperando el momento de asaltar la ciudad.

Patiño había tratado de normalizar la situación mediante edictos a los que nadie hacía caso. La metrópoli estaba lejos y en aquella parte del mundo la riqueza crecía como la hierba y había prisa por hacerse con ella, pues la pujanza del comercio inglés hacía pensar que no tardaría en declararse una guerra en la zona. Por otra parte, la situación en el virreinato de Perú era especialmente crítica, pues aunque se trataba de una incongruencia más urdida en favor de los comerciantes y autoridades españolas en ultramar, el comercio con el Río de la Plata, en lugar de hacerse de forma directa a base de flotas procedentes de Cádiz, se hacía vía Cartagena, Portobelo, Panamá y Perú, desde donde las mercancías partían a lomos de mulas para atravesar las altas sierras andinas hasta los municipios de Salta y Córdoba, de donde eran distribuidas a su destino final. Tanto trasiego aumentaba lógicamente el coste final de los artículos, lo que hizo ricos a muchos comerciantes y autoridades de tránsito.

En estas elucubraciones se devanaba los sesos Blas de Lezo a su llegada a Cuba, cuando un aviso recién atracado trajo dos cartas que habrían de cambiar su situación. La primera era una buena noticia, pues daba cuenta de que, gracias a su influencia e informes, Salvador Amaya había sido aceptado en el Colegio de Guardiamarinas de Cádiz, cosa que el muchacho celebró con alborozo, más aun cuando supo que viajaría a España en el mismo aviso que había traído la valija a Cuba y que, además, lo haría con un acompañante de excepción, pues en el segundo sobre el propio Lezo recibió órdenes de Patiño para que regresara a España a reunirse con él, aunque la letra no especificaba el espíritu de la reunión.

A la llegada a Cádiz de la *Doña Beatriz*, un carruaje esperaba a Blas de Lezo para conducirlo al palacio real de La

Granja de San Ildefonso, lugar de residencia del rey y de la corte. Antes de dirigirse a la puerta principal de la ciudad el coche condujo al joven Amaya hasta el ayuntamiento, junto al cual se levantaba el flamante Colegio de Guardiamarinas. Durante el trayecto el capitán de navío Lezo y el guardiamarina Amaya departieron como dos viejos camaradas del mar. A pesar de que les separaba todo un escalafón, entre ellos había una diferencia de apenas 14 años y compartían el amor al mar y la esperanza de que la patria volviera a reverdecer los viejos laureles de no mucho tiempo atrás.

El encuentro entre Patiño y Lezo tuvo un carácter amable. Educados ambos en la frugalidad de los jesuitas, el primero en el noviciado de Milán, su ciudad natal, y en el colegio francés de la orden en Bayona el segundo, se trataba de dos hombres de fuerte temperamento que, sin embargo, sabían cuando convenía envolver las palabras en dóciles lisonjas sin necesidad de que perdieran su firmeza.

Dotado de una gran energía y clarividencia para el trabajo, José Patiño ocupó durante la Guerra de Sucesión el cargo de Intendente de Extremadura, dejando fama de su gestión por haber contribuido notablemente a paliar los desastres que produjo para España la guerra con Portugal. Una vez confirmado Felipe V en el trono español, fue nombrado Intendente General de la Marina, teniendo como funciones principales la reconstrucción de la Armada, prácticamente desaparecida durante los últimos años de reinado de la Casa Austria, y la reforma del sistema de flotas, especialmente la de Indias, por su importancia a la hora de revitalizar las operaciones de comercio con las provincias españolas de ultramar. En el mismo decreto Patiño era nombrado Presidente del Tribunal de la Contratación, a fin de unificar competencias en el comercio ultramarino, para lo cual trasladó a Cádiz la sede administrativa de la Casa de Contratación, establecida en Sevilla desde 1503 con ocasión del cuarto viaje de Colón.

Patiño expresó a Lezo su satisfacción por poder contar con el apoyo de un oficial tan distinguido para acometer su proyecto de reforma de la Armada. A continuación le explicó que a pesar de sus buenos deseos la guerra había dejado esquilmadas las arcas de la corona, no obstante lo cual acababa de formalizar la compra de una remesa de barcos en Génova que, con los que se terminaban de construir en los viejos astilleros de La Habana, Cataluña, Galicia y Guipúzcoa, habrían de constituir el núcleo inicial de la Marina borbónica. El Intendente le expuso las mejoras que se estaban llevando a cabo en la nueva base naval de Cádiz, la finalización de las obras del Colegio de Guardiamarinas, cuyo primer curso estaba a punto de comenzar, y el establecimiento, también en la capital gaditana, de las oficinas de la Casa de Contratación. En Ferrol se trabajaba a machamartillo en las obras del nuevo astillero.

Lezo sabía que Patiño no le había llamado para explicarle unas novedades que eran del dominio de todos los oficiales de la Armada y le dejó hablar cuando le hizo llegar el proyecto pionero de organización sanitaria dentro de la institución, con nuevos hospitales como el Real de Galeras de Cartagena y el llamado de la Armada, en Cádiz, donde, además de salvar vidas, comenzaban a impartirse clases de medicina con la intención de crear en un futuro un cuerpo de médicos y cirujanos de la Real Armada. El silencio que siguió a su exposición hizo comprender al Intendente General que estaba delante de un oficial poco contemplativo que seguramente estaba deseando recibir órdenes claras que justificaran el pesado viaje desde La Habana.

—Lezo, no os oculto que la situación es preocupante. La salud del rey Jorge es delicada y sus ministros no son tan displicentes como él.

El de Pasajes se mantuvo atento a las palabras del ministro sin expresar opinión alguna.

—La británica es una sociedad muy exigente —continuó Patiño—. Mientras un inglés consume once onzas de azúcar al año, a un francés o a un español apenas nos llegan dos. A pesar del uso abusivo que hacen del Navío de Permiso, su comercio les resulta insuficiente y empiezan a practicar el contrabando sin disimulo. Pero eso no es lo peor.

—¿Entonces? —preguntó el marino cada vez más interesado.

—No ha trascendido, Lezo, y espero poder confiar en vuestra discreción, pero dos de los últimos cargamentos de plata del Potosí han sido interceptados cerca de su destino. Nuestros agentes informan de la presencia en aguas del Pacífico del pirata británico John Clipperton, y podría ser que otros se estuvieran concentrando en la zona atraídos por el brillo de la plata.

—Entiendo excelencia. ¿Tiene eso algo que ver con mis órdenes personales?

—Así es. Estamos formando una escuadra para enviarla al Pacífico. Tendrá su base en El Callao y su misión será limpiar la zona de piratas y asegurar las comunicaciones y la llegada del mineral a la ciudad de Panamá.

—Señor, vos mejor que yo sabéis que los piratas que roban nuestra plata no hay que buscarlos exclusivamente en el mar ni bajo pabellón inglés.

Patiño se le quedó mirando sin disimular un rictus de perplejidad. Desde luego aquel hombre no tenía pelos en la lengua.

—Excelencia, la Flota de Indias permanece anclada en la Habana y los marineros engordan de puro ocio mientras los comerciantes y algunos dirigentes ven crecer sus haciendas. Tanto los ingleses como los franceses hacen negocio a su antojo.

—Pues justa esa es vuestra misión, Lezo. Combatir a los enemigos de la patria sean quienes sean, aunque se disimulen bajo nuestra propia bandera. En estos momentos el virreinato de Perú no tiene orden ni ley. Se espera en breve la llegada del príncipe de Santo Buono, designado para el cargo de virrey. Esperamos que ponga orden en ese caos.

»La escuadra en la que os desempeñaréis como segundo jefe estará formada por cuatro navíos propiedad del corsario francés Jean Nicol Martinet, que actuará bajo patente de nuestro rey. El mando lo ostentará el almirante Bartolomé de Urbizu y Arbelaez. Todo está dispuesto para que zarpéis de Cádiz a la mayor brevedad.

—En ese caso podríais haber despachado las órdenes a Lima, pues justo en Cádiz desembarqué hace cinco días.

Patiño adivinó un mohín de queja en las palabras de Lezo, pero lejos de incomodarse apreció que estaba ante un oficial que había demostrado sobradamente su valentía frente al enemigo y volvía a evidenciarla en la mesa del despacho del ministro, donde el valor resultaba algunas veces más difícil de probar que a bordo de un navío de la Armada.

—En realidad no he sido yo quien os ha hecho llamar, Lezo. El rey y la reina han oído de vuestras hazañas y quieren conoceros.

Los reyes lo trataron con mucho afecto, aunque la audiencia apenas duró veinte minutos. Cuando abandonó el salón del trono, Lezo tenía la sensación de que la reunión había sido propiciada más por ella que por él. A pesar de los pocos años que los separaban, el oficial vasco se encontró con un rey consumido por el peso de la responsabilidad, de mirada perdida y modales excesivamente atildados. En la reina, sin embargo, Lezo adivinó los ojos de un buhonero que medía a su interlocutor como si quisiera tasarlo. Evidentemente, aunque la corona ciñese las sienes del rey, más parecía que fuera ella la encargada de la toma de decisiones. Lezo valoró a Patiño por encima de lo que lo había hecho hasta el momento.

La expedición zarpó de Cádiz en diciembre de 1716 compuesta por los navíos *Príncipe de Asturias*, *Triunfante* y *Nuestra Señora del Carmen*, además de la fragata *Peregrina*. Como jefe de escuadra, Bartolomé de Urbizu izaba su insignia en el *Nuestra Señora del Carmen*, al que algunos seguían llamando *Lanfranco*, nombre original del navío antes de ser rebautizado en España. Advertido por Patiño de la delicada salud de Urbizu, Blas de Lezo navegaba junto al almirante a bordo del *Nuestra Señora del Carmen*. Tras una corta estancia en el puerto de Buenos Aires, la escuadra encaró el temido cabo de Hornos en marzo de 1717, en pleno otoño austral, tratando de encontrar un mínimo de bonanza en medio de los temporales que se sucedían unos a otros sin interrupción. El resultado fue que, no sin grandes esfuerzos, sólo el *Príncipe de Asturias* y el *Triunfante* consiguieron vencer la resistencia del cabo, viéndose obligados la *Peregrina* y el *Nuestra Señora del Carmen* a regresar a Buenos Aires, donde les fueron desmontados los palos, recorridas las gavias y calafateados los cascos durante el invierno austral. Ambos barcos volvieron a intentar doblar Hornos trece meses después, consiguiéndolo la *Peregrina*, que se incorporó al resto de la escuadra en El

Callao, pero no el *Nuestra Señora del Carmen*, que tuvo que regresar otra vez a Buenos Aires.

Los intentos de doblar el cabo de Hornos pasaron factura a la maltrecha salud de Urbizu, que se vio obligado a desembarcar al Hospital de Santa Genoveva de la capital argentina, quedando el mando del *Nuestra Señora del Carmen* en manos de Blas de Lezo, el cual, lejos de mantener el plan de adiestramiento en puerto diseñado por su superior, decidió ejercitar a sus hombres de un modo activo, enfrentándose a los buques que practicaban el contrabando en la zona bajo bandera de los países a los que Felipe V acababa de declarar una efímera guerra, auspiciada a partes iguales por sus deseos expansionistas y la ambición de Isabel de Farnesio. Estos países, englobados en la coalición llamada la Cuádruple Alianza, volvían a ser los viejos enemigos de la patria, es decir: el Sacro Imperio Romano Germánico, el Reino Unido de la Gran Bretaña y las Provincias Unidas de los Países Bajos, añadiéndose en esta ocasión un antiguo aliado como era la Monarquía de Francia. Como resultado de las batidas en una zona en la que cada vez era más habitual encontrar expediciones de ingleses y franceses en busca de las costas de la Patagonia, Blas de Lezo combatió y apresó un navío y una fragata, ambos con pabellón francés, el *Danicant* y la *San Francisco,* y considerando que la razón por la que no eran capaces de doblar el Cabo era el calamitoso estado del casco del *Nuestra Señora del Carmen*, abandonó el navío en Buenos Aires y esperó a que Bartolomé de Urbizu recuperase la salud y pudiese embarcar en el *Danicant* para proceder a un nuevo intento de acometer el indomable cabo en los primeros días del invierno austral de 1720.

—¿Lezo, a vuestro entender, qué es lo que hace diferente al cabo de Hornos? —preguntó Urbizu con voz queda.

—Señor, exceptuando los dos intentos infructuosos realizados a bordo del *Nuestra Señora del Carmen*, no tengo más experiencia al respecto, aunque los marineros viejos que lo han vencido en otras ocasiones aseguran que en ese cabo tiene su morada el mismísimo diablo.

Sin disimular un gesto de burla, el almirante tomó asiento en una cómoda silla dispuesta para él en el alcázar, invitando a Lezo a continuar con sus explicaciones.

—Nadie se atreve a cruzar Hornos en invierno en dirección al Pacífico. Los ingleses ni siquiera lo intentan, pero nosotros hemos perdido ya demasiado tiempo en el Atlántico y estos dos barcos franceses han sido reforzados donde los vientos del Cabo exigen mayor tensión a la madera de los cascos y al trapo de las velas.

»Ese demonio que mencionan los marineros viejos no es otro que el fuerte viento, que llega al Cabo después de alimentarse de las crestas de las grandes olas que producen las tormentas en el Pacífico y que no encuentran obstáculo en miles de millas. Esos vientos, señor, acostumbrados a soplar besando las olas, se enfurecen al tener que escalar la cordillera de los Andes, encañonándose entonces en dirección al sur para arrojarse sobre el Cabo como titanes desatados, dando como resultado una mar espantosa sin dirección concreta que empuja a los barcos al sur mientras intentan virar por la proa al tremendo viento helado procedente de las alturas de los Andes.

Tal como había predicho Lezo, a la llegada al cabo de Hornos el viento esperaba a las naves rugiendo como una fiera enfurecida que trató de amedrentar a la expedición arrojando sobre las espaldas de los marineros bolas de granizo como puños. Pero Lezo había sido previsor y las dos antiguas naves francesas soportaron estoicamente el castigo hasta que las proas consiguieron vencer la furia del viento y pudieron arrumbar al norte, consiguiendo presentarse en El Callao apenas dos meses después. Si la de Lezo ya era una figura legendaria, a partir de entonces el marino de Pasajes pasó a ser distinguido como uno de los pocos que había conseguido vencer al diablo del cabo de Hornos en invierno.

A la llegada a El Callao, Urbizu se encontró con que Marinet había apresado otros seis barcos franceses que merodeaban la ruta de la plata del Potosí, los cuales, junto a tres los enviados por España, otros tantos que atracaban en el apostadero más los dos que ahora aportaba Lezo componían una escuadra de peso para buscar y reducir a los dos piratas principales de la zona, el británico John Clipperton y el holandés Cornelius Flissinguen.

Desde su llegada a Perú, Lezo sirvió como segundo de Urbizu hasta que la enfermedad de este lo apartó del servicio en 1723, momento en que fue ascendido a general de la Armada del Mar del Sur y decidió cubrir de parejas de buques la ruta de la plata desde Chile hasta Panamá, estableciendo un sistema de llamada entre cada pareja que permitiera que la flota al completo pudiera acudir en socorro de la que descubriera a alguno de los piratas que acechaban la plata. En atribución a los méritos contraídos, la corona aceptó que, además del inveterado Patxi Nanclares, Lezo pudiera embarcar marineros voluntarios de su tierra, costumbre que le había granjeado tantos éxitos en los años de la Guerra de Sucesión. De este modo, entre paisanos y otros voluntarios para combatir a su lado el marino vasco consiguió distribuir más de doscientos hombres entre los buques de su flota, manteniendo una pequeña reserva en El Callao listos para embarcar en caso de necesidad.

Con la cantidad de buques armados que componían la escuadra de Perú se hubiera podido ofrecer un sistema de protección a los pataches cargados de plata que cubrían las más de mil millas marinas que separaban El Callao del puerto de Panamá, desde donde el camino a Portobelo había sido reparado y el transporte de la plata se hacía en menos de tres días, pero Lezo tenía otra idea. En la soledad de su camarote el marino vasco pensaba que si ponían en ejecución un método sistemático de convoyes protegidos, antes o después los piratas descubrirían un resquicio en el sistema, máxime cuando, según sospechaba, los ladrones tenían informadores en la administración limeña que les mantenían al tanto de los movimientos de los pataches, cantidad de carga y unidades de protección. Así las cosas, Lezo decidió distribuir sus barcos entre los puertos de origen y destino, de forma que los piratas se animaran a intentar hacerse con la plata y se pusieran a tiro de sus unidades. Su idea no consistía únicamente en proteger la llegada del mineral a puerto, sino en acabar con los piratas que la acechaban.

Y eso fue precisamente lo que pasó con Flissinguen, que optó por lanzarse sobre los pataches con su navío, el *Dragon Zwart*, a la altura del golfo de Guayaquil. Sucedió a los tres días de haber zarpado la flota de pataches de El Callao, y aunque se presentó por el oeste surgiendo del horizonte inesperadamente, sus negras velas fueron avistadas por una de las fragatas que cubría la derrota, la cual inmediatamente encendió una pira de paja húmeda que provocó un humo intenso que ascendió verticalmente de forma que pudo ser visto por los buques más próximos, los cuales se presentaron en la zona como mastines enfurecidos. Viendo que la captura del botín era imposible, Flissinguen decidió batirse en retirada, cosa que hubiera conseguido gracias a su buena velocidad de no ser porque una bala roja disparada por el navío *Libertador* hizo añicos la madera antes de encajarse en la santabárbara, haciendo saltar al *Dragon Zwart* por los aires. Únicamente nueve hombres de los aproximadamente 600 que lo tripulaban consiguieron salvar la vida, aunque no apostaban demasiado por ella cuando fueron recogidos del agua y llevados al *Príncipe de Asturias*, buque insignia de Lezo, donde, para sorpresa de todos, no sólo les fue perdonada la vida, sino que el marino vasco dio orden de abandonarlos en un bote con agua y víveres a prudente distancia de tierra. Los más sagaces no tardaron en comprender el mensaje y pronto corrió por todos los buques de la Armada del mar del Sur que Lezo estaba dirigiendo una advertencia a John Clipperton, aunque en realidad el jefe de Escuadra iba más lejos.

Una de las principales virtudes de Blas Lezo era que estudiaba a sus enemigos hasta en sus reacciones más elementales, lo cual le ayudaba a perfeccionar un bosquejo sicológico que le permitiera anticiparse a sus movimientos. En realidad, el marino español no había hundido al *Dragon Zwart* y recogido a los piratas supervivientes para que Clipperton supiese de lo expeditivo de sus métodos. Sabía que el inglés era un hombre tozudo y que nos descansaría hasta intentar apoderarse de la plata de Felipe V y, a la vista del método empleado por el marino español para doblegar al pirata holandés, Clipperton, informado por los supervivientes holandeses, no tardaría en planear un ataque nocturno que evitara que los barcos de la flota española volvieran a avisarse mediante humos, pero el astuto marino de Pasajes tenía preparada una sorpresa para él.

Convencido de que alguien trabajaba para los piratas desde las entrañas de la administración de la Armada en El Callao, Lezo presentó un plan para proteger el envío a Panamá de cinco pataches cargados no sólo con la plata llegada de las minas del Cerro Rico de Potosí, sino también con un valioso cargamento de oro y piedras preciosas recibido de las posesiones en el Rio de la Plata. El sistema de protección de la carga sería el mismo utilizado en el viaje anterior que tanto beneficio había producido, es decir, las unidades permanecerían desplegadas a lo largo de la derrota, prestas a lanzarse a toda prisa sobre el convoy de carga al menor síntoma de peligro. Dado que uno de los pataches tenía ciertas averías que le impedían navegar a velocidades superiores a los 4 nudos, esta sería la velocidad del convoy. En caso de ataque los buques tenían órdenes de separarse de modo que Clipperton no pudiera obtener más de una presa. El *Cartagenero*, el patache que concentraba la carga más valiosa, era a la vez el más rápido, lo cual le permitiría alejarse del hipotético ataque siempre que Clipperton no lo eligiese como presa, lo que no era de esperar habiendo unidades más lentas y, a priori, igual de valiosas a los ojos del pirata inglés.

Ocurrió, sin embargo, que nada más encontrarse en la mar con la orden de cubrir la derrota de los pataches, los capitanes de la Armada del Mar del Sur rasgaron los sobres lacrados recibidos poco antes de zarpar y leyeron las verdaderas órdenes de Lezo. La única razón de que la flota de pataches se desplazase a 4 nudos era permitir a los buques encargados de su defensa velocidades relativas suficientes para acercarse a los mercantes después de la anochecida y desaparecer sin dejar rastro dos horas antes de la amanecida. Si el ataque de los piratas se producía de noche como pensaba Lezo, los estarían esperando.

Las primeras noches discurrieron sin incidentes. Conforme a sus instrucciones los buques de protección se presentaron desde más allá del horizonte dos horas después de anochecer, y cuando salió el sol la flota de pataches avanzaba hacia Panamá en las mismas condiciones de soledad en que parecía sumida desde la salida de El Callao. Sin embargo, durante la quinta noche, dos horas después de que la flota de protección hubiera ocupado sus puestos alrededor del convoy bajo un débil penacho de luna, la sombra de un buque desconocido comenzó a distinguirse hacia barlovento. Lezo sabía que no podía esperar mucho tiempo, pues lo mismo que ellos habían descubierto un punto oscuro sobre las olas que podía corresponderse con la fragata *Surprise* de Clipperton, el pirata no tardaría en descubrir que los bultos que navegaban hacia el norte eran más de cinco.

Nacido en Great Yarmouth en 1676, John Clipperton estaba cerca de la cincuentena, pero su larga melena recogida en una presumida coleta y sus atildados modales de dandi le daban un aspecto mucho más juvenil. Descubierto robando a bordo de un navío de su graciosa majestad, recibió dos docenas de latigazos y fue abandonado en la mar amarrado a un barril. Con gran pericia pudo arrastrarse hasta la isla de la Pasión, a ochocientas millas de Acapulco, donde consiguió reponerse para abrazar la piratería. Gracias a sus exitosos ataques a la flota española terminó por reunir una tripulación de más de un centenar de hombres, pasando a asolar los pueblos de la costa del Pacífico desde Acapulco hasta la tierra del Fuego, donde sus ataques eran temidos por la voracidad de sus marineros a la hora de robar cualquier cosa de valor, la violencia con que se empleaban contra los hombres de las aldeas que arrasaban y el lascivo modo con que trataban a las mujeres de cualquier edad. Nadie sabía cuál era su base de operaciones, pero desde que comenzaron sus ataques la coralina isla en la que había conseguido recuperase de una muerte prácticamente segura pasó a ser conocida como la isla de Clipperton.

El terror del Pacífico había vigilado en la distancia la salida de la flota de pataches de El Callao y a continuación la había seguido husmeando el horizonte durante el día y retirándose de noche como un animal desconfiado, pero después de cuatro días de navegación, viendo que las cosas funcionaban como le habían explicado sus espías en tierra, decidió atacar la noche del día siguiente, fijando como objetivo la nave de vanguardia, donde según sus informaciones viajaba la carga de mayor valor. A la hora del ataque el único inconveniente era que, en contra de las leyes propias del movimiento del resto de los astros, aquella noche la luna había salido por el oeste, situando por su popa un difuso penacho de plata, mientras que por la proa la oscuridad era casi total. Pero no podía seguir dejando pasar los días. Desde la llegada a la zona de un oficial español conocido por sus hombres como *Anka Motz,* un marino astuto e inteligente, con una pata de palo, un ojo tapado por un parche y un brazo en cabestrillo que sugerían la figura de un pirata, sus hombres se sentían incómodos y nerviosos. Según se decía en las tabernas de los puertos, había enviado a Flissinguen y sus hombres al infierno de un único y certero balazo y ahora se proponía que los marineros que viajaban a bordo de la *Surprise* bajo la bandera de la calavera y las tibias cruzadas colgasen de las gavias de su propio buque.

A bordo de la fragata pirata imperaba un silencio interrumpido únicamente por el rumor de las olas al ser cortadas por la proa y el sonido seco de la jarcia al templarse, por eso el grito del vigía llegó nítidamente a todos los rincones del barco.

—Nueve sombras a sotaventooooooooo... Tres de ellas se nos echan encimaaaaaaaa...

El grito del vigía hizo comprender a Clipperton que tenía que decidir con urgencia. Pensaba que había estado acercándose a sus presas discretamente y ahora resultaba que las naves del rey de España le habían estado vigilando a él con disimulo aún mayor. La única solución para desenredar la peligrosa situación era la huida, y perdido el factor que llevaba implícito en el nombre de la nave, la cubierta de la *Surprise* se llenó de gritos mientras los marineros corrían de un lado para otro y trepaban la jarcia para soltar todo el aparejo.

Lezo estaba listo para el combate. Aunque no tenía el barlovento, sus navíos estaban preparados para esa contingencia y con las velas altas cazadas y las escotas tensas como los nervios de un pura sangre, sus buques no tardaron en ponerse a la estela de la *Surprise,* de forma que a bordo los piratas blasfemaban viendo que la pronta llegada del día les privaría de la oscuridad en que se habían amparado hasta el momento. Cuando el crepúsculo comenzó a iluminar la superficie del mar, los navíos *Príncipe de Asturias* y *Triunfante* se encontraban a pique de meter a la fragata dentro del alcance de sus cañones, a pesar de los esfuerzos del pirata inglés por burlar el acoso al que se veía sometido. El sol apenas se había levantado medio puño sobre el horizonte cuando se dejaron oír los primeros cañonazos, y media hora después una andanada de balas encadenadas quebraba las gavias altas, abatiendo sobre la cubierta de la desesperada *Surprise* los mastelerillos de los palos principales y con ellos estays y pericos, las velas que recogían el aire en las alturas, lo que en definitiva produjo una caída de la velocidad de la fragata suficiente para que la batalla dejara de tener sentido. Hacia el mediodía Lezo recibía a Clipperton a bordo del *Príncipe de Asturias*, donde fue sometido a un juicio sumarísimo del que resultó condenado a muerte y antes de ponerse el sol su cuerpo colgaba de la gavia mayor de su propio buque, lo mismo que los de los mandos principales de la fragata, la cual fue remolcada a Panamá para ser exhibida como aviso a otros piratas que pudieran sentirse tentados por la plata del rey de España. El resto de la tripulación fue juzgada en tierra por los crímenes cometidos a lo largo del litoral del océano Pacífico, resultando algunos marineros condenados a muerte y a servir como galeotes de por vida los demás, lo que para muchos representaba una muerte peor que la que resultaba de colgar por el cuello de una maroma. Por su parte, la *Surprise* fue rebautizada como la *Vasca* y sirvió en el virreinato durante muchos años.

Pacificado el océano, Lezo trató de poner en marcha un plan de refuerzo de los baluartes de la costa, convencido de que algún día las principales ciudades a ese lado del mar llegarían a ser objetivo de los ingleses, que en corso, bajo pabellón del rey Jorge o directamente bajo el de la calavera y las tibias cruzadas cada día se mostraban más osados, sobre todo en aguas del Caribe.

Blas de Lezo, que había llegado a Perú precedido de la justa fama de ser un militar íntegro y consagrado a su profesión, vio incrementarse su prestigio y era agasajado constantemente por las mejores familias de Perú, tanto en El Callao como en Lima, donde sus estancias comenzaron a ser cada vez más prolongadas. Tanto éxito, sin embargo, pareció desagradar a don José de Armendáriz, nombrado virrey en relevo del príncipe de Santo Buono, y que no participaba del fervor popular hacia la descompuesta figura del marino vasco, que a su vez veía con preocupación su forma de gobierno, pues desde su llegada a Lima acostumbraba a rodearse con lo menos recomendable de la pujante sociedad criolla.

En Lima, Lezo hizo amistad con el capitán de navío Luis Mollá, jefe del Apostadero Naval, el cual llevaba una docena de años situado en la capital limeña y comenzó a introducir al marino vasco en los círculos más destacados de la ciudad de los Tres Reyes. Con ocasión de uno de los actos sociales que solían darse en la ciudad, Lezo acompañó a Mollá a la casa solariega del doctor Tomás de Salazar, catedrático de leyes de la Universidad San Marcos de Lima, donde además de refrescarse con unos vasos de limonada disfrutaron del suave canto de un grupo de chicas que educaban la voz en el conservatorio local. Desde los primeros compases de la exhibición coral, Blas de Lezo se fijó en los movimientos y la voz de una jovencita tímida, de modales aristocráticos y cuya edad no debía superar la quincena. Como quiera que su embeleso no pasara desapercibido para Luis Mollá, concluido el canto condujo al marino vasco a presencia del doctor, el cual los atendió amablemente junto a su esposa Isabel de Palacios, tía de la jovencita, a la que presentó como Josefa Pacheco Bustos. La edad de la muchacha era la adecuada para entablar relación con una persona seria y Lezo, además del personaje de moda en la capital, era un soltero codiciado. La tía de Josefa explicó a los oficiales que su prima Nicolasa de Bustos y Palacios, madre de la niña, falleció de parto al tener a Josefa, y que su padre, José Carlos Pacheco Benavides, natural de Arequipa, había muerto también cuando Josefita tenía seis años, siendo ellos los tutores legales de la joven así como los custodios de su dote.

Blas no reparó en la sonrisa con que Isabel de Palacios acompañó el comentario de la dote, pues en ese mismo instante la niña se atrevió a levantar la mirada traspasándole el corazón con sendas balas del 32, que no eran sino unos ojos del color de las esmeraldas enmarcados en un cuerpo pequeño y esbelto, un rostro delicado y la piel aceitunada de los criollos del Perú. Nacida el 6 de mayo de 1709, Josefita contaba en ese momento 14 años. Lezo se enamoró como un colegial y un par de semanas después obtuvo permiso de su tutor para visitarla en su casa de Lima. Dos meses después paseaban por la ciudad cogidos del brazo.

La boda se celebró el 5 de mayo de 1725. Lezo tenía 36 años y Josefa cumpliría 16 al día siguiente de los esponsales. La ceremonia, que tuvo lugar en la hacienda del doctor Salazar en La Magdalena, cerca de Lima, fue oficiada por Diego Morcillo, arzobispo de la capital, y a ella asistió lo más granado de la ciudad, excepción hecha del virrey, que se excusó con un viaje que todos sabían inexistente. La familia paterna de Josefa era de las más distinguidas de Arequipa y gracias a su boda la joven adquiría automáticamente mayoría de edad suficiente para hacerse cargo de la herencia paterna de los mayorazgos castellanos de Ovieco, Cañal y Pitiegua, además de otros nombramientos y bienes tanto en Castilla como en Perú. Al año siguiente nacería su primer hijo, Blas Fernando, y dos después vendría al mundo la primera hija, Josefa Anastasia. Después de conocer a lo largo de su vida militar las mieles del éxito en todo tipo de combates, Blas de Lezo conoció también las de la pacífica vida familiar.

Pero la vida en Lima comenzó a complicarse para los Lezo. Blas asistía impotente al deterioro de la administración local, pues pronto se hizo evidente que José de Armendáriz negociaba con los cargos públicos, la mayor parte de los cuales terminaban en manos de parientes y amigos. Cuando Luis Mollá dejó la jefatura del apostadero naval para regresar a la metrópoli y el virrey dispuso el nombramiento para el puesto de un sobrino legislador que ya ocupaba otros cargos y no sabía lo que era un barco, Lezo presentó una protesta formal, pues no encontraba en la capital interlocutor válido para los asuntos de la Armada, por lo que envió un escrito de queja a Patiño que forzosamente tuvo que pasar por las manos del virrey, el cual no tuvo inconveniente en elevarlo con una nota adjunta de queja hacia la persona del marino vasco.

Poco tiempo después Lezo recibió una carta personal de Patiño en la que le instaba a armarse de paciencia, pues el nombramiento del marqués de Castelfuerte era un designio personal del rey. Tras la lectura de la carta, el marino vasco decidió apretar los dientes a pesar de que el deterioro de la hacienda y de la administración del virreinato eran evidentes a todos, sin embargo, cuando unos meses después le fue denegada, por el simple hecho de venir de él, una propuesta de admisión como trabajador de los muelles de un marinero que se había quedado cojo debido a una caída desde los palos de un navío, proceso habitual en accidentes de este tipo en evitación de que los marinos accidentados quedasen en situación de indigencia, Lezo pidió audiencia al virrey para afearle su conducta. La consecuencia fue que dejó de cobrar su sueldo y la conclusión que el que empezó a rayar en la indigencia poco tiempo después fue él mismo. Con cuatro bocas que alimentar, cinco si se contaba a su criado Antonio Lezo, al que trataba como un hijo más, en un arranque de dignidad se dirigió a Patiño formalmente y sin pasar por el virrey para solicitar la baja en la Armada.

Sin dinero ni apoyos, pues muchos de lo que le habían elogiado le dieron la espalda para no comprometerse con Armendáriz, Lezo vio como se le cerraban todas las puertas, aunque el dinero para los pasajes de regreso a España terminó llegándole de forma tan misteriosa como inesperada. Josefa le dijo que había escuchado en el mentidero que los generosos samaritanos formaban parte del círculo de oficiales a sus órdenes y que preferían permanecer en el anonimato. Sin tener a quién agradecer el gesto, a finales del mes de julio de 1730, Lezo se embarcó con su familia a bordo del bergantín *La Bella Mugardos* para el viaje por mar más triste de cuantos había emprendido en su vida.

10. CÁDIZ, OTOÑO DE 1730

El recibimiento a Blas de Lezo a su llegada a Cádiz a bordo de *La Bella Mugardos* no tuvo nada que ver con los anteriores a ningún otro puerto y en ningún otro barco. Para empezar, el marino vasco no llegaba sólo, sino acompañado de una mujer, dos criaturas y un criado, y tampoco lo hacía victorioso después de doblegar al enemigo en una batalla épica, sino derrotado y arruinado por la administración de su propio país. Entre sus intenciones figuraba la de hospedar a su familia en una pensión del muelle y dirigirse a continuación a la capitanía naval, donde esperaba encontrar algún amigo que pudiera prestarle el dinero necesario para viajar a Pasajes. Enfrascado en sus pensamientos, rodeado de bultos y con Josefa mirándole inquisitivamente, un criado vestido de librea se le acercó y le preguntó con aires ceremoniosos:

—¿El señor Lezo?

—Soy yo. ¿Qué desea?

—Alguien quiere verle, señor —dijo el criado señalando un cabriolé cubierto en el que unos faldones de raso disimulaban un emblema de trazos dorados en las puertas.

—¿De quién se trata?

—Me ha pedido que lo acompañe a su presencia. No se preocupe por nada, yo me ocuparé de su familia y también del equipaje.

En ese momento un carruaje idéntico al primero se detuvo junto a ellos y un criado vestido de la misma guisa que el que se le acababa de acercar ayudó a embarcar a Josefa y a sus hijos.

Sin disimular un gesto de curiosidad, Lezo siguió los pasos del criado hasta el cabriolé. Al abrir la puerta su sorpresa fue mayúscula.

—¡Intendente, os hacía en la Granja de San Ildefonso!

José Patiño hizo un gesto al criado para que ayudara a subir al coche al marino vasco.

—Vengo a daros respuesta personal a vuestra carta en la que pedíais la retirada del servicio.

Blas de Lezo tomó asiento y esperó a que el Intendente de la Armada se pronunciara.

—Como sabéis mejor que nadie, Lezo, hace ya quince años que funciona en esta plaza el Colegio de Guardiamarinas y hasta el momento se ha manifestado como una extraordinaria fábrica de oficiales. ¿Sabéis por qué?

La perplejidad de su rostro y el silencio del oficial vasco eran una clara invitación a Patiño a rematar sus explicaciones.

—Sencillamente porque el espejo en el que enseñamos a mirarse a nuestros guardiamarinas sois precisamente vos.

Un estremecimiento atravesó de arriba abajo el cuerpo del marino, que no encontró palabras para responder.

—Sois lo mejor que tenemos, Lezo, y no soy yo quien lo dice. Mis palabras son un encargo expreso del rey.

—Pero Armendáriz...

—Conocéis todos los mares, Lezo —Patiño interrumpió al oficial levantando la mano—, excepto el de la corte. Y os garantizo que no es el menos peligroso. A bordo de vuestros barcos al menos sabéis quien es el enemigo y la forma de combatirlo. La corte es diferente. Y la cosa empeora en esas colonias tan alejadas del brazo del rey.

»Felipe V ha resuelto armar una escuadra a vuestra medida. Sus majestades aún esperan muchos servicios de vuestra parte.

La repentina inclusión de la Farnesio en la conversación hizo recordar a Lezo su sensación de que era ella quien parecía manejar el timón de la patria y se preguntó qué podía buscar en él la italiana.

Ajeno a los pensamientos de su interlocutor, Patiño continuó con su discurso.

—Hemos encontrado en El Puerto de Santa María una casa adecuada a vuestro rango en la que podréis alojaros con vuestra familia y se os reintegrarán todos los títulos, sueldos y honores. Su Majestad viajará a Sevilla próximamente y allí os concederá una audiencia, mientras tanto debéis esperar y sosegar vuestro espíritu en esta bendita parte de la patria a la que tan buenos servicios habéis prestado.

De camino a El Puerto de Santa María Patiño expuso a Lezo la situación del país, con provocaciones cada vez más osadas por parte de los ingleses en el Caribe y con algunos problemas comenzando a suscitarse en el Mediterráneo a cuenta de la piratería berberisca. Afortunadamente la pacificación de Perú, que Patiño no se ahorró agradecerle reiteradamente en nombre de los reyes, volvía a poner en circulación la plata que tanta falta hacía a la corona. A la llegada a la calle del Sol, en el Puerto de Santa María, Lezo se vio ante una casa señorial amueblada según sus necesidades y cuya vivienda, en contra de otras edificaciones de tinte similar, se había distribuido principalmente en la planta baja para evitar que el castigado cuerpo del oficial se viera obligado a subir escaleras y otros esfuerzos demasiado pesados.

La visita del rey a Sevilla se dilató casi un año, pero finalmente Blas de Lezo recibió un oficio de Patiño comunicándole que Felipe V lo recibiría en el alcázar de la capital hispalense el 28 de noviembre de 1731. Mientras tanto Josefa había dado a luz a su tercer hijo, que en la pila bautismal de la Iglesia Prioral de El Puerto de Santa María recibió el nombre de Cayetano Tomás.

Como en su primer encuentro los reyes trataron a Lezo con mucho cariño, le agradecieron su trabajo en Perú y ponderaron el mucho bien que había procurado a la corona la limpieza de piratas en el Pacífico. El propio Felipe V le notificó su ascenso y nombramiento como Jefe de Escuadra del Mediterráneo y comandante del navío *Real Familia*, señalándole que Patiño le comunicaría privadamente los detalles del nuevo destino.

Blas de Lezo se sintió feliz al saberse de nuevo en contacto con los barcos y la sal del mar. El destino asignado le llevó a integrarse en Barcelona en una escuadra como nunca antes había conocido, pues estaba compuesta por 22 navíos, una fragata y dos avisos, agrupación al mando del teniente general Esteban de Marí, que tenía por misión escoltar una flota de 48 transportes con el objetivo de conducir 7500 soldados a Liorna, donde debían asegurar los derechos del infante don Carlos sobre Parma y Toscana. Como quiera que el *Real Familia* tenía ciertas averías que le impedían mantener la velocidad del grupo, quedó en el varadero de Barcelona y a Lezo se le asignó el mando provisional del *Santiago*, un navío de 60 cañones en el que recuperó la sensación de sentirse útil a la Armada.

Cumplida la misión, Lezo regresó a Barcelona donde volvió a tomar el mando del *Real Familia*, buque en el que izó su insignia de jefe de escuadra para dirigirse con otros cinco navíos a la República de Génova, donde el banco de San Jorge retenía dos millones de pesos que debía a la corona española, excusando la falta de pago en el argumento de que la deuda se había contraído en favor de la dinastía de los Austria. Según se supo más tarde, la orden de Felipe V de asignar a Lezo tan delicada misión se la habría susurrado la reina, que tenía mucha confianza en el oficial vasco y esperaba que fuera capaz de solucionar por la fuerza un asunto que no se había podido resolver por los cauces diplomáticos, y es que parte del dinero que debía el senado Genovés estaba destinado a la educación del infante don Carlos, su hijo primogénito, del que esperaba que algún día ocupara el trono de España a pesar de ser el tercero en el orden de sucesión, después de sus hermanastros Luis, Príncipe de Asturias, y Fernando.

A su llegada a Génova la flota de Lezo fue avisada por medio de cañonazos de que no estaban autorizados a entrar en puerto. Mediante señales en las drizas, Lezo ordenó al resto de los buques que permanecieran al ancla fuera del alcance de las baterías costeras, mientras el *Real Familia*, tras cerrar las troneras de los cañones como gesto de buena voluntad, procedió a atracar en el muelle, exigiendo Lezo la presencia de una delegación del senado de la república, demanda que no fue atendida. Lezo hizo llamar entonces al capitán del puerto, al cual explicó que si en cuatro horas no era restituido el dinero de su rey, comenzaría a disparar contra la ciudad, gesto que sería inmediatamente imitado por el resto de las naves españolas que esperaban al ancla. En un gesto teatral, el almirante español dio vuelta a uno de las ampolletas de arena con las que se contaban las guardias, haciendo ver a su interlocutor que el tiempo había comenzado a correr. Antes de subirse al carruaje que le esperaba a pie de muelle y en el que pensaba dirigirse a dar novedades al senado, una serie de sonidos secos hicieron que el capitán del puerto volviera la mirada al *Real Familia*. En otro gesto lleno de determinación Lezo había dado orden de volver a abrir las troneras y asomar la boca de sus cañones, de forma que el correveidile tomara nota de la firmeza de sus intenciones.

Todavía faltaba una hora para que la cápsula del reloj de arena terminara de vaciarse, cuando se presentó a bordo un grupo de senadores que traía consigo el dinero adeudado. La fama del almirante español le precedía y en Génova se sabía que sus amenazas nunca eran vanas y sí, por el contrario, muy expeditivos sus métodos, aunque no satisfecho con el dinero, Lezo exigió de las autoridades de la república un acto de reconocimiento al pabellón real, lo que se llevó a cabo dos horas más tarde con una guardia de honores genovesa. Con el cofre conteniendo los dos millones de pesos en el camarín del comandante, la escuadra puso rumbo a Alicante, donde Lezo fue recibido con vítores por la multitud que abarrotaba los muelles. Nada más atracar un comisario real se hizo cargo de los caudales, la cuarta parte de los cuales fueron destinados, efectivamente, a la educación del infante don Carlos, mientras que el resto estaba destinado por Patiño a financiar una expedición que marchara a Orán a recuperar la vieja plaza fuerte española. Los reyes quedaron tan agradecidos que ofrecieron a Lezo un pabellón que estaría autorizado a ondear desde entonces en todos sus barcos y que consistía en el escudo de Castilla con una imagen de la Flor de Lis en el centro y las órdenes del Espíritu

Santo y el Toisón de Oro con cuatro anclas en las esquinas rodeando el conjunto.

La ciudad de Orán había sido tomada en 1509 por el cardenal Cisneros y permaneció española hasta que en 1708, aprovechando la Guerra de Sucesión, fue recuperada por los argelinos pasando a formar parte del Imperio otomano. Centro neurálgico de las operaciones berberiscas contra los cristianos, su recuperación constituía una de las prioridades de Felipe V, y veinticuatro años después el rey pensó que tenía escuadra y dinero suficientes para intentar su toma, ordenando a Patiño que diseñara un plan para acometerla. Para ello, el ministro de Felipe V dispuso un ejército de 27.000 soldados al frente del cual situó a José Carrillo de Albornoz, duque de Montemar, y una armada de más de 500 buques entre navíos, fragatas, galeras, galeotas, bergantines, jabeques, lanchas cañoneras, brulotes y unidades de transporte, que navegaron al norte de África a las órdenes del veterano teniente general Francisco Javier Cornejo López-Cotilla.

El 14 de junio de 1732, el duque de Montemar, Francisco Javier Cornejo, Blas de Lezo y otros mandos de la expedición en la que se contaban 23 generales y almirantes, acudieron al monasterio de la Santa Faz de Alicante a pedir a Dios por el éxito de la operación. Con el repicar de las campanas, las más de 500 velas que fondeaban frente a la ciudad comenzaron a tremolar sus pendones de guerra, lo que despertó los vítores y cánticos de la muchedumbre que había acudido a despedir a una flota como no se había visto nunca. Siguiendo órdenes de Patiño se confiscaron todas las embarcaciones de la zona útiles para el transporte. Desde que estaban sólidamente establecidos en el norte de África, las escaramuzas con los piratas eran cada vez más frecuentes y sus incursiones más osadas y sanguinarias, de forma que todos dieron por bueno que sus humildes esquifes pasaran a formar parte de la flota.

Al día siguiente la escuadra zarpó en perfecta formación. A bordo de los transportes se concentraban 32 batallones de infantería, uno de artillería de campaña y doce regimientos de fusileros. Por su parte, la caballería sumaba cuatro regimientos reales y dos más de dragones para un total de tres mil caballos. El soldado de artillería Eugenio Gerardo Lobo, que con el tiempo tocaría la fama como poeta, dejó para la posteridad un poema en el que narraba de forma épica la salida de la expedición:

Ve, lucido escuadrón, ve, fuerte armada,
del monarca de España empeño augusto
y el pendón infeliz del moro adusto,
su luna llore en ti siempre eclipsada.

Tras unos días fondeada en el cabo de Palos para dejar pasar una borrasca, la flota volvió a ponerse en marcha el 24 de junio y tres días después llegaba a Orán. Como segundo jefe de Cornejo, correspondía a Lezo el mando de la escuadra de vanguardia, por lo que el marino de Pasajes dispuso sus barcos en la cercanía de la costa para proteger con sus cañones el desembarco de la infantería y la caballería, que se llevó a cabo a lo largo del día siguiente sin apenas resistencia por parte del ejército otomano, que con los regimientos de jenízaros desplazados desde Turquía sumaba más de veinte mil defensores. Establecida la cabeza de playa, las tropas españolas se dividieron en dos y mientras una parte al mando del general De la Motte sitiaba la plaza de Mazalquivir, Carrillo de Albornoz se lanzaba sobre Orán, donde habían llegado noticias del duro cañoneo del general de la Motte sobre Mazalquivir, circulando el bulo de que los españoles habían reservado para Orán las baterías de calibre mayor, además de las de la escuadra de Lezo, que se había acercado a cañonear la ciudad desde la mar. Como quiera que los moros consideraban que los españoles pasarían a cuchillo cuanta resistencia encontraran en la ciudad, los habitantes y defensores de Orán, con el Bey Hassan a la cabeza, huyeron de la medina abandonando en la plaza una cantidad considerable de armamento y artillería, además de suministros para más de tres meses.

El 5 de julio un solemne *Te Deum* se elevó al cielo desde las entrañas de la vieja ciudad española, llegando en pocos días la noticia de la toma de Orán a oídos de Felipe V. Un mes después el duque de Montemar zarpó de regreso a España dejando en la plaza una guarnición de seis mil hombres y la flota de vanguardia al mando de Blas de Lezo, que se mantuvo fondeada frente a la ciudad esperando algún tipo de reacción por parte de los musulmanes, y considerando el Bey Hassan que tenía efectivos superiores a los españoles, contraatacó por tierra a finales de agosto con diez mil soldados que fueron rechazados, produciéndose la muerte de dos mil de ellos. Como la zona parecía definitivamente pacificada, Blas de Lezo se retiró con su escuadra a Cádiz.

En España se celebró con júbilo la toma de Orán y tanto Patiño como el duque de Montemar se vieron recompensados con el Toisón de Oro, sin embargo, mientras el país era una fiesta, el Bey Hassan unió sus fuerzas con las del Bey Hacen para marchar sobre Mazalquivir. Álvaro Navia Osorio, marqués de Santa Cruz de Marcenado, recién llegado a la plaza, acudió en defensa del bloqueo de la plaza africana, resultando muerto junto a 1500 de sus hombres. Envalentonado por su victoria sobre Navia, el Bey Hassan decidió volver a poner cerco a Orán por tierra y por mar, reuniendo para ello una escuadra de 9 galeras para intentar rendir la ciudad por la vía del desabastecimiento. Inmediatamente Patiño dio orden a Lezo de zarpar de Cádiz en auxilio de Orán, arbolando este su insignia en el *Real Familia* y poniendo proa a la capital argelina acompañado del navío *Princesa*, mientras desde Barcelona salía una flotilla compuesta por los navíos *Galicia, Conquistador, Andalucía* y *León* para ponerse a las órdenes del almirante vasco. Al ver llegar al Zorro de los Mares, el Bey Hassan, que izaba su insignia en una de las galeras que acosaban Orán, huyó hacia la ensenada de Mostagán, protegida por dos fuertes que coronaban sendas lomas. Lezo sabía que mientras le quedara vida el Bey Hassan no renunciaría a la toma de Orán, por lo que, despreciando el peligro, se lanzó con el *Real Familia* sobre su nave capitana y a pesar del intenso fuego que recibía desde las alturas consiguió alcanzar al Bey y tomar su nave al abordaje, con lo que los fuertes dejaron de hacer fuego y Lezo consiguió apresar a su enemigo, aunque a un alto precio, pues uno de los disparos efectuados desde el fuerte en busca del corazón del almirante hubiera acertado su objetivo de no ser por la nobleza de Patxi Nanclares, que viendo que su amigo y paisano gritaba sus órdenes despreocupado del fuego enemigo, se colocó delante de él para servirle de escudo, resultando finalmente alcanzado por aquel infortunado disparo que le arrebató la vida de forma instantánea. A los pocos días la escuadra entraba en Barcelona en olor de multitud llevando consigo a su enemigo cargado de cadenas, aunque a Lezo volvía a consumirle la pena por la pérdida de un nuevo amigo, que en este caso había ofrendado su vida por él.

Pero los problemas no habían terminado en la Berbería. Perdido su bey, los argelinos recurrieron a los otomanos para volver a intentar tomar la ciudad, y un ejército de jenízaros salió de Estambul a bordo de una nueva flota de galeras. Alertado, Lezo formó una nueva escuadra incluyendo 25 buques de transporte y se lanzó al encuentro de las naves turcas a las que nunca encontró a pesar de mantener la patrulla frente a Orán durante más de dos meses; tal vez porque se había tratado de una falsa alarma o quizás porque supieron de la llegada de Lezo, conocedores de su fama la escuadra turca prefirió retirarse.

Tras abastecerse en Sicilia, una epidemia de fiebre tifoidea asoló la flota, produciendo en un par de semanas más de 500 muertos y dejando gravemente herido a otros tantos, entre ellos al propio Lezo y a un guardiamarina alicantino que viajaba con él y respondía al nombre de Jorge Juan de Santacilia. Así las cosas, la escuadra de Lezo hubo de regresar a Cádiz, donde el almirante fue desembarcado gravemente enfermo. Al recibir la noticia en La Granja de San Ildefonso, José Patiño dio orden a los médicos gaditanos de poner todo su empeño y saber en la recuperación del bravo marino vasco, y por orden de los reyes, desde el día siguiente a su arribada a Cádiz se celebraron misas a diario en toda España por el restablecimiento de su salud.

11. CARTAGENA DE INDIAS, MARZO DE 1737

La recuperación de Blas de Lezo fue larga y, por momentos, los médicos que le atendían temieron por su vida. Toda España estaba pendiente de sus progresos y los reyes permanecían en contacto permanente con el Hospital Real de Cádiz para conocer en tiempo y hora los detalles de su evolución. Con fecha 8 de junio de 1734, Felipe V lo ascendió a teniente general de la Armada, quedando destinado en la Comandancia General del Departamento de Cádiz.

A la llegada del enfermo al Hospital Real, Lezo era un marino de mucho prestigio y se sabía del interés que los reyes tenían puesto en su recuperación, de manera que fue atendido personalmente por el cirujano mayor de la Armada Juan Lacomba, que ya le había visto en Barcelona cuando resultó alcanzado en el brazo por un disparo de mosquete.

Lacomba no tardó en certificar las fiebres tifoideas que sufría el almirante, diagnóstico sencillo por otra parte, pues los médicos que le acompañaban en la expedición a Orán a bordo de las unidades navales españolas consignaban haber arrojado al mar más de 500 cuerpos de soldados y marineros fallecidos por la enfermedad, producida por el mal estado de los alimentos y el agua, un mal en extremo infeccioso que se había propagado entre los barcos rápidamente después de los primeros casos.

En cualquier caso, el diagnóstico de Lezo resultaba más que evidente a los ojos de un cirujano experimentado como Lacomba. Su cuadro clínico no dejaba lugar a dudas: escalofríos, cefaleas, náuseas generalizadas, tos persistente, estreñimiento y agudos dolores abdominales, todo ello con episodios frecuentes de sangrado por la nariz y en el ambiente de una epidemia generalizada. El almirante tuvo fiebres tan altas y las hemorragias lo dejaban tan débil que Lacomba pensó que tales procesos podrían resultar excesivos para su debilitado organismo. A lo largo de las semanas el cirujano mayor de la Armada no se separó de la cama de su paciente, administrándole, en función de su estado febril, dosis de tártaro en los picos febriles altos y jarabes vomitivos cuando la fiebre bajaba, además de espíritu de mindedero cada vez que subía la temperatura de su cuerpo y quina en todo momento. Para reducir la tensión de los músculos, sometidos a todo tipo de espasmos debido a las medicinas, raro era el día en que no lo sedaba con opiáceos. Cuando su estado comenzó a mejorar y pudo alimentarse con otra cosa que no fueran terrones de azúcar, sueros o pucheros de gallina, Lacomba comenzó a retirarle los medicamentos, y a los seis meses pudo levantarse y caminar, aunque el almirante se sentía tan debilitado que hizo testamento en los primeros días de 1735.

Los años que siguieron a su recuperación fueron para Lezo los más tranquilos de su vida, pues pasaba los días en su domicilio de El Puerto de Santa María leyendo el Arte de la Guerra de Sun Tzu y estudiando cuantos documentos caían en sus manos relacionados con los incidentes que ocurrían cada vez con mayor frecuencia en aguas del Caribe, donde los ingleses se mostraban cada día más osados. Periódicamente se desplazaba a Cádiz a supervisar las obras de fortificación de las murallas y baluartes de la ciudad, convencido de que llegaría el día en que los ingleses se lanzarían a la toma de la capital gaditana buscando provocar a los españoles para llevarlos a una guerra que les permitiera hacerse con el botín tras el que llevaban suspirando tantos años: la conquista de las posesiones españolas en el Caribe.

Las preocupaciones de Lezo no eran infundadas. En 1727, apenas coronado, Jorge II supo de la trascendencia del comercio trasatlántico para una isla como Inglaterra, tan exigente a la hora de ser abastecida. El comercio con América se dividía entonces en dos grandes flotas, la del intocable monopolio español y la trata de negros.

El monopolio español se sustentaba en un sistema básico y rígido por el cual España intercambiaba manufacturas locales con las colonias a cambio de las abundantes materias primas americanas, muy demandadas en Europa. El transporte se hacía siguiendo rutas fijas entre Cádiz y La Habana, para llevar la carga a continuación desde la capital de Cuba a Veracruz por una parte y Cartagena de Indias y Portobelo por otra, todo ello mediante el sistema de Flotas y Galeones formado por una serie mixta de buques mercantes y de guerra, embarcando en los segundos el azogue, bulas y papel sellado a la ida, y caudales y metales preciosos a la vuelta. La carga de los mercantes, a pesar de ser de menor valor, constituía un verdadero dolor de cabeza, pues una vez en destino se trataba de productos que podían llegar a quintuplicar su precio, eminentemente vino y vinagre de Jerez, aceite, aguardiente, harinas, frutos secos y peruleras de aceitunas y alcaparras, aunque también algunas especias como la pimienta, el clavo o la canela, que llegaban desde Lisboa; ropas y lienzos de todo tipo de tejidos manufacturados en textiles catalanas, además de hierros, alambres y hojalatas del País Vasco, papel, tinta, ceras, plumas de escribir y libros, procedentes en su mayor parte de Génova, y lozas, jabones, vidrio y medicinas traídas originalmente de Turquía.

A la llegada de la flota a los virreinatos las ciudades celebraban ferias en las que se fraguaban todo tipo de negocios, y de regreso a España se recogía en Veracruz cochinilla de México, añil de Guatemala y palo Campeche del Yucatán, mientras que en Cartagena se embarcaba cacao, azúcar, tabaco, cueros, cobre, estaño, plantas medicinales y la plata que llegaba desde el Potosí vía Portobelo. Consolidado el negocio, multitud de goletas cruzaban el Caribe a todo su largo y ancho para extender el comercio, y era ahí donde empezaban los problemas desde que Jorge II decidió otorgar patente de corso a la mayoría de buques mercantes ingleses en la zona, con lo que estos participaban del negocio sin atender a las reglas del monopolio, atracando en alta mar a las indefensas goletas españolas.

En España, a Felipe V se lo llevaban los demonios cada vez que llegaba a su conocimiento la noticia de tales desaguisados. Su corazón le pedía despachar a los corsarios ingleses a cañonazos, pero Patiño le templaba el ánimo haciéndole ver que esos cañonazos podían ser la chispa que prendiese la guerra que los ingleses venía buscando desde hacía años y para la que únicamente les hacía falta un *casus belli* como esos disparos que pretendía el rey. Finalmente, llevado de los buenos y leales consejos de su ministro, y puesto que Jorge II se arrogaba el derecho de otorgar patente de corso a sus barcos, el rey de España decidió dar a los suyos la de guardacostas, la cual les autorizaba a armarse, visitar y registrar cualquier barco que pudiese resultar sospechoso a sus capitanes.

Así las cosas, en el verano de 1732, la corbeta española *Isabela* navegaba frente a las costas de Florida con una carga de caoba, cueros al pelo y tabaco torcido, embarcado todo ello en la cubana localidad de Matanzas, cuando se topó de vuelta encontrada con una goleta a la que su capitán, Juan León Fandiño, adivinó una extraña maniobra. La *Isabela,* que tenía patente de guardacostas otorgada por Felipe V, mandó detenerse a la goleta, a la que Fandiño ya había identificado al catalejo como la *Rebecca.* Como quiera que esta desoyera sus órdenes, la *Isabela* hizo tronar su cañón levantado una columna de agua por la proa de la goleta, haciendo comprender a su capitán que la pena por no obedecer la orden de detenerse dictada por un guardacostas español sería peor que cualquier otra correspondiente a un delito menor como el de actuar contra el bando[7]. Inspeccionada la *Rebecca,* el trozo de registro encontró mercancía de contrabando, deteniendo en el acto a su capitán Robert Jenkins y conduciéndolo a presencia de Fandiño, ante el cual se presentó el inglés sin disimular una mueca de insolencia amparada en la supuesta superioridad que le otorgaba la bandera inglesa que ondeaba en el pico de su goleta. Sin perder las formas, y sacando un afilado cuchillo de la vaina, el capitán español

---

7 Forma original de la palabra contrabando, o sea, actuar contra el bando que prohibía el transporte de mercancías sin los permisos correspondientes.

cortó la oreja del inglés de un tajo limpio, entregándole a continuación el apéndice con la pertinente amonestación:

—Tomad. Llevádsela a vuestro rey y advertidle que lo mismo le haré si a lo mismo se atreviera.

A continuación y sin atender los gritos de dolor de Jenkins, el capitán Fandiño dio orden de reintegrar al inglés a su buque, tras lo cual ambas naves retomaron sus rumbos.

Una vez a bordo de la *Rebecca*, tras ser atendido por el barbero y siguiendo la recomendación de sus oficiales, Robert Jenkins sumergió la oreja en una tinaja con alcohol para que pudiera llegar a Inglaterra en condiciones de ser mostrada a las autoridades, pues de otro modo, sostenían sus subordinados, nadie creería lo que acababa de acontecer sobre aquellas azules aguas.

En Inglaterra, el primer ministro Robert Walpole, genuino representante de los whig, el partido liberal británico, dirigía el parlamento con mano de hierro, pero el sólido apoyo real con que había contado hasta la fecha comenzaba a debilitarse debido a su escandalosa vida privada, lo que era aprovechado por los conservadores tories para socavar su posición.

Por la firma de los acuerdos de Utrecht se concedió a Inglaterra la explotación de ciertos privilegios comerciales en el Caribe a través del Navío de Permiso. Para explotar dicha autorización, el gobierno inglés creó la Compañía de los Mares del Sur que quedó bajo el control de los tories, los cuales ostentaban el gobierno en aquellos momentos. Viendo como subían sus acciones debido a prácticas empresariales especulativas, muchos inversores ingleses empeñaron sus ahorros en bonos que multiplicaron su valor en pocos meses, momento en que ciertas disposiciones de Felipe V hicieron debilitarse a la Compañía. Cuando se produjo la avalancha de inversores que querían recuperar su dinero, la Compañía de los Mares del Sur entró en bancarrota llevando al país a una de sus peores crisis de la historia. Fue así como Jorge I dio plenos poderes a Robert Walpole, que en abril de 1721 fue nombrado primer Lord del Tesoro, líder de la Cámara de los Comunes y Primer Ministro de facto.

Para reconducir la crisis, Walpole rescató a la Compañía de los Mares de Sur inyectándole dinero público y convirtiéndola en una empresa nueva: la Compañía Británica de las Indias Orientales. Poco a poco Walpole consiguió sacar al país de la crisis, a pesar de que los tories no dejaban de airear su licenciosa vida en compañía de una mujer con la que a pesar de no estar casado había tenido un hijo. Cuando, de la mano de los tories, Robert Jenkins se presentó en el parlamento con su oreja metida en alcohol, Walpole, que antes que primer ministro había sido canciller de Hacienda y administrador de las finanzas de la Marina y sabía bien que ni la Armada ni el Tesoro estaban en disposición de ir a la guerra con España, consiguió maniobrar y gracias a que los comerciantes ingleses vivían un momento feliz con sus negocios prosperando felizmente pudo evitarse la guerra, aunque se daba cuenta de que a los tories les bastaría con fomentar la desconfianza y el malestar en la inestable comunidad de comerciantes y encontrar un líder naval sólido y ambicioso para que la paz quedase gravemente comprometida. Así estaban las cosas cuando Lezo comenzó a superar la gravedad de sus fiebres tifoideas en su aireada casa de El Puerto de Santa María, siendo la mejor prueba de su salud el nacimiento de tres hijos más: Pedro Antonio, que moriría de fiebres dos años más tarde, Agustina Antonia y Eduvigis Antonia. No había pasado un año del nacimiento de la última cuando el marino vasco recibió una cédula real que lo nombraba Comandante General de Cartagena de Indias, con orden expresa de partir a la ciudad caribeña a la mayor brevedad.

El asunto de fondo era que la situación política en la Inglaterra de 1737 se deterioraba rápidamente. A la pertinaz oposición de los tories al gobierno de Walpole comenzaban a sumarse algunos whig descontentos y también la opinión pública, pues los precios de las materias primas fundamentales comenzaban a alcanzar cotas inalcanzables para muchos, según los comerciantes debido a la dificultad de importar artículos del Caribe por culpa de la cerrazón del gobierno español. Las informaciones que llegaban desde Londres a cargo de los informadores de Felipe V señalaban que el primer ministro británico seguía pensando que la guerra con España era una insensatez, pero la presión de la opinión pública y el hecho de que el almirante Edward Vernon se postulase como un líder capaz de conducir a las naves inglesas a la victoria se confabularon de modo que la posibilidad de guerra entre los dos países por las posesiones españolas en el Caribe se insinuaba cada vez con mayor fuerza. En España, José Campillo, que había relevado a Patiño como consejero real tras su muerte en 1736, susurró a Felipe V un nombre como el del único marino español capaz de contener a los ingleses en un escenario tan alejado de la metrópoli, y ese mismo día su majestad firmó una cédula real que no tardó en ser despachada a Cádiz designando a Blas de Lezo Comandante General de Cartagena de Indias.

La llegada del nombramiento a manos de Lezo supuso para él un doble sentimiento; por una parte, la posibilidad de regresar al mar y al combate hizo que a pesar de su reciente y grave enfermedad la sangre comenzara a fluir a borbotones por sus venas, aunque por otra parte estaba Josefa, que con sólo 27 años superaba la tristeza de la pérdida de su hijo Pedro Antonio con la obligación de cuidar a otros cinco y en los últimos meses del embarazo de otro más, que habría de nacer después de que su marido marchara a América y recibiría en la pila bautismal de la iglesia Prioral de El Puerto de Santa María el nombre de Ignacia Antonia.

Lezo era un mar de dudas. Las ordenanzas reales obligaban a los altos cargos destinados en plazas fuertes en las colonias a viajar acompañados de sus familias, aunque los comandantes navales estaban eximidos de tal obligación, por lo que la decisión final de viajar acompañado de Josefa era competencia exclusivamente suya. El almirante se sentía arropado rodeado de su mujer y sus cinco hijos que pronto serían seis, además de Antonio Lezo, el criado a quien consideraba un hijo más, sin embargo sabía que el ambiente que se iba a vivir en Cartagena si los ingleses se decidían a atacar la ciudad no sería el más adecuado para ver crecer a sus hijos, sin contar con que era una zona propensa a las enfermedades tropicales debido a las ciénagas pantanosas que rodeaban la urbe. Tras consultarlo con su mujer, Lezo decidió viajar solo, fiando la visita de su familia a la evolución de los acontecimientos en la ciudad que muchos conocían como «la llave del imperio», pues se consideraba la entrada principal a los dominios españoles en América del Sur.

Finalmente, el 3 de febrero de 1737, coincidiendo con su cuadragésimo octavo cumpleaños, Blas de Lezo salió de Cádiz al mando de una escuadra compuesta por diez barcos, izando su insignia en la driza del navío *Conquistador*. Después de 32 días de azarosa navegación, ocho de los buques entraron en Cartagena, y seis días más tarde llegaba el navío *Fuerte*, que se había retrasado para ayudar a un mercante rezagado por problemas relacionados con un corrimiento de carga que terminó arrastrándolo al fondo del mar.

En Cartagena de Indias Blas de Lezo encontró una ciudad de veinte mil habitantes de corte europeo, con calles anchas y bien pavimentadas, viviendas amplias construidas en piedra en su mayoría, dotadas de grandes ventanales para dejar que la brillante luz del Caribe iluminase sus instancias, adornadas con balcones recoletos de los que colgaban flores de vistosos colores y con un sistema de alcantarillado suficiente para evacuar la mucha agua que inopinadamente descargaban las nubes.

A la llegada a puerto el almirante se encontró una sorpresa inesperada. A pie de muelle, embutido en su uniforme de gala y luciendo sus flamantes charreteras de capitán de fragata, le esperaba Salvador Amaya, que tras terminar los estudios en el Colegio de Guardiamarinas había ido ascendiendo hasta tomar el mando del navío *San Carlos*, de guarnición en Cartagena. Ambos oficiales se fundieron en un abrazo, tras el cual, dando un paso atrás, Salvador reclamó con el brazo a una mujer que llevaba a una niña de la mano.

—Almirante, permitidme que os presente a Victoria Amanda, mi esposa. En Cartagena todo el mundo la conoce como Amandita.

Lezo tomó la mano de la chica, hizo una reverencia y la condujo a sus labios, mientras ella hacía un amago de genuflexión y esbozaba un mohín de vergüenza que quedó reflejado en el enrojecimiento de sus mejillas.

—¿Y quién es este angelito de bucles de oro? —Dijo el almirante dirigiendo una mirada a la niña acompañada de una sonrisa.

—Se llama Marina, almirante. Y no siempre es el angelito que proclaman sus dorados rizos. En algunas ocasiones es un pequeño diablillo que nos pone el corazón en un puño con sus travesuras —Salvador zarandeó entre sus dedos la naricita de la niña.

—¿Y estos caballeros? —Lezo se giró en dirección a los oficiales que flanqueaban a Amandita.

—Son oficiales de la plaza, señor. El capitán de batallones de Marina Lorenzo Alderete trabaja en el refuerzo de las defensas costeras, el teniente de navío Augusto Ferrer es el segundo comandante del *África* y el teniente de caballería Horacio Aranda ha sido designado ayudante secretario del nuevo gobernador.

Los oficiales se mantuvieron en posición de firmes hasta que Lezo se acercó a ellos y los saludó militarmente.

—Descansen caballeros. Siendo amigos de Salvador no albergo duda alguna de su compromiso. Me temo que todas las manos van a ser pocas a la hora de preparar la plaza para lo que se nos pueda venir encima.

Procedentes del *Conquistador*, un grupo de oficiales superiores se acercó a la reunión. Tanto Amaya como Alderete y Ferrer volvieron a cuadrarse militarmente.

—Amandita, caballeros —volvió a escucharse la voz de Lezo—. Les presento al coronel Pedro José Fidalgo, a partir de este instante gobernador y capitán general de la plaza, y al también coronel Melchor de Navarrete, teniente del rey y comandante del batallón de la guarnición, son algunos de los oficiales que me han acompañado desde España.

Los coroneles besaron la mano que les ofrecía Amandita y después de responder al saludo militar de los oficiales estrecharon sus manos agradeciendo el recibimiento.

Aquella noche hubo fuegos artificiales y una recepción de bienvenida a los hombres que enviaba el rey a socorrer a la ciudad ante la inminencia de un ataque inglés. Siguiendo sus costumbres espartanas, Lezo se retiró pronto a descansar y con las primeras claras del día y acompañado de un reducido séquito recorrió el litoral a caballo e inspeccionó de cerca los fuertes de la defensa. No le llevó demasiados días comprender las vulnerabilidades que presentaba la defensa militar de la plaza, y en su función de comandante de los Guardacostas escribió a don Zenón de Somodevilla, marqués de la Ensenada, que había sustituido a José Campillo como Secretario de Marina e Indias, explicando la necesidad de un mayor número de buques para asegurar el perímetro por mar. Conocedor de su experiencia en la defensa de plazas fuertes adquirida en Tolón y Orán y el buen trabajo que había hecho en Cádiz en la preparación de las murallas ante la eventualidad de un ataque por mar de los ingleses, el gobernador Fidalgo terminó delegando en él la supervisión y acondicionamiento de los baluartes de la defensa.

Prácticamente desde su llegada a Cartagena, cada atardecer, cuando la suave brisa y la caída del sol permitían a los hombres reponerse del agotador esfuerzo diario, los oficiales acostumbraban a reunirse en el patio de la casa del capitán de fragata Amaya, donde Amandita se acreditó como una extraordinaria anfitriona y cocinera. Conforme pasaban los días, la tertulia en el hogar de los Amaya fue ganando en asistentes hasta convertirse en uno de los referentes sociales más relevantes de la ciudad. El empuje de los beligerantes ingleses no tardaría en ponerlos a todos, incluida la bella esposa de Salvador Amaya, en la tesitura de tener que demostrar otras virtudes más determinantes y en la obligación de mostrar a Jorge II su sentido de la lealtad y amor a España, a su bandera y a su rey.

12. WESTMINSTER, LONDRES, NOVIEMBRE DE 1684

El grito de dolor de la señora Buck no se había desvanecido cuando fue reemplazado por el llanto agudo de un bebé. En la biblioteca, alumbrada por un par de quinqués de luz mortecina, James Vernon dejó de contemplar el repiqueteo de las gotas de lluvia en los cristales de las ventanas y dirigió la mirada al reloj de péndulo situado sobre la chimenea. En ese momento la puerta del dormitorio se abrió, dando paso a la rolliza señora Hozier, la comadrona local, que se acercó al dueño de la casa acunando en el pecho al recién nacido.

—Es un niño, señor Vernon —dijo exhibiendo una sonrisa bobalicona mientras le mostraba la enrojecida cara del bebé—. Y está sano —añadió intimidada por el semblante hosco del padre.

—Se llamará Edward —anunció pomposamente el señor Vernon—. Y será marino —completó volviendo la vista a la ventana, sobre la que la lluvia continuaba enviando gotas de agua del tamaño de garbanzos.

James Vernon había sido secretario de estado durante el reinado de Carlos II, pero cayó en desgracia en 1678 con la moción de censura a la que fue sometido su grupo en la Cámara de los Comunes, aunque pudo evitar la cárcel y dedicarse a sus florecientes negocios de importación, cosa que muchos atribuyeron a su matrimonio con Mary Buck, una joven rolliza y pecosa perteneciente a una familia adinerada y con notables influencias políticas. El matrimonio fue bendecido con cuatro hijos, dos varones y dos hembras. Edward, el último de todos, vino al mundo la lluviosa madrugada del 12 de noviembre de 1684.

Desde niño, Edward Vernon destacó en los estudios en el distinguido colegio de Westminster. Sus mentores le auguraban un brillante futuro político, pues atesoraba grandes dotes para la oratoria, y aunque la madre prefería un cargo en la iglesia anglicana, finalmente se impuso la voluntad de su padre, un marino frustrado, según aseguraba él mismo con cierta resignación, y desde los seis años Edward corría al Támesis en cuanto se presentaba la oportunidad de ver salir los grandes navíos que zarpaban a la defensa de Inglaterra cargados de cañones, soldados y marineros. En 1700, apenas cumplidos los 16 años, la Armada aceptó su solicitud de ingreso, embarcando como guardiamarina en el *Shrewsbury*, buque insignia del almirante Rooke, a cuyas órdenes tuvo su bautismo de fuego en el Mediterráneo, hundiendo dos galeras españolas para obligar al moribundo Carlos II a aceptar el Tratado de Londres, según el cual los territorios españoles en Italia pasarían a uno de los nietos del rey de Francia, mientras que el resto del vasto contingente español sería heredado por el segundo hijo del emperador Austro Húngaro, lo que significaría, de facto, el continuismo de los Austrias en el trono español, cosa que beneficiaba a Inglaterra en tanto perjudicaba a Francia, su principal enemigo del momento. La irrupción de Felipe V como aspirante Borbón al trono de España, postulado por Carlos II en su testamento, dio lugar a la Guerra de Sucesión española un año después. Para entonces Edward Vernon acababa de embarcar en el navío *Mary*, después de un período de seis meses en el *Ipswich*.

En el verano de 1704, cumplidos los 19, Vernon embarcó como alférez de navío a bordo del *Barfleur*, buque insignia del contralmirante Showell, con el que se presentó frente a Gibraltar el 1 de agosto formando parte de una flota anglo-holandesa compuesta por 61 buques, veinticinco mil marineros y nueve mil infantes al mando del almirante Rooke. La plaza, situada estratégicamente a caballo entre el Mediterráneo y el Atlántico, estaba defendida por un puñado de españoles que el gobernador Diego de Salinas distribuyó entre el muelle, la alcazaba y la Puerta de Tierra que comunicaba la ciudad con la parte firme del continente a través de un pequeño istmo.

Tras desembarcar cerca de tres mil soldados de infantería al otro lado de la Puerta de Tierra, Rooke hizo llegar a Salinas una oferta de paz, instándole a aceptar como rey al pretendiente austracista, cosa que el gobernador rechazó, por lo que menos de una hora después los cuatro mil cañones de la flota comenzaron a vomitar fuego sobre la ciudad, mientras una compañía de cien soldados catalanes a las órdenes del joven Vernon desembarcaba en una pequeña playa en el lado oriental de la roca, progresaba hacia la ciudad y tomaba el muelle sin apenas oposición, corriendo los defensores a refugiarse junto a sus familias en la ermita de la Virgen de Europa, donde quedaron retenidos prisioneros de Vernon al tiempo que el comodoro Byng entraba en la ciudad después de derribar la Puerta de Tierra. Al gobernador Salinas no le quedó otra opción que izar la bandera parlamentaria.

Entregada la plaza, Rooke permitió a las fuerzas militares españolas abandonarla con víveres para siete días y lo que pudieran cargar en sus caballos los oficiales y sobre los hombros los soldados. De esta forma, cuando la Puerta de Tierra volvió a cerrarse los ingleses se habían hecho dueños de una ciudad en la que apenas quedaban unos pocos españoles heridos o moribundos. Con los grandes navíos fondeados en la bahía, Rooke comenzó de inmediato a reforzar las defensas y a dotarlas de artillería más moderna que los viejos cañones españoles que tan mal la habían defendido del ataque inglés. Estaba seguro de que el rey de España no se quedaría de brazos cruzados y trataría de recuperar la plaza. Fue entonces cuando le llegaron noticias de que una flota combinada hispano-francesa se alistaba en Tolón y estaba prácticamente lista para salir a combatir. Rooke sabía que la flota enemiga tendría unas características parecidas a la suya que se guarecía en Gibraltar, y que sería un suicidio esperar la llegada del enemigo inmovilizado en una rada que a pesar del refuerzo recibido seguía insuficientemente defendida para repeler el ataque de una flota naval de cierta consistencia. Consecuentemente, el almirante inglés cursó órdenes a sus comandantes para levantar el fondeo y salir a buscar a los buques del conde de Toulouse en mar abierto.

El encuentro se produjo frente a las costas de la localidad andaluza de Vélez-Málaga. Vernon seguía embarcado en el *Barfleur*, y por mor de la disposición táctica del combate le tocó enfrentarse con los navíos proeles de la formación franco-española. El joven oficial fue felicitado por sus jefes por la bravura e inteligencia demostrada en combate. Los cañones a sus órdenes resultaron muy eficaces y en palabras del propio Showell, sus disparos a roza cubiertas barrieron la madera de los navíos enemigos y debieron romper muchos huesos, entre otros en el navío *Foudroyant*, buque insignia de Luis Alejandro de Borbón, conde de Toulouse, comandante en jefe de la escuadra enemiga, donde a Lezo le fue amputada la pierna izquierda por debajo de la rodilla como consecuencia de un cañonazo.

Además de recoger sus laureles, Edward Vernon fue consciente de la otra cara de los combates navales: las bajas propias producidas por la artillería enemiga y el sobrecogimiento que la sangre, los gritos de dolor, el olor a pólvora y los miembros amputados de los cuerpos llegaban a producir en el ánimo de algunos oficiales, muchos de los cuales resultaron tan impresionados que quedaron atenazados por el miedo, por lo que al impacto emocional producido por la violencia de la guerra en el mar, al combate de Vélez-Málaga siguieron no pocos consejos de guerra alguno de los cuales se despacharon con penas de muerte.

Y sin que ninguno de los dos llegara a ser consciente del encuentro, fue la primera vez que Vernon y Lezo se enfrentaron en un combate, aunque no fue la última, pues volvieron a encontrarse en el asedio de Barcelona, en 1706, cuando el joven inglés servía a bordo del *Britannia* y el vasco burlaba una y otra vez el bloqueo de los grandes navíos ingleses dando órdenes desde el puente de la pinaza *Renard*, y un año después, en Tolón, cuando Lezo defendía el castillo de Santa Catalina y Vernon lo hostigaba como comandante de la fragata *Rye*, defensa en la que el oficial vasco perdió el ojo izquierdo.

Terminada la Guerra de Sucesión española, Vernon fue destinado a la flota del Báltico, donde acuñó el sobrenombre de *Old Grog,* mote que le vino impuesto por sus propios marineros debido a la capa impermeable que solía vestir en aquellas latitudes tan lluviosas y que estaba confeccionada con un material áspero y rígido, mezcla de seda y lana, conocido con el nombre de *grogram.* Años después, cuando ya como almirante se le ocurrió rebajar la ración de ron de la marinería con agua, azúcar, lima y canela, a la bebida resultante se le puso el nombre de *grog* en su honor. Mientras tanto, los españoles, que seguían fieles a su reglamentaria ración de brandy, se mofaban del decaimiento de los marineros ingleses, acusándoles de que la bebida a la que no habían tenido otro remedio que acostumbrarse y que tomaban fría o caliente según los mares que navegaban, terminaba por dejarles *groguis.*

En 1720, recién cumplidos los 36, Edward Vernon fue ascendido a comodoro y enviado a Jamaica, isla localizada en el corazón del Caribe desde la que el marino londinense organizó frecuentes ataques a las flotas españolas. Aconsejado por su padre, que consideraba que había demasiados oficiales británicos aspirantes a los puestos relevantes del almirantazgo, y que antes que combatiendo sobre las cubiertas de madera coronadas por la *Union Jack,* se podían acumular mayores méritos en la *City,* Edward Vernon regresó a Londres al mando del navío de 60 cañones *Mary,* que conocía bien por haber sido el buque en el que se encontraba embarcado cuando estalló la Guerra de Sucesión española.

En aquellos momentos Robert Walpole era el hombre fuerte de Whitehall y los tories buscaban el modo de socavar su autoridad. El recién nombrado primer ministro whig se mostraba partidario de respetar la paz con España, pero lógicamente no había tenido contacto directo con la realidad de lo que sucedía en el Caribe, fuente principal del abastecimiento de materias primas de Inglaterra, por lo que James Vernon pensó que su hijo, que no había perdido un ápice de la elocuencia que sus rectores en Westminster habían adivinado en él, podría hacer una buena carrera política en los tories sustentada en su experiencia en Jamaica. Eso y un buen matrimonio podrían llevarle en volandas al Almirantazgo, incluso como Primer Lord de tan importante institución.

De regreso a Londres a bordo del *Mary*, Edward daba vueltas en su cabeza a la idea de su padre cuando el vigía anunció desde la cofa la aparición de unas velas en el horizonte. Una hora después parecía claro que podía tratarse de un barco español que intentaba escapar. Vernon, a quien sus jefes siempre habían aconsejado que no actuara con la precipitación que solía dictarle su fuerte carácter, vio en ese buque la posibilidad de regresar a Londres avalado por una victoria en la mar, y sin dudarlo se lanzó en su persecución; después de todo, aunque no tenía certeza de su nacionalidad, el hecho de que tratara de huir le pareció razón suficiente para disparar sobre aquel buque tan pronto entró en el radio de acción de sus cañones.

El capitán de mar Antonio Serrano, comandante del navío *Catalán*, de 66 cañones, navegaba tranquilamente en demanda del puerto de La Habana, donde esperaba unirse a la Flota de Galeones, cuando fue avisado de la aparición de un buque en el horizonte. El encuentro de unidades solitarias en alta mar no era demasiado frecuente, pues lo normal era que los grandes navíos navegasen agrupados en convoyes, sin embargo sucedía que en alguna ocasión se veían obligados a hacerlo en solitario, sobre todo en misiones de aviso o para incorporarse a alguna escuadra, como era el caso del *Catalán*, siendo costumbre en tales circunstancias evitar acercarse a otras unidades como forma de eludir el inicio de un conflicto que no estuviera en las órdenes. Con ese motivo, Serrano ordenó apartarse de la derrota del buque que se aproximaba por la proa en dirección a la Europa que él dejaba por la popa, pero su sorpresa cuando vio que aquel buque, al que aún no se le adivinaba pabellón, maniobraba para cortar su derrota se hizo mayúscula cuando el estampido de un cañonazo levantó altas columnas de agua por su través de babor, al tiempo que el misterioso navío izaba la bandera británica.

Antonio Serrano estaba hecho un mar de confusión. Desde la última paz firmada en febrero de ese mismo año no estaba al tanto de que se hubiese declarado la guerra con

Inglaterra, pero las relaciones entre ambos países eran bastante inestables y ya hacía un mes que su renqueante navío había zarpado de Cádiz. En cualquier caso, los disparos ingleses que se habían quedado cortos suponían un acto hostil diáfano y sabiendo que su *Catalán* no era un prodigio de velocidad no era ajeno a que si se limitaba a mantener el rumbo de alejamiento, antes o después aquel perro lo alcanzaría y lo pondría a tiro de sus cañones.

—Vienen buscando guerra, señor —se escuchó el marcado acento gallego del contramaestre Rogelio Bandín.

—Están recargando las baterías —levantó la voz Serrano contemplando el navío inglés a través de su catalejo.

—Estamos listos para devolver el fuego en cuanto lo ordene, señor —bramó el condestable Donato Diez con toda la potencia de su voz.

Serrano permaneció pensativo. Si los ingleses estaban recargando era porque pensaban volver a disparar y su rumbo de huida no le llevaba a ninguna parte. Por otra parte, como cada vez que se divisaban velas en el horizonte, sus hombres y sus cañones permanecían en situación de zafarrancho de combate, prestos a devolver el fuego a la orden de su comandante.

—Yo combatí con Lezo en el mar del Norte, señor. Esos perros sólo le temen al abordaje.

La voz firme del teniente de navío Andrés Breijo hizo que todos los ojos se volvieran en la dirección desde la que había escupido su desprecio.

Serrano se dio cuenta de que estaban perdiendo un tiempo precioso y su orden de virar coincidió con un nuevo estampido de los cañones ingleses, que volvieron a errar el tiro, en esta ocasión por largo.

Mientras los ingleses, sorprendidos por el nuevo rumbo del *Catalán*, volvían a cargar las bocas de sus cañones, Antonio Serrano comenzó a vomitar órdenes por la suya.

—Preparados para hacer fuego. Mantened el rumbo. Compañía de abordaje, a sus puestos. El personal de cubierta que se mantenga con la barriga pegada a la cubierta hasta que se produzca la andanada.

El disparo simultáneo de una docena de cañones ingleses produjo en el *Catalán* menos daños de los esperados, aunque segó algunas vidas y mutiló varios cuerpos. La visión de los miembros destrozados y la sangre esparcida por cubierta dejó a muchos de sus tripulantes atenazados por el miedo, momento en que Serrano volvió a arengar a los suyos al combate, hasta que su voz se vio interrumpida por el grito atronador de Donato Diez.

—Los tenemos a tiro, señor. ¡Listos para disparar!

—¡Fuegooooo!

La voz de Serrano recorrió la eslora del barco como si fuera el primero de los cañonazos por venir, e inmediatamente a continuación tronaron las baterías del *Catalán*, dejando las cubiertas del navío español impregnadas por el acre aroma de la pólvora.

—Señor —murmuró Andrés Breijo con el ojo clavado en el catalejo—. Ha sido una buena andanada. Creo que...

—Termine por Dios. ¿Qué es lo que cree? —Se escuchó la voz de Serrano que trataba infructuosamente de mirar por el suyo con los ojos inundados por las lágrimas debidas a la nube de pólvora.

—¡Les hemos destrozado el timón!

El grito de Rogelio Bandín puso eco a las palabras de Breijo.

Efectivamente, disipada la nube pudo verse la popa del navío inglés muy dañada, además del palo trinquete quebrado y vencido sobre la cubierta. A bordo, sus marineros bastante tenían con intentar moverse entre la maraña de cabos, astilla y cables caídos sobre la cubierta principal.

Viendo a su enemigo incapaz de gobernar debido a la falta de timón, Serrano maniobró con el *Catalán* para aproximarse al navío inglés por su proa, ya que por esa parte del buque el único fuego que podía recibirse era de mosquete. La colisión entre ambos navíos parecía inminente, pero un golpe de timón del *Catalán* en el último momento hizo que el navío español desfilase a poca distancia del inglés por su lado más desguarnecido, enviándole al pasar una segunda andanada con la artillería gruesa que agravó considerablemente su situación.

Los daños causados al *Mary* fueron cuantiosos y graves, y a pique estuvo Antonio Serrano de revolverse para rematar al enemigo herido, pero después de meditarlo le pareció una medida indigna para con un barco que tenía limitada su capacidad de maniobra al único rumbo que le daba el viento después de haberle privado del timón con sus cañones. Además, seguía sin tener certeza de que hubiera declaración de guerra contra los ingleses después de que en febrero de ese mismo año el rey Felipe V firmase el Tratado de la Haya que ponía fin a la guerra contra la Cuádruple Alianza. Tras meditarlo unos instantes decidió continuar al rumbo que llevaba cuando se produjo el ataque, pasando a preocuparse por los hombres heridos en la refriega.

Vernon reparó sus averías en la mar y prosiguió viaje a Porstmouth, donde no tuvo más remedio que informar del encuentro con los españoles, aunque mintió al señalar que habían sido estos los primeros en disparar. En cualquier caso, en esos momentos el Almirantazgo no deseaba provocar ningún tipo de guerra con los españoles y al fin y al cabo Edward Vernon se había reincorporado a la metrópoli con idea de comenzar su carrera política en los tories. Entre 1722 y 1728, sin renunciar a sus funciones parlamentarias en las que destacó por avivar el discurso belicista contra España, Vernon embarcó esporádicamente en diversos buques de su graciosa majestad con idea de no perder el contacto con la mar, cumpliendo distintas misiones en el mar Báltico. En 1728 volvió a ser elegido diputado y un año después, recién cumplidos los 45, contrajo matrimonio con Sarah Best, con quien tuvo tres hijos.

En su intento de promover la guerra con España, Edward Vernon encontró dos sólidos aliados: La Compañía Británica de las Indias Orientales, que se frotaba las manos ante la idea del monopolio del comercio en el Caribe, y la tendencia de la opinión pública, convenientemente sesgada por el grupo opositor al gobierno y el gremio de comerciantes de la *City*, que demandaba una mayor importación de materias primas para poder satisfacer el elevado nivel de consumo de los británicos. Contra su locuacidad y la presión que ejercía Vernon en el parlamento junto a sus poderosos aliados, los argumentos del primer ministro Walpole comenzaban a presentar grietas preocupantes y su política de mantener la paz con España empezó a ser cuestionada dentro de sus propias filas. En realidad, Robert Walpole tenía sólidas razones para oponerse a declarar la guerra a Felipe V, que volvía a reinar en España tras el efímero paso por el trono de su hijo Luis I, muerto de viruela escasamente siete meses después de ser coronado.

Walpole estaba impresionado por la exhibición militar de los españoles en Orán, donde habían movilizado 30.000 hombres y más de 500 buques entre navíos, fragatas, galeras, galeotas, bergantines, jabeques, lanchas cañoneras y unidades de transporte. Cuatro días les bastaron para obligar a huir a los turcos, musulmanes y jenízaros de una plaza fuerte que muchos tenían por inexpugnable, aunque un mensaje tan rotundo parecía haber pasado desapercibido al grupo opositor, que había encontrado en Vernon el detonante necesario para prender una situación disparatada que apuntaba en la dirección del desastre para cualquiera que fuera conocedor del estado real del tesoro y de la Marina. Sin embargo, sus argumentos conciliadores eran tildados de timoratos por el propio Vernon, que arengaba a la cámara con promesas como la de que él mismo se veía capaz de tomar Portobelo con sólo media docena de barcos y que con una flota mayor caerían La Habana y Cartagena de Indias, considerada esta última el bastión más importante, la llave del imperio español.

Fue entonces cuando un astuto compañero de las filas tories susurró en los oídos de Vernon que quizás era el momento de volver a traer al parlamento a Robert Jenkins, cuyo enfrentamiento en la mar con un capitán español saldado con el corte de su oreja y una amenaza directa al rey ocurridos ocho años atrás parecían haber caído en el olvido. Walpole estaba en una encrucijada. Sabía que no podría demorar la guerra mucho tiempo y tras reflexionar profundamente se decidió por lo que consideró una jugada maestra: ceder ante Vernon y declarar la guerra a España, pero antes nombró al marino londinense Comandante en Jefe de las Fuerzas Navales Británicas en las Indias Orientales, de ese modo, si Vernon salía derrotado, el astuto Walpole conseguiría quitarse de en medio un incómodo enemigo político. Y siempre podría atribuirse la victoria si esta llegaba a producirse.

Por su parte, Edward Vernon se volvió loco de alegría, al fin veía cumplido su sueño de enfrentarse a los españoles para arrancarles lo más preciado que tenían. Y su alegría alcanzó los límites del paroxismo cuando supo que el rey reuniría para él la más grande flota de combate que jamás habían visto los mares.

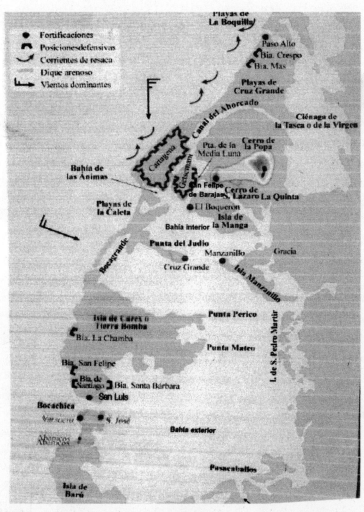

Mapa de la ciudad de Cartagena de Indias y sus fortificaciones (Gentileza de Pablo Victoria, autor de «El día que España derrotó a Inglaterra». Editorial EDAF)

14. CARTAGENA DE INDIAS, NUEVA GRANADA, 1739

Como cada mañana, antes de que despuntara el sol el palafrenero esperaba en la puerta de la calle Postas número 17 la salida de su señor, aunque, a diferencia de lo habitual, en aquella ocasión no estaba solo.

Blas de Lezo no tardó en aparecer. El almirante era consciente de que en cuanto el sol se alzara dos palmos sobre el horizonte el calor comenzaría a hacerse asfixiante, por lo que a pesar del fresco del amanecer vestía únicamente un pantalón de cuero, un jubón de lona y botas de caña, con el único complemento de una pistola enfundada en su canana en el costado derecho para, en caso de necesidad, poder sacarla con la mano izquierda, única de las dos habilitada para sostener su peso.

—Buenos días almirante.

El que saludaba era un hombre de buena planta y vestido de uniforme que surgió de entre las sombras, haciéndose cargo de las bridas del caballo que sostenía el criado de Lezo.

—¡Alderete, vos aquí ! —exclamó el almirante sin disimular su sorpresa.

—Sí, excelencia. Me envía el gobernador.

—¿Y qué es lo que necesita el coronel Fidalgo de mí a tan temprana hora?

—Me ha ordenado que me constituya en su asistente a partir de la fecha para cuanto necesite en Cartagena.

—Pero hombre de Dios —gruñó Lezo—. Puedo servirme solo. No necesito ningún asistente.

—Me ponéis en un compromiso, señor.

—Explicaos.

—El gobernador me ha advertido que no aceptará un no por respuesta. Señor, el coronel Fidalgo es mi jefe y con todos los respetos, es a él a quien debo obediencia. Si pensáis rechazar mis servicios os ruego que os pongáis de acuerdo con él. De otro modo sería yo el perjudicado.

El almirante permaneció pensativo. Al capitán no le faltaba razón. Las ordenanzas contemplaban la obediencia leal al jefe inmediato como el primero y principal de los mandamientos militares. Lezo aspiró profundamente y sintió el aire fresco de la mañana inundar sus pulmones.

—De acuerdo. ¿Podéis decirme al menos en qué consistirá esa asistencia vuestra?

—Mis órdenes son serviros de apoyo en cuanto necesitéis fuera de esas cuatro paredes —respondió Lorenzo Alderete señalando la casa.

Blas de Lezo era un nombre de carácter y pensó permanecer fiel a su rechazo inicial, pero tenía prisa y decidió postergar el asunto para discutirlo más tarde con el gobernador.

—Está bien, Alderete. No sé si le habrán hablado de mis costumbres, pero lo primero que hago cada mañana es acudir a la capilla de la Vera Cruz a escuchar la misa del padre Felipe. ¿Observáis costumbres pías?

—Al igual que vos soy caballero de la orden. Conozco al padre Felipe de antiguo. Os acompañaré de buen grado si me lo permitís.

Con sorprendente agilidad, Blas de Lezo montó su soberbio palomino y echó a trotar por las calles de la ciudad. A pocos pasos, Lorenzo Alderete le seguía a lomos de una yegua zaina de lomo castaño que blanqueaba en el hocico, crines y remos. Al atravesar la estrecha calle de Tumbamuertos el ruido de los cascos de los animales golpeando los adoquines provocó el ladrido de unos perros y la queja de algún vecino. Al llegar a la plaza de San Francisco, Lezo desmontó de su caballo con la misma agilidad con que lo había montado y el capitán Alderete imitó su ejemplo.

En la iglesia franciscana que daba nombre a la plaza reinaba la oscuridad, quebrada únicamente por la lánguida luz de los cirios que iluminaban una de las capillas laterales, donde un sacerdote permanecía de rodillas frente al sagrario con la única compañía de una vieja que oraba ante una pequeña cruz de madera que se levantaba sobre el tabernáculo. El eco de la pata de madera del almirante al atravesar el atrio de la iglesia despertó de su letargo al clérigo, que se incorporó y recibió con una sonrisa la llegada de la pareja.

—Buenos días, almirante, bienvenido a esta vuestra casa.

Luego, mientras dejaba que Blas de Lezo se llevase a los labios la pequeña cruz de madera que pendía del extremo del rosario que adornaba su hábito, el padre Felipe saludó a su acompañante.

—Buenos días, capitán Alderete, me alegro de teneros también por aquí.

Sin más protocolo el sacerdote desapareció tras una puerta lateral, volviendo a aparecer al cabo de los minutos con la vestimenta propia del acto litúrgico que se disponía a celebrar.

Al salir de la iglesia de San Francisco el día empezaba a clarear y los primeros tenderetes a levantarse en la plaza. Protegidos del sol que pronto apretaría con fuerza, los vendedores preparabas sus puestos bajo los soportales de la plaza y el intenso color de los limones, bananos, granadas y maracuyás rivalizaba con el de las hortalizas, entre las que destacaban las judías y las acelgas recién recogidas, además de guindillas, pimientos, frijoles y ajíes. Desde sus jaulas, el cacareo incesante de las gallinas inundaba el ambiente en el que flotaba suspendido el intenso aroma de las especias con las que las mujeres preparaban la carne molida. En la fuente que ocupaba el centro de la plaza, adornada con los arabescos de cuatro delfines de mármol blanco, unas matronas chismorreaban ante los cuatro caños con sus cántaros de barro a la cadera.

Tras dejar atrás sucesivamente la plaza de San Francisco, el palacio del marqués de San Gabriel, la escuela Nueva y la cárcel de Pan de Dios, a la vista de la Puerta del Reloj, Lezo invitó a Alderete a cabalgar a su altura. Había meditado durante la misa y consideraba que la ayuda del capitán podría resultarle más útil de lo que en un principio había imaginado, pues no sería la primera vez que al regresar a casa tenía que poner en orden y por escrito los pensamientos que le habían asaltado a lo largo de las agotadoras jornadas cartageneras.

—¿Tenéis con qué escribir?

—Sí, almirante. Podréis dictarme lo que preciséis. En las alforjas traigo cuanto pueda resultar necesario.

—Está bien —replicó Lezo rehuyendo su mirada—, pero sólo será por hoy. Esta tarde hablaré con el gobernador y él os emplazará a vuestros quehaceres habituales. Insisto en que no necesito ningún asistente.

En silencio, pero permitiendo al capitán Alderete cabalgar a su lado, Lezo trotó hacia la Puerta del Reloj para atravesar el puente de San Anastasio en dirección al arrabal de Getsemaní.

El almirante llevaba más de un año repitiendo incansable el mismo recorrido. Desde los primeros días de inspección se había hecho una idea del tipo de defensa que pensaba oponer a los ingleses si estos terminaban presentándose frente a Cartagena, e incluso había escrito a España solicitando una escuadra de refuerzo y una larga cantidad de pertrechos y útiles para la defensa, y mientras llegaba la respuesta dedicaba los días y las noches a estudiar a su más que probable enemigo.

—Alderete —susurró Lezo repentinamente—. ¿Qué consideráis prioritario la táctica o la estrategia?

El capitán se sintió fortalecido al ver que Lezo recababa su opinión en un asunto capital y espoleó su montura para acercarla a la del almirante, mientras que, por otra parte, sus sentidos se dispararon como las orejas de un podenco al olisquear una presa. La cuestión era tan simple que no podía por menos que esconder alguna trampa, de modo que repasó su respuesta antes de emitirla con un suspiro de resignación.

—Puesto que una contiene a la otra, considero que la estrategia está por encima de la táctica.

—Ajá —Lezo se limitó a murmurar unas palabras ininteligibles sin desviar la mirada de entre las orejas de su montura.

»En ese caso, si finalmente los ingleses se decidieran a atacar, ¿quién consideráis que debe decidir nuestra estrategia a seguir y quién la táctica?

—Almirante, no tengo dudas de que el despliegue táctico de las fuerzas de la plaza será responsabilidad vuestra. En cuanto a la estrategia, imagino que tendréis órdenes del ministro de la Guerra o quién sabe si del mismo rey.

—Está bien. Acepto vuestra respuesta. Ahora bien, si su majestad el rey nos señalara la estrategia y yo como comandante de la plaza decidiera la táctica correspondiente, decidme, ¿dónde queda la logística?

Alderete sonrió entre dientes. Al fin veía asomar la trampa que esperaba.

—Almirante, ambos sabemos que sin logística no hay táctica ni estrategia posibles. De nada sirven las directrices impuestas desde España ni el dispositivo militar que vos pretendáis poner en liza si no tenemos suficientes balas de cañón ni alimentos para la tropa.

—Exacto, esa es la cuestión —al fin Lezo miró a los ojos de su compañero de cabalgada.

»Si la corte define la estrategia y yo reclamo una serie de necesidades para echar a rodar mi táctica y resulta que nadie atiende mis peticiones, ¿de quién será la responsabilidad en el campo de batalla?

Alderete se mantuvo en silencio. Si se producía la derrota, con independencia de la llegada o no de los bastimentos solicitados por el almirante, estaba claro que la responsabilidad sería suya y nadie en la corte se ofrecería para compartir una mínima parte de ella.

—Juego de tronos, en definitiva.

—¿Disculpad?

—No os preocupéis Alderete, pensaba en voz alta.

»Mis primeros pasos en un buque de guerra, los primeros combates y heridas las recibí a bordo de unidades francesas, y lo mismo podría decirse de la defensa de plazas fuertes. Fue en la fortaleza de Santa Catalina, en Tolón, donde perdí la visión del ojo. Después, no tuvieron que pasar muchos años para que los viejos compañeros con los que había batallado para defender a mi país se convirtieran en mis enemigos; y lo mismo podría decirse de los ingleses, enemigos en muchas ocasiones, pero amigos en otras. La metrópoli queda lejos y lo que sucede en Europa tarda semanas en saberse aquí. Somos meros peones, Alderete. Quién sabe si lo que ahora pensamos y planeamos servirá mañana.

—Almirante, dejadme deciros que son los ingleses los que deberían estar preocupados. No contamos con muchas fuerzas para defender Cartagena, y aunque desconozco el número de barcos que habrán de presentarse frente a la ciudad cuando llegue el momento, sé de sobra que estaremos en inferioridad en cuanto a soldados, cañones y unidades a flote. Sin embargo contamos con una ventaja. ¿Sabéis lo que comentan los soldados en las tabernas delante de una jarra de chirrinchi?

Sin esperar respuesta, Alderete remató su exposición.

—Hablan de vos como su más firme valor. Conocen cada uno de vuestros episodios frente a los ingleses. No saben de táctica, estrategia, logística ni de esos juegos de tronos que mencionáis, pero saben quién es su jefe y están dispuestos a seguiros aunque les pidáis que se tiren de lo alto de las murallas. Piensan, en definitiva, que Cartagena no podía estar mejor defendida.

Instintivamente, Lezo redujo el paso del caballo y bajó la mirada a tierra como si se sintiera turbado. En realidad, las palabras de Alderete no habían hecho sino añadir una razón más para redoblar sus ánimos. Traspasada la Puerta del Reloj y a punto de cruzar el puente que unía la ciudad con el barrio extramuros de Getsemaní, el almirante detuvo la montura y se giró para contemplar el muro defensivo que rodeaba la ciudad.

Cartagena no le preocupaba, y sabía que tampoco sería el objetivo inicial de los ingleses. Amurallada y bien parapetada, la ciudad de veinte mil almas resultaba inaccesible por mar y muy difícil de doblegar por tierra, aunque eso a los ingleses les daba igual. Sabían que rendidas las defensas de los fuertes que la rodeaban caería como fruta madura por la simple fórmula del desabastecimiento. Luego, uno tras otro, los distintos virreinatos irían cayendo rendidos a sus pies. Esa era la razón por la que acertadamente alguien había acuñado para la ciudad de Cartagena el atinado nombre de «la Llave del Imperio».

Fundada en 1533 por el madrileño Pedro de Heredia, Cartagena ya sabía lo que significaba ser conquistada. En 1697 el corsario francés Bernard Desjean, barón de Pointis, consiguió vencer la débil resistencia de los españoles para, una vez rendida, entregarla al saqueo de sus soldados que degollaron a los hombres y violaron a las mujeres antes de incendiarla.

Volviendo sobre sus pasos, Lezo contempló la amurallada ciudad desde los arrabales de Getsemaní, un conjunto de casas bajas concebido como lazareto en 1648 cuando una epidemia de peste diezmó la población, obligándose a desplazar a aquel barrio extramuros a todos los sospechosos de padecer la enfermedad. La idea no resultó buena en ningún sentido. Para empezar, no todos los que eran enviados al lazareto estaban enfermos, aunque una vez allí el contacto con la población apestada terminaba por infectarlos también, mientras que, por otra parte, dentro de la ciudad permanecieron muchos enfermos, unos porque no presentaban una sintomatología clara y otros porque tenían dinero y poder para sobornar a los funcionarios; unos y otros se convirtieron en focos de la epidemia que siguió creciendo dentro del recinto amurallado hasta condenar a una muerte horrible a la mitad de la población, mientras que los que estaban sanos y tenían intención de abandonar la ciudad tampoco podían hacerlo, ya que la única vía de escape era el puente de San Anastasio que la comunicaba con el barrio infestado de Getsemaní. Erradicada la peste y como forma de evitar nuevos brotes, se ordenó encalar las paredes del barrio hasta que con el paso de los años, una vez sabido que se trataba de una profilaxis inútil, los habitantes de Getsemaní decidieron repintar sus casas con colores vivos, aspecto que seguía manteniendo casi un siglo después. A la vista de aquel arco iris urbano y sabiendo lo proclive que era la zona a epidemias de tifus, fiebre amarilla y peste, el almirante pensó que aquellos organismos invisibles al ojo humano que ocasionaban las epidemias podrían servirle de ayuda.

Tras dejar atrás Getsemaní, los jinetes cabalgaron tres leguas en dirección a la salida del sol hasta alcanzar el cerro de San Lázaro que dominaba la isla de la Manga. Desde su posición podían ver los trabajos de fortificación en el baluarte de El Pastelillo, llamado también El Boquerón. Girando su montura, Lezo encaró otro fuerte que se alzaba imponente a su espalda en el cerro de San Lázaro: el castillo de San Felipe de Barajas.

—Pase lo que pase, será ahí donde se decidirá nuestra suerte —escuchó Alderete musitar al almirante.

Luego, encarando de nuevo la isla de la Manga y estudiando detenidamente el terreno, completó.

—Aunque será por aquí por donde subirán a combatirnos.

De norte a sur, había varios puntos diferentes de la costa susceptibles de ser elegidos por los ingleses para el desembarco final.

Al norte de la ciudad se encontraban las playas de la Boquilla. Por la finura de su arena y la dureza del terreno cuando se humedecía parecía el lugar ideal para un desembarco. Sin embargo, se trataba de una playa de escaso gradiente, por lo que los buques no podrían acercarse a tierra a apoyar el desembarco, el cual tendría que hacerse exclusivamente mediante botes y bateas, blancos fáciles para las cercanas baterías de Crespo y Mas, situadas al sur de Paso Alto, un caño de cierta profundidad por el que descargaba al mar la insalubre ciénaga de Tasca. Caso de que los ingleses consiguiesen desembarcar al norte de Paso Alto tendrían que vadear el delta a pecho descubierto y bajo el fuego de los españoles que gozaban de sólidas posiciones defensivas.

Desde Paso Alto las playas se extendían en dirección suroeste hasta convertirse en puro guijarro primero y sólida piedra después, coincidiendo con los pétreos muros defensivos que defendían la ciudad, inexpugnable desde la mar. Desde allí hacia el sur se sucedían las llamadas playas de la Caleta, las de la isla de Carex, llamada también Tierra Bomba, y finalmente la isla de Barú. A modo de frontera entre las playas existían un par de accesos a la bahía localizados al sur de la ciudad, el de Bocachica, entre Barú y la Tierra Bomba, que daba paso a la bahía exterior de Cartagena, y el de Bocagrande, que se abría entre esta última y las playas de la Caleta. El acceso por Bocagrande conducía a la llamada ensenada de Tierra Bomba, antesala de la bahía interior de Cartagena.

Blas de Lezo se sorprendió a sí mismo al oírse exponer en voz alta su plan de defensa de la ciudad. Llevaba cerca de dos años recorriendo los baluartes defensivos de Cartagena y era la primera vez que podía descargar sus pensamientos. La idea del gobernador de asignarle un asistente comenzaba a parecerle grata.

—Dando por hecho que los ingleses no desembarcarán en la Boquilla, la idea, capitán, es cerrar el acceso por Bocagrande mediante una escollera, de forma que los obliguemos a presentarse en Bocachica. En esta tesitura habría que reforzar las baterías de la Chamba, San Felipe y Santiago, en la Tierra Bomba, e incluso disimular cañones en la espesura de la isla donde menos los esperen. Estos cañones, lo mismo que los de cualquier otro baluarte, irán montados sobre planos inclinados de forma que aumentemos su alcance. Me consta que los ingleses gozan de cierta información sobre nuestras defensas, aunque si finalmente se atrevieran a venir a combatir encontrarían esa información algo anticuada y desajustada.

—¿Pensáis, señor, que podréis detener a los ingleses con la batería de la Chamba y unos pocos cañones distribuidos a lo largo de la Tierra Bomba?

—Naturalmente que no, Alderete. Mi intención es establecer una secuencia para la defensa articulada en tres anillos concéntricos y tratar de dilatar en lo posible la resistencia en cada uno de ellos en la esperanza de que el esfuerzo de guerra termine por minar la solidez atacante de los ingleses.

»Cegando la entrada de Bocagrande les obligaremos a presentarse en Bocachica. Los cañones escondidos en las tupidas playas de la Tierra Bomba tendrán cómo única misión mantenerlos alejados de la entrada a la bahía exterior el mayor tiempo posible. Durante esta primera parte del ataque reforzaremos en lo posible los baluartes alrededor de Bocachica, las baterías de San Felipe y Santiago por el norte y las de Varadero y Abanicos al sur. Estas baterías tendrán, así mismo, la función de dilatar la llegada de los navíos ingleses a Bocachica, pero soy consciente de que antes o después terminarán cediendo, momento en que sus guarniciones deberán replegarse a los fuertes colindantes de San Luis y San José, donde sus cañones se verán apoyados por los de nuestros buques situados a la entrada de Bocachica.

—Creo que voy entendiendo, almirante. ¿Pretendéis establecer una defensa radial con el castillo de San Felipe de Barajas como reducto final?

—Esa es la intención. Hasta llegar a este último punto, las defensas de Bocachica, antes de que los ingleses logren acceder a la bahía exterior, y las de los fuertes de San Juan de Manzanillo y Santa Cruz Grande, este último en la punta del Judío, antes de que consigan entrar en la interior, tendrán como misión retrasar en lo posible lo que por otra parte será prácticamente inevitable.

—¿Y después?

—Bueno, Alderete. Una vez que los ingleses accedieran a la bahía interior, la defensa que pudiera establecer el fuerte del Pastelillo sería prácticamente testimonial. Podría ser más efectiva si los ingleses quisieran llegar con sus barcos a la bahía de las Ánimas, en donde podrían desembarcar en Getsemaní como paso previo al derribo de las puertas de la ciudad, pero no es Cartagena lo que interesa al inglés, o al menos no será su objetivo inicial, por lo que al margen de la oposición que podamos ejercer en Manzanillo, atravesarán la isla de la Manga para lanzar el ataque final sobre el castillo de San Felipe. Rendido este último reducto, la caída de la ciudad quedaría supeditada al consiguiente bloqueo. Después se lanzarían a tumba abierta a por el imperio.

—Creo que ahora entiendo por qué decís que lo que tenga que ser se decidirá en San Felipe.

Pie a tierra, dibujando arabescos sobre el terreno con una pequeña rama, el almirante había explicado a Alderete durante dos horas por donde esperaba el ataque de los ingleses y las acciones consiguientes que tenía en mente para defender la ciudad. Pero le faltaban datos esenciales para terminar de planificar la defensa. ¿En qué época del año se produciría?, y sobre todo, ¿a cuántas naves y hombres tendrían que enfrentarse? Contemplando el fuerte del Pastelillo a sus pies y en la distancia, más allá de la Tierra Bomba, las defensas de Bocachica, donde llevaban meses preparando la primera embestida inglesa, Lezo seguía pensando en los muchos problemas que le acuciaban. ¿Llegaría algún tipo de ayuda desde España? ¿Aprovecharían los ingleses que prácticamente se habían desguarnecido las defensas de Portobelo en beneficio de las de Cartagena? Sin conocer aún a qué tipo de enemigo tendría que enfrentarse, los 2800 hombres con que contaba, incluyendo 600 indios flecheros, y las 2620 piezas de artillería distribuidas entre fuertes, baterías, baluartes y buques le seguían pareciendo insuficientes para enfrentarse a un contingente que seguramente quintuplicaría esos números.

—Almirante —la voz grave del capitán Alderete le rescató de sus elucubraciones—. Un jinete se acerca al galope.

Procedente de Cartagena, una montura se acercaba como alma que lleva el diablo, levantando sobre el camino una densa nube de polvo. Al llegar a su altura, el jinete desmontó y se dirigió a Lezo con voz solemne.

—Excelencia, el coronel Melchor de Navarrete solicita vuestra presencia en la plaza a la mayor brevedad.

—¿Ocurre algo, soldado?

—Se trata del gobernador Fidalgo. Ha fallecido esta noche mientras dormía. Aparentemente se le paró el corazón.

Seguido de Alderete, Lezo echó a galopar en dirección a la ciudad. Cuando llegó al palacio de la Gobernación, su buen amigo José Fidalgo era un cadáver frío amortajado sobre su propia cama.

15. PORTOBELO, NOVIEMBRE 1739

La muerte de José Fidalgo sumió a Lezo en una profunda tristeza, pero no cambió sus hábitos ni su dedicación diaria a la preparación de la defensa de Cartagena a pesar de la prolongada falta de noticias de los ingleses. Haciendo uso de las prerrogativas de su cargo y como oficial más antiguo en la plaza, a expensas de la pertinente ratificación por parte de la corona, el almirante nombró gobernador interino al coronel Melchor de Navarrete.

Más allá de tan fatídica circunstancia las cosas seguían igual en apariencia; los ingleses no daban señales de vida, a pesar de que *el Paisano*, un informante que la corona había conseguido incrustar en Jamaica, advertía de un notable y gradual incremento de las fuerzas militares en la isla. Mientras tanto, en España, el rey, aparentemente contagiado por la apatía de los ingleses, no parecía tener intención de socorrer Cartagena conforme a los refuerzos reclamados por Lezo. En esta tesitura no fue hasta finales del caluroso mes de agosto de 1739 cuando se encadenaron una serie de sucesos que acabaron con la tensa paz que se vivía en la ciudad.

La noticia llegó a bordo de un aviso procedente de Cádiz: con fecha 20 de agosto de 1739 Felipe V restablecía el virreinato del Nuevo Reino de Granada, que entre otros territorios pertenecientes hasta entonces al de Perú, incluía la ciudad de Cartagena de Indias. En realidad, el virreinato no era nuevo, pues ya se había establecido en 1718, aunque entonces sólo tuvo una duración de cinco años.

En la corte eran conscientes de las dificultades de gobernar desde Lima unos territorios tan vastos como lejanos, por lo que el rey restablecía el viejo virreinato de Nueva Granada amparado en las mismas circunstancias administrativas que le habían llevado a crearlo 21 años antes, aunque en su decreto de nueva creación incorporaba una adicional: la ruptura de hostilidades con Inglaterra, que se exponía como un hecho inminente. El decreto se cerraba con el nombramiento como primer virrey de don Sebastián de Eslava y Lazaga, con instrucciones expresas de la Corona de defender la colonia contra los ataques ingleses. Al leerlo Lezo sintió como si un titán le hubiera atizado un puñetazo en el estómago.

El teniente general Sebastián de Eslava era caballero de las órdenes de Santiago y Calatrava, condición que para muchos constituía uno de los mejores salvoconductos para medrar en la corte o en la milicia. Eso y su título de teniente de ayo de los hijos del rey le habían concedido no pocos destinos y ascensos que Lezo se había tenido que ganar con la espada y el cañón.

A pesar de las reticencias del almirante, Eslava era un buen soldado. Nacido en 1684 en la localidad navarra de Enériz, heredó la vocación militar de su padre, Gaspar de Eslava y Berrio, que ocupó cargos de responsabilidad como gobernador de Amalfi y de Casale, en los reinos de Nápoles y Sicilia respectivamente, y casó en segundas nupcias con Rafaela de Lazaga Eguiarreta y Paradis, matrimonio del que nacieron cinco hijos, el tercero de los cuales fue Sebastián.

Pronto tuvo ocasión de demostrar su valía como soldado, pues con sólo 17 años ya era alférez del Tercio de Navarra en el batallón del regimiento de guardias españolas con el que participó en la Guerra de Sucesión a favor de la causa de Felipe V, tomando parte en frentes tan activos como los de Salvatierra, Barcelona, Zaragoza, Extremadura y Portugal. Participó también en la infructuosa pelea con los británicos por la recuperación de Gibraltar, a las órdenes del marqués de Aytona, entre octubre de 1704 y abril de 1705.

En 1714 regresó a Barcelona para participar en el sitio de la ciudad, formando parte del ejército que la ocupó el 11 de septiembre de ese año. Terminada la Guerra de Sucesión, prosiguió su carrera militar y en 1715 fue ascendido a capitán, participando como tal en la conquista de Sicilia y distinguiéndose personalmente en la toma de Mesina. Su valor y arrojo ante el enemigo no pasaron desapercibidos a Patiño, que lo reclamó para el sitio de Ceuta, cuyo bloqueo por los marroquíes se prolongaba cerca de treinta años, participando en su liberación en abril de 1727 con el empleo de coronel. También estuvo en la toma de Orán, tras cuya victoriosa reconquista fue ascendido a brigadier, alcanzando en 1739 el empleo de mariscal de campo y teniente general. Para entonces Patiño hacía tres años que había fallecido, pero sirvieron en ambos nombramientos los informes emitidos a lo largo de la carrera del militar por el desaparecido Intendente de la Armada.

Lezo y Eslava se conocían de antiguo e incluso habían coincidido en algunos frentes de batalla. Como de otros muchos militares, de Eslava se decía que se había unido al Ejército como forma de llegar a la Marina, pues no siendo de nobleza probada, formarse en la academia de Barcelona y combatir en el Ejército era uno de los modos que utilizaban los jóvenes aspirantes a convertirse en oficiales de la Armada sin tener que pasar por el exigente y para la mayoría vetado Colegio de Guardiamarinas. Sin embargo, el oficial vasco consideraba que mientras él había consolidado su carrera peleando duramente contra los ingleses, la de Eslava se había visto empujada por sus oscuros nombramientos de caballero de dos de las principales órdenes militares, decidiendo finalmente hacer carrera en el Ejército cuyos empleos más altos había logrado después de que los hubiese alcanzado él en la Marina, por lo que, siendo más antiguo, no consideraba justo que el rey dispusiera para él una jerarquía militar superior en Cartagena, situación, en cualquier caso, que no le quedaba más remedio que aceptar, entre otras cosas porque tenía otras preocupaciones más acuciantes, máxime cuando en el siguiente aviso llegado de España recibió un sobre lacrado remitido por secretario de Guerra en el que, además del nombramiento de Eslava, de cuya fecha de llegada a la ciudad no daba noticias, le comunicaba la declaración oficial de guerra de los ingleses fechada en el 19 de octubre de 1739, casi un mes atrás.

Uno de los temores de Lezo una vez se declarara la guerra con los ingleses era que el pánico se apoderara de la ciudad y produjera la estampida tierra adentro de los atemorizados cartageneros. Para el almirante vasco la ciudad era el sitio más seguro contra los ingleses en esos momentos, entre otras cosas porque estaba seguro de que los británicos no se producirían con violencia contra ella, sin embargo le parecía un error mayúsculo buscar refugio en la selva, primero porque lo insalubre de ésta hacía de ella un lugar más peligroso que la propia urbe, y segundo porque si los ingleses atacaban y conquistaban la plaza, a continuación se proyectarían hacia el sur hasta la conquista completa del Imperio español. Debido a los temores de que el pánico se apoderara de sus compatriotas, Lezo prefirió ocultar la declaración de guerra hasta encontrar el momento oportuno para darla a conocer, sin embargo la noticia tenía más de un mes de vida y lo que el almirante ignoraba era que en aquellos momentos Edward Vernon se dirigía a toda vela a la conquista de Portobelo con una escuadra compuesta por seis navíos.

En realidad Lezo ni siquiera sabía que Jorge II había enviado dos escuadras diferentes para comenzar a mordisquear el sabroso pastel colonial español por dos lugares distintos, y mientras el comodoro George Anson marchaba con una pequeña flota a hostigar las posesiones españoles en Perú, Vernon acababa de ser rechazado en La Habana y La Guaira y navegaba a toda vela rumbo a Portobelo para intentar obtener la primera de las victorias que había prometido al pueblo inglés. La idea de la maniobra era que Anson, que navegaba veloz en demanda del cabo de Hornos, apoyara desde el Pacífico las acciones de Edward Vernon en el teatro de operaciones principal en el Caribe, con el objetivo de cerrar la comunicación entre los territorios españoles en uno y otro mar.

En aplicación de la política de ocupar primero y preguntar después, la bandera británica ondeaba ya en los territorios de Belice, Costa de los Mosquitos, Jamaica y en las islas Caimán, Trinidad y Tobago. A pocas millas de Portobelo, el vicealmirante Edward Vernon sentía correr la sangre a borbotones viendo flamear la *Union Jack* en el pico del trinquete del *Septentrion*. Si conseguía rendir Portobelo y después caían Cartagena y La Habana, la bandera que ahora ondeaba en lo alto del palo mayor de su buque insignia lo haría en todo el Caribe y su nombre quedaría grabado para siempre en los libros de historia.

A pesar del tiempo trascurrido desde la fecha de su firma, la noticia de la declaración de guerra de los ingleses acababa de ser conocida en Portobelo, y el gobernador de la ciudad, Francisco Javier de la Vega, estaba seguro de que el ataque no se haría esperar. Si a Cartagena no habían llegado refuerzos desde España, a Portobelo le habían quitado una buena parte de su guarnición y el único buque de que disponía había partido dos semanas atrás con trescientos hombres para reforzar Cartagena. Ninguno de los tres fuertes que defendían la ciudad tenía el armamento adecuado, los cañones estaban anticuados y la única defensa portuaria que podía impedir el acceso de los ingleses al puerto eran dos viejos guardacostas. En esas circunstancias, cuando Vernon se presentó en Portobelo el 21 de noviembre de 1739, le llevó apenas dos horas tomar la ciudad y hacer prisioneros a sus cerca de doscientos defensores, incluido su gobernador, que prefirió entregar la ciudad antes que morir por ella. En cualquier caso, a Vernon le enfureció mucho no encontrar los 12 millones de pesos que según sus espías debían haber llegado a Portobello procedentes de Panamá, pues, consciente de su fragilidad, Francisco Javier de la Vega había dado orden de que el dinero fuera devuelto a Perú. Fuera de sí, el almirante británico ordenó arrasar la ciudad, destruyendo sistemáticamente todas sus defensas, demoliendo los fuertes y arrojando al mar los cañones, trabajo en el que empleó cerca de dos meses después de los cuales regresó a Jamaica para dar noticia de su victoria. El viejo terminal donde los galeones habían recogido durante siglos la plata del Potosí había desaparecido, lo mismo que su famoso muelle donde solían celebrarse las ferias más largas del imperio español. En cuanto a los prisioneros, el primer impulso de Vernon fue arrojarlos al mar, pero después de recapacitar pensó que podían servirle de ariete para derribar las puertas del objetivo que verdaderamente ocupaba su mente.

La noticia de la toma de Portobelo por Vernon llenó de éxtasis a los ingleses. En Londres la fiesta se prolongó durante días, y al cabo de una semana los 80 cañones de hierro tomados a los españoles se habían multiplicado mágicamente por diez, lo mismo que el número de prisioneros. Los mercaderes se frotaban las manos imaginado sus ganancias cuando las victorias del nuevo ídolo nacional se trasladaran a otros lugares donde los españoles atesoraban mayores riquezas. Desde un punto de vista estratégico se trataba de una victoria importante que cerraba al rey Felipe V el grifo de la plata, pero en el orden táctico la batalla encontraba serias dificultades para ser considerada como tal, a pesar de lo cual la ceca de Londres acuñó una serie de monedas con la leyenda *«el que con solo seis barcos tomó Portobelo...»*. Siendo cierto que los ingleses habían vencido, celebraron la pírrica victoria como la primera de otras muchas que en realidad aún no se habían producido. Pero Vernon les había prometido mucho y los súbditos ingleses estaban tan ávidos de buenas noticias relacionadas con el Caribe que prefirieron no detenerse a analizar el verdadero valor de la toma de un pequeño puesto militar como Portobelo. En una cena celebrada en Londres en honor al héroe del momento se cantó por primera vez el *«God save the King»* y se escribieron las estrofas de lo que habría de devenir en el principal himno naval de los ingleses: *«Britannia rules the waves...»*[8]. En honor del vicealmirante victorioso se inauguró una calle en Londres con el nombre de Portobello Road, donde a partir de aquel día se comenzó a comerciar con todo tipo de artículos traídos de ultramar.

Vernon pensaba que a medio mundo de distancia podía engañar a los ingleses sobre lo que realmente estaba pasando en el Caribe, pero en su fuero interno sabía que el trabajo importante estaba por hacerse, a pesar de lo cual y empujado por el fuerte orgullo que le producía saber que el rey de

---

8   Respectivamente «Dios salve al rey» e «Inglaterra gobierna los mares...»

Inglaterra brindaba con los miembros del parlamento por sus éxitos, en un arranque de excitación envió una carta a Blas de Lezo retando al marino vasco a un encuentro directo.

«... a pesar de no merecerlo, he tratado bien a los prisioneros españoles, merced a que en realidad nunca tuvieron ánimo de combatirme. A vos pronto os ofreceré un trato idéntico si aceptáis rendiros a mi rey con vuestra pequeña tropa»

La insultante carta de Vernon no tardó en recibir respuesta de la pluma de Lezo:

«... Si hubiera estado yo en Portobelo, no hubiera vuesa merced insultado impunemente las plazas del rey mi señor, pues el ánimo que les faltó a los de Portobelo me habría sobrado a mí para contener tanta cobardía...»

Lezo era consciente de la superioridad de los ingleses y de que en el combate directo llevaba las de perder, por eso había estudiado a su enemigo buscando en su personalidad los factores que pudieran brindarle alguna ventaja inesperada, y creía haberlos encontrado en su egocentrismo y carácter apasionado, rasgos que bien explotados podían conducirle a dar un paso en falso. En sus paseos por los baluartes defensivos de Cartagena, Lezo imaginaba a Vernon enfermo de bilis al releer una y mil veces la provocativa epístola que le acababa de hacer llegar.

A pesar del estado de guerra, que Lezo se encargó finalmente de hacer público en la ciudad, lo mismo que el ataque sufrido por Portobelo, pero sin noticias de los ingleses, la Navidad se vivió en Cartagena en un clima de tranquilidad envuelta en un halo de recelo. Durante un tiempo el almirante barajó la posibilidad de hacer venir a su familia para pasar juntos las fiestas, pero la presencia de Vernon en el Caribe y el hecho de que en cualquier momento se podían desatar las hostilidades le hizo abandonar la idea, aunque el interés en agasajarlo y el cariño dispensado por Salvador Amaya y Amandita hicieron más llevadera la pena de sentirlos lejos.

En Nochebuena Lezo presidió la misa del Gallo que se celebró en San Francisco. Concluida la ceremonia religiosa los coches de caballos enfilaron en dirección al hogar de los Amaya, donde los hombres rivalizaron en elegancia y las mujeres con sus adornos y vestidos de brillantes colores. Se trataba de la fiesta anual por excelencia y conforme iban llegando los invitados la mesa se iba llenando con bandejas de gallina guisada, tamales, pernil de cerdo, buñuelos de queso y empanada, todo ello alrededor del plato principal ofrecido por los anfitriones, consistente en dos grandes fuentes de pavo relleno de nueces, pasas y champiñones. Mientras los invitados comían y reían despreocupados, los criados se encargaban de servir vasos helados de chicha de maíz fermentado, al que los hombres añadían disimuladamente pequeñas cantidades de ponche. Con la larga lista de postres, fundamentalmente natillas, hojuelas, salpicón de frutas y arroz con leche, llegaron las bebidas espirituosas como el aguardiente, el agua de panela y el ron. Una balaustrada de madera en la terraza cubierta por un toldo para evitar la humedad del relente protegía al grupo de músicos que amenizaba la velada y que con los primeros tragos de ron comenzaron a hacer sonar los alegres ritmos caribeños típicos de la ciudad. Al sonido de las cumbias, merengues y bambucos, las mujeres comenzaron a ocupar la pista de baile tirando de sus reticentes maridos, que preferían permanecer alrededor de Blas de Lezo, el cual, a petición de la concurrencia, narraba algunos episodios de su vida militar animado por un enjambre de invitados rodeados por una densa nube de humo producida por los cigarros traídos de Cuba por una balandra.

A pesar de sus taras físicas, Lezo no era mal bailarín, y aunque aquella Nochebuena alguna damisela encorsetada se atrevió a pedirle algún baile, el almirante recurrió a su habitual broma en relación al cansancio de su pierna de madera para rechazarla. No era un hombre excesivamente aficionado a contar historias en las que el protagonista principal fuera él mismo, pero si había una fecha especial para relajar las costumbres esa era el aniversario del nacimiento del Niño Dios. Por otra parte, con el tiempo se había dado cuenta del efecto que causaba en sus hombres conocer de su propia boca historias que habían dado la vuelta al mundo, y tampoco estaba de más que aquella noche, junto al alcohol que había de correr por sus venas circulara, además, el lícito orgullo de sentirse españoles.

Pasadas las fiestas navideñas la rutina volvió a apoderarse de la ciudad. A pesar de las obras de fortificación del perímetro y de la instrucción de los militares en la ciudadela, de los marinos en sus barcos y de los simulacros de unos y otros respondiendo a continuos ejercicios de emergencia, los cartageneros seguían viviendo una existencia apacible, como si la guerra fuera algo lejano y ajeno a sus vidas. Por las mañanas, las celosías de las ventanas de madera se abrían para dar paso a los suaves aromas matutinos de la ciudad. Antes de salir el sol las flores de Cartagena abrían sus pétalos y dejaban en suspenso unos aromas que constituían una de las señas de identidad de la ciudad caribeña. Las altas heliconias, con sus flores de color anaranjado que los nativos llamaban muela de langosta, rivalizaban en hermosura con las amarillas trompetas de las alamandas y las rosadas veraneras, unas buganvillas trepadoras de finos tallos de cuyas flores solía alimentarse el maría mulata, un pájaro del tamaño de la palma de la mano al que los originales de la tierra llamaban zanate y los españoles clarinero. Al atardecer los cartageneros saboreaban una limonada fresca frente al mar, mientras veían la lenta caída del sol sobre el horizonte que, al desaparecer por detrás de la lejana raya del mar, proyectaba en el cielo una paleta de colores infinitos sintetizados en un anaranjado pálido que cerraba el día dando paso a la oscuridad de la noche.

El cáliz de paz y belleza que disfrutaban a diario los cartageneros pareció desvanecerse al amanecer del 13 de marzo de 1740, cuando el vigía de la Torre de Cádiz anunció la presencia de velas en horizonte. A lo largo de la mañana los vieron acercarse a Cartagena hasta que no quedaron dudas de que se trataba de una agrupación inglesa compuesta por seis navíos, probablemente los mismos con los que Vernon se había presentado en Portobelo, y una fragata que maniobró en dirección a punta Canoa, situada a unas 4 millas al norte de la ciudad. Facheando las velas, la fragata quedó al pairo, largando inmediatamente una embarcación con la que unos remeros trataron de acercarse a la playa de la Boquilla. Por medio del semáforo de la torre, Lezo ordenó abrir fuego a las baterías de Crespo y Mas, mientras las campanas de la catedral de San Francisco tañían a rebato sin parar y se cerraban y atrancaban las puertas de la ciudad.

La primera en disparar fue la de Crespo, que envió dos proyectiles que quedaron excesivamente largos, tomando inmediatamente el relevo la de Mas con otros tantos disparos, el primero de los cuales pasó de largo por poco y el segundo levantó una columna de agua a poca distancia del bote. Estaba claro que Mas los había horquillado y así debieron entenderlo los remeros, que inmediatamente dieron media vuelta y regresaron a la fragata, ante lo que Lezo ordenó cesar el fuego.

A partir de ese momento los buques ingleses se dedicaron a desfilar frente la ciudad con las velas hinchadas de brillantes colores, como si se tratara de pavos reales ostentando el policromado abanico de sus largas plumas. Cuando en una de las pasadas los buques se acercaron a la distancia adecuada al catalejo, Lezo descubrió en el espejo de popa del navío que abría la marcha el nombre de *Septentrion*, el buque insignia de Vernon.

Estaba claro que además de provocarlos pretendían medir el alcance y ubicación de los cañones que defendían las murallas, a la vez que buscaban conocer el estado de la entrada de Bocagrande. Lezo sabía que Vernon no era ajeno a que esa entrada estaba cegada desde hacía un siglo, cuando los navíos *Buen Suceso* y *Concepción*, de la flota de Rodrigo Lobo da Silva, naufragaron al tratar de acceder a la bahía exterior de Cartagena en los tiempos en que el canal era navegable. Desde entonces los navíos hundidos habían servido de arrecifes naturales a tan poca profundidad que el viejo canal dejó de ser apto para embarcaciones de tipo medio. No obstante, el propio Lezo se había encargado de terminar de cegarlo mediante una escollera que permitía el acceso únicamente a pequeños botes. A pesar de que los barcos de

Vernon estaban a tiro de las defensas enmascaradas entre la alta vegetación de la Tierra Bomba, Lezo no quiso señalar la situación de sus baterías, sin embargo cuando dos de los buques de Vernon comenzaron a disparar sobre la escollera de Bocagrande, seguramente con intención de calibrar las posibilidades de abrirla a sus barcos, Lezo ordenó responder al fuego con algunos cañones de la muralla que había ordenado descabalgar de los planos inclinados sobre los que los tenía montados para aumentar el alcance de sus balas. Uno de los proyectiles alcanzó a un buque inglés, quedando cortos los demás; de este modo Vernon obtuvo un alcance equivocado de las baterías de defensa de la ciudad que pretendía conquistar. Cuando cesó el fuego por ambas partes, en la driza del *Septentrion* flameó una señal para la que Lezo no necesitaba traducción. Se trataba de una oferta de rendición con la que el almirante inglés trataba de socavar la moral de los defensores. Impasible, Lezo ordenó izar otra señal en la driza del semáforo de la torre en la que invitaba a Vernon a rendirse, con la promesa de no hacerle colgar del palo mayor de su buque. Desde la distancia, el marino vasco pudo contemplar la palidez del rostro de su enemigo tras dar inteligencia a la señal, después de lo cual pareció gritar algo a su capitán de banderas y los buques desaparecieron con rumbo norte por el mismo sitio por el que habían aparecido.

El 21 de abril el vigía volvió a gritar la aparición de velas en el horizonte y Lezo subió de nuevo a la torre dispuesto a contestar las provocaciones de Vernon, sin embargo no tardaron en comprender que se trataba de naves españolas, cuatro navíos que en lugar de dirigirse a Punta Canoa pusieron rumbo directo a Bocachica, respondiendo con la clave convenida cuando rugió el cañón del fuerte de San José. El coronel Melchor de Navarrete fue el primero en interpretar el pendón que ondeaba en el navío que abría la línea de cuatro.

—Almirante, el primer buque enarbola el pendón real en el palo de popa.

Haciendo uso del catalejo, Lezo identificó las señales que anunciaba Navarrete. No necesitaba ninguna explicación para comprender que aquellos barcos constituían la escolta del nuevo virrey.

Así, pues, ya está aquí, pensó buscando la figura oronda de Eslava entre los hombres que se movían en el castillo de popa del buque que encabezaba la formación.

—Don Melchor, que las campanas toquen a júbilo —dijo retirando el anteojo de su único ojo útil—. Me acompañaréis a recibir al virrey a pie de muelle. El resto de los oficiales de la plaza se mantendrán listos para revista en el palacio del marqués de San Gabriel, habilitado para residencia del virrey.

El gobernador permaneció mirando al almirante como si no hubiese comprendido sus palabras.

—Vamos, don Melchor. Dad las órdenes oportunas para que preparen San Gabriel y corred a poneros vuestras mejores galas. Vamos a dar la bienvenida al virrey.

Eslava se hizo esperar. Según confesó a Lezo en tono burlón el capitán del navío que lo traía a Cartagena, el virrey se había sentido indispuesto durante prácticamente toda la travesía y cuando al fin se presentó en cubierta, su rostro macilento en el que destacaban dos profundas ojeras certificaba las palabras del capitán. A pesar de lo prominente de su estómago, el uniforme le colgaba como si hubiera sufrido una importante pérdida de peso.

El teniente general agradeció a Lezo sus palabras de bienvenida, pero alzó la mano cuando el almirante empezó a detallar las novedades de la plaza.

—Ahora no, Lezo. Necesito reponerme de este viaje tan fastidioso. Cuando me sienta preparado para que vengáis a verme os lo haré saber.

Sin cruzar palabra con nadie ni despedirse del capitán del buque que lo había traído a Cartagena, el virrey descendió por la plancha, ocupó su calesa y desapareció en dirección a la ciudad. Lezo pensó que la única buena nueva que incorporaba el virrey eran los navíos *Conquistador* y *Galicia*, que quedaron afectos a la plaza, el segundo como buque insignia del propio almirante.

La ceremonia de toma de posesión se demoró tres días y el ágape que siguió a la misma resultó espléndido. La ciudad se vistió con sus mejores galas para recibir a su virrey, que con un aspecto mucho más saludable que el del día de su llegada no dejó de sonreír mientras agitaba la mano durante la carrera oficial a una concurrencia compuesta por unos pocos españoles y criollos y muchos más nativos americanos, negros, mestizos, mulatos y zambos. Los cuatro caballos pintos enjaezados con flores de vivos colores que tiraban de la carretela del virrey hacían sonar los cascabeles festivamente llamando la atención de los cartageneros que cubrían el paso de la carrera.

Durante el ágape Eslava se mostró amistoso y sonriente, saludando uno a uno a todos los oficiales de la plaza y a sus familias. Devoto creyente, el virrey hizo un aparte con el arzobispo de la diócesis, monseñor Francisco Paulladas, personaje conocido dentro y fuera de la ciudad por su enorme talla humana, humildad y generosidad. El teniente general mostró especial interés en sus conversaciones con el coronel de Ingenieros Carlos Desnaux, con quien había coincidido años atrás durante el asedio a Gibraltar; en cuanto a Lezo, se mostró esquivo con el almirante emplazándolo a los días venideros para girar juntos una visita de inspección a las defensas de la plaza.

Eslava era un excelente jinete, pero no era dado a cabalgar al amanecer y cada vez que salía con Lezo a inspeccionar las defensas el calor abrasador lo agotaba a las pocas horas. Al fin, la mañana del primero de mayo, diez días después de su llegada, visitó con Lezo el viejo convento de Nuestra Señora de la Popa, situado en un alto cerro que dominaba la mayoría de fuertes que rodeaban la ciudad. Convencido de que la defensa final del ataque de Vernon tendría lugar en el castillo de San Felipe de Barajas, principal fortaleza de Cartagena situada en un plano de altura inferior a la Popa, Lezo trataba de hacer ver al virrey la importancia estratégica de aquel pequeño enclave, que en el caso de ser tomado por los ingleses pondría el castillo de San Felipe a tiro de los obuses que pudiera desembarcar el enemigo.

—Lezo, ¿realmente creéis que los ingleses se presentarán a combatir en Cartagena?

—Lo considero altamente probable, excelencia —respondió el almirante sorprendido por la pregunta.

Eslava dibujó en el rostro una mueca burlona mientras recorría los baluartes defensivos de la ciudad con el catalejo.

—Sabed que en la corte no comparten vuestra preocupación. Yo mismo he hablado con el rey y como él estoy convencido de que los ingleses buscarán el dominio del Caribe tratando de conquistar nuestro centro de gravedad en ese mar.

Inmediatamente a continuación completó su exposición concretando que el objetivo de los ingleses y la razón por la que habían declarado la guerra a España era el mismo: la isla de Cuba.

Lezo sintió que se le revolvía la bilis. Militarmente era más antiguo que el virrey y sabía que estaba a sus órdenes por designio real, pero semejantes clases de estrategia a esas alturas y sobre todo la sonrisa socarrona que exhibía mientras le explicaba sus argumentos le obligaron a morderse la lengua para no contestar una barbaridad.

—Él vendrá —se limitó a decir con gesto adusto.

—¿Él? ¿Os referís al almirante Vernon? Si finalmente decide venir no os quepa duda de que le estaremos esperando. Tengo buenas referencias suyas y sé que en el agua nada como un pez, pero como suele suceder con los marinos, en seco seguramente se moverá como un pato. Y yo tengo mi escopeta preparada.

Esta vez Eslava se echó a reír ruidosamente. Lezo captó la indirecta y volvió a sentir que un titán pugnaba con escapársele del pecho para apagar la risa del virrey.

—Por cierto, Lezo, ya que lo mencionáis os diré que en la corte se considera que tenéis cierta obsesión respecto a Vernon. Si admitís el consejo de un viejo zorro de la guerra, dejadme deciros que esos personalismos no son buenos para el combate. Recordad que estamos en guerra con Inglaterra, no se trata de un mero *vis a vis* entre Vernon y vos.

Por tercera vez en pocos minutos, Lezo tuvo que apretar los dientes para evitar contestar desabridamente a su superior. Afortunadamente Eslava no tardó en romper un silencio que al almirante le pesaba como una losa.

—En cualquier caso, si a Vernon se le ocurriera cambiar sus objetivos y se presentara frente a Cartagena, no dudéis que intentará desembarcar allí.

Y con el catalejo señaló las playas de la Boquilla, junto al caño de Paso Alto.

Tan solo habían pasado dos días desde la visita de Eslava y Lezo a la Popa cuando corrió por la ciudad que los ingleses regresaban con una fuerza mayor que los seis navíos con que se habían presentado mes y medio antes. La voz de alarma no procedía en esta ocasión de los vigías de la muralla, sino que eran los pescadores los que habían divisado un grupo numeroso de barcos que se dirigían cansinamente al sur a medio paño. En la Torre de Cádiz, rodeados de vigías que escrutaban todos los ángulos del horizonte, Eslava y Lezo escuchaban la voz de Martín Español, un mestizo que se ganaba la vida con una pequeña goleta artesanal y que junto a otros pescadores habían vislumbrado los barcos ingleses diez o doce leguas mar adentro.

—Eran los mismos barcos de la otra vez, excelencia, sólo que en mayor número—. Martín se deshacía en explicaciones con las manos asidas al gorro de paja que solía usar para faenar.

—¿Cuántas naves?

La interrupción del virrey con cierto aire de impertinencia, puso nervioso al pescador.

—Calculo que doce, o quizás catorce, señor. Apenas había luz. Decidimos que no queríamos estar allí cuando saliera el sol, de modo que dimos todo el paño y corrimos a puerto a avisar…

—¿Y si no había luz, cómo los vieron? ¿Acaso los pescadores de Cartagena tienen ojos de gato?

Martín permaneció en silencio. Sin levantar los ojos del suelo dirigió una mirada furtiva a Lezo.

—Excelencia, esta gente lleva faenando de noche frente a Cartagena desde los ochos años. Si dicen que vieron los barcos es que viene Vernon —resumió—. Recomiendo tocar zafarrancho de combate.

—Aquí no se va a tocar zafarrancho de nada. Mientras no vea al enemigo con mis ojos no alistaré a la población. Mientras tanto, si vos creéis que vienen barcos, preparad los vuestros para contenerlos, al fin y al cabo no parece más que un asunto de mar.

Lezo permaneció pensativo. No terminaba de entender si el virrey le acababa de dar una orden, se mofaba o le estaba diciendo que actuara con independencia. La voz del vigía en la parte alta del palo de señales le rescató de sus reflexiones.

—¡Velas en horizonte! ¡Son ocho barcos! —gritó con estridencia un segundo antes de corregirse a sí mismo.

—¡Cuento un total de trece velas!

Eslava se llevó el catalejo a la cara y permaneció en actitud pensativa sin emitir orden alguna. Por su parte, Lezo no necesitó ninguna ayuda óptica para entender que los buques se lanzaban directamente contra Bocachica. Acostumbrado a mandar, gritó las órdenes que el virrey silenciaba.

—Desnaux, tomad el mando de Bocachica en el fuerte de San Luis, Alderete, ocupaos del de San José. Salvador —completó dirigiéndose al capitán de fragata Amaya—. Tocad a zafarrancho en el *San Carlos*, ocuparemos la entrada de Bocachica con los barcos por si los ingleses tienen la mala ocurrencia de intentar entrar.

A continuación Lezo se dirigió a su segundo comandante en el *Galicia* para que fuera preparando la salida a la mar, mientras él se dirigía en pos suyo arrastrando su pata de madera.

Los ingleses, con el *Septentrion* de Vernon a la cabeza, se acercaron a Bocachica hasta una distancia prudente de la entrada, abriéndose en abanico como si ninguno de los buques quisiera perderse la reacción de las defensas de Cartagena.

A pesar de las cinco millas de distancia a Bocachica desde su muelle en Cartagena, la agrupación de navíos compuesta por el *Galicia* y el *San Carlos*, con Lezo enarbolando en el primero la bandera de combate que le ofreciera Felipe V por su destacada actuación en Génova, ocupó sus puestos entre los fuertes de San José y San Luis con la rapidez fruto del entrenamiento. En el muelle Lezo había dado órdenes a los otros cuatro navíos que formaban la guarnición para que se mantuvieran listos para el combate en el caso de que Vernon superase el primer anillo de defensa, penetrase en la bahía exterior y continuase su progresión hacia la ciudad, pero finalmente el almirante inglés se limitó a desplegar su flota frente a Bocachica a la vista de los fuertes de entrada a la bahía y los buques de Lezo. En esta ocasión no hubo provocaciones, sino más bien un silencio que podía cortarse con un cuchillo. En su fuero interno el marino vasco rogaba al cielo que al virrey no se le ocurriera dar la orden de fuego, pues en ese caso, si no se trataba del ataque definitivo, los ingleses tomarían nota de la situación de las defensas de la ciudad, la isla Bomba y las baterías del perímetro, así como del alcance real de sus cañones. Tras una tensa espera en la que Lezo pudo identificar a Vernon contemplando las defensas de Cartagena desde su catalejo, los barcos ingleses viraron al sur como si quisieran reconocer las playas de la isla de Barú, frente a la cual, después de una pasada de reconocimiento, la flota inglesa volvió a virar hacia el norte manteniendo en todo momento una distancia prudente a tierra hasta desaparecer más allá de Punta Canoa.

Tras la segunda visita de los ingleses las cosas volvieron a la rutina en Cartagena. El virrey parecía más interesado en cogerle el pulso a la vida social en la ciudad que en defenderla del cada vez más probable ataque inglés, pero Lezo se sentía preocupado; de la primera visita de reconocimiento a la segunda Vernon había duplicado sus fuerzas, y si los seis navíos con que había tomado Portobelo resultaban insuficientes para conquistar una plaza fortificada como Cartagena, los trece con que se acababa de presentar comenzaban a formar una flota preocupante. Cuando el marino vasco trasladó sus preocupaciones al virrey, este respondió con una de sus réplicas desabridas que empezaban a resultar demasiado habituales.

—Excelencia, noto cierta relajación en la ciudadanía. Parece que las visitas de Vernon no han causado en ellos ningún efecto. Considero que debemos mentalizar a los cartageneros de que vivimos bajo una amenaza de guerra que se podría materializar en cualquier momento.

Sentado en su escritorio, Eslava depositó parsimoniosamente los lentes sobre la mesa, respiró hondo y encaró a su interlocutor.

—Francamente, Lezo, no participo de vuestras preocupaciones.

El almirante quiso rebatir las palabras del virrey, pero este le mandó callar con un gesto.

—Cartagena es una de las ciudades más explosivas y alegres del imperio y no voy a permitir que sus ciudadanos lleven una existencia miserable por razón de los miedos desmedidos que se les trata de inculcar, ignoro con qué fin.

Lezo no daba crédito a lo que escuchaban sus oídos.

—Vuestra función es mantener adiestrada a la milicia. De la ciudadanía dejad que me encargue yo.

—Excelencia, unos y otros son súbditos de Su Majestad y a él deben obediencia a través de vuestra autoridad, que sois su virrey. En el caso de que se produjera el ataque de los ingleses bien sabéis que prácticamente la ciudadanía al completo sería militarizada, unos y otros deben por tanto seguir un plan de adiestramiento común...

—Siempre que haya una amenaza manifiesta —Eslava volvió a interrumpir al comandante de sus fuerzas armadas.

—¿Acaso, excelencia, las dos visitas de Vernon no os parecen amenaza suficiente? ¿Y qué me decís de Portobelo?

—Lo de Portobelo es un hecho fehaciente y un aviso de que debemos permanecer en alerta pero, francamente, las visitas de vuestro cordial enemigo Vernon no hacen sino confirmar que el verdadero objetivo está lejos de aquí. De haberlo pretendido ya hubiera atacado. Parece mentira que no os deis cuenta de que los ingleses quieren hacernos creer que atacarán aquí para que nos animemos a desguarnecer otros enclaves más apetecibles para ellos. Es sólo un amago, Lezo. Es en La Habana donde realmente deberían estar alarmados. Pero no os preocupéis por ellos, os aseguro que están preparados y recibirán a los ingleses como merecen.

El paso de los días pareció dar la razón a Eslava. Lezo recorría infatigable los baluartes de defensa de la ciudad, adiestraba a las dotaciones de sus barcos y regularmente ejercitaba a población civil con simulacros de ataques navales, pero no estaba contento. La ciudad vivía entregada a una orgía de fiestas sin interrupción. Parecía que los únicos que permanecían en estado de alerta eran él mismo y sus más allegados.

El estado de felicidad en que permanecía sumida la ciudad rozó el clímax en los primeros días de septiembre, cuando un aviso trajo a Cartagena la noticia de la llegada al Caribe de una flota española de 12 navíos y tres bergantines al mando del almirante Rodrigo de Torres y Morales. Aquella noche Cartagena ardió en festejos, y en esta ocasión Blas de Lezo se sumó gustosamente a las celebraciones.

Hasta ese día y durante los últimos meses, sobre todo desde la llegada del virrey Eslava, la vida social de Lezo se había limitado a las tertulias vespertinas de Amandita, nombre con el que se referían en Cartagena al grupo que solía reunirse al atardecer en casa de Salvador Amaya y que estaba compuesto, además de por algunos civiles, por los oficiales de la Armada y del Ejército más señalados de la ciudad. Pero la llegada del aviso con la noticia de la feliz arribada al Caribe de la Flota de Torres sumió al almirante en un estado de euforia desconocido. Doce navíos sumados a otros ocho o nueve que atracaban en distintos puertos del Caribe y los seis de Lezo en Cartagena significaban una cantidad lo suficientemente importante como para que Vernon decidiese sentarse a cavilar sus intenciones.

Junto a sus amigos de la tertulia, Lezo celebraba esa noche la llegada de las buenas nuevas. El calor y la humedad apretaban de lo lindo. Tratando de combatirlos, el almirante ya se había bebido un par de vasos de chicha enriquecida con el correspondiente ponche de ron, momento en que la damisela que solía intentar arrastrarlo a la pista de baile siempre sin éxito, decidió volver a intentarlo.

—¿Almirante me concederéis un baile esta noche?

—Hace calor, pero qué demonios, mi pata de madera lleva tiempo deseando brincar.

En un susurro, Amandita confió a su marido que hacía tiempo que no veía a Blas de Lezo tan feliz.

16. CARTAGENA DE INDIAS, ENERO 1741
SE FRAGUA EL ATAQUE

Durante más de una hora el vigía de la Torre de Cádiz vigiló el avance de la embarcación que había aparecido repentinamente por el horizonte al norte de la ciudad. A esas alturas ya podía reconocerla como una zabra. No era demasiado grande, pero el hecho de que no apareciera en la lista que entregaba diariamente el capitán de puerto con el nombre de los buques que se esperaban hizo que recelara hasta que la zabra, que navegaba con las velas hinchadas al viento a no menos de diez nudos de velocidad, se hizo lo suficientemente visible como para distinguir a un grupo de marineros en su cubierta. En ese momento el vigía izó una señal pidiendo la contraseña y la zabra respondió enarbolando una serie de banderas que conformaban la clave correcta para poder acceder a la bahía. A pesar de que todo parecía estar en orden, el vigilante de la torre envió una señal al fuerte de San José indicando que se aproximaba una embarcación que no se esperaba, especificando que había respondido correctamente a la contraseña. Una hora después, desde la torre se vio zarpar una pequeña balandra y un grupo de soldados armados embarcaron en la zabra escoltándola hasta el interior de la bahía. El sol declinaba y su guardia terminaba al ocaso; dando por bueno que había cumplido con su cometido, el vigía volvió la vista al mar y retomó su vigilancia, olvidándose pronto de la embarcación recién llegada.

Con el grupo armado a bordo y escoltados por la balandra que la había interceptado, la zabra evolucionó en la bahía hasta dirigirse al muelle de las Ánimas de Cartagena, atracando a la vista de la Puerta del Reloj. Estaba a punto de anochecer y dos soldados acompañaron al oficial al mando de la zabra hasta la capitanía de puerto para registrar la llegada de la embarcación. Tres horas después, cuando las sombras ya se habían apoderado de las calles de la ciudad, dos hombres vestidos enteramente de negro desembarcaron sigilosamente y se dirigieron al interior de la ciudad por la pequeña puerta lateral de las Lavanderas, donde los soldados de guardia inclinaron la cabeza a su paso y les señalaron una calesa con las ventanas cubiertas por cortinas de tafetán tan negro como sus capas. Una vez a bordo, el cochero condujo a la extraña pareja por las calles de la ciudad hasta el palacio del marqués de San Gabriel, cuyas puertas esperaban abiertas y sólo se cerraron una vez que la calesa hubo accedido al interior del recinto.

—Perdonad, excelencia, esta presentación tan intempestiva y el que os hayamos hecho esperar —tomó la palabra uno de los recién llegados, alto y enjuto como un ciprés—. La calidad de nuestra embajada nos aconseja movernos durante las horas de oscuridad. Me imagino que a estas alturas debéis ser consciente de que el rey de Inglaterra tiene ojos en todas las esquinas de Cartagena.

El virrey Eslava se mantuvo impasible. El gesto hosco de su rostro demostraba que no se sentía cómodo con la inesperada visita de los caballeros. A su lado, el almirante Blas de Lezo entrecerraba su único ojo sano tratando de adivinar qué tipo de noticias podían traer aquellos dos hombres que asían nerviosamente el ala de sus sombreros. El coronel Desnaux y el capitán Alderete fijaron la mirada en el suelo.

—Mi nombre es Carlos Aranda. Represento al gobernador de La Habana. Os traigo un mensaje de su parte.

—Yo me llamo Luis Montes, excelencia, soy limeño. Serví en el virreinato de Perú al almirante Lezo —completó dirigiendo una sonrisa al marino vasco—. Traigo un informe del Paisano.

Lezo devolvió la sonrisa al caballero limeño. Estaba a punto de preguntarle por el informe del más reconocido de los espías españoles en Jamaica, pero la voz de Eslava dio al traste con sus intenciones.

—¿Y qué tiene que ver el gobernador de La Habana conmigo?

—En vista de la declaración de guerra de Jorge II, el marqués de la Ensenada lo ha designado coordinador de las fuerzas españolas en el Caribe. A tal efecto, el conde de la Sierra ha mantenido diferentes reuniones con los virreyes y gobernadores de la zona. A mí se me envía a Cartagena para que os haga partícipe de las principales conclusiones alcanzadas.

—Está bien —rezongó Eslava más relajado—. ¿Y qué conclusiones son esas?

—Básicamente, excelencia, se os nombra jefe de todas las fuerzas y recursos en el Caribe. Podréis disponer de la mayoría de los buques en la zona y de algunos batallones del Ejército, aunque esta última parte tendrá que ser pactada previamente con los comandantes actuales de dichas fuerzas.

Junto a Eslava, Lezo sonrió y agitó la cabeza. Lo de los barcos era una gran noticia, sin duda, sobre todo desde que se conocía la llegada al Caribe de la Escuadra de Torres, pero lo de los batallones del Ejército, tan necesarios por otra parte, era puro formulismo. Con una declaración de guerra encima de la mesa ningún comandante iba a prescindir de las fuerzas asignadas a su guarnición.

—Me pregunto —susurró Eslava maliciosamente—, por qué el conde de la Sierra se muestra tan generoso. Mejor haría procurando su propia defensa. ¿O es que él no teme a los ingleses?

—Señor, considero que para esa pregunta hallará vuestra excelencia mejor respuesta en el informe del Paisano.

Eslava permaneció en silencio, dirigiendo la mirada consecutivamente a cada uno de los dos hombres que tenía delante. A Lezo se le hizo interminable la espera y recordó la leyenda del Asno de Buridán, al que su dueño colocó delante un saco de paja y un cubo de agua y el animal movió la cabeza de uno a otro como ahora hacía el virrey hasta que murió de indecisión.

—¿Traéis ese informe por escrito? —Apuntó Lezo incapaz de mantener el silencio por más tiempo.

—No, excelencia, habría sido una temeridad. Si los ingleses nos hubieran interceptado se habrían apoderado de una información altamente sensible.

Ante el silencio de sus interlocutores, Luis Montes volvió a hacer uso de la palabra.

—Pero lo conservo a buen recaudo —puntualizó llevándose el dedo índice a la frente.

—En ese caso, si os parece, excelencia, podríamos empezar por el informe del Paisano—. El almirante no pudo reprimir las ganas que sentía de conocer las conclusiones a las que había llegado el agente más reconocido de la corona española.

En vista de que el silencio volvió a hacerse dueño de la sala, Luis Montes carraspeó y parecía a punto de empezar a hablar, pero el virrey alzó la mano y lo detuvo en seco.

—Les ruego que tomen asiento y si no les importa, antes del informe del espía me gustaría conocer el mensaje del conde de la Sierra.

Lezo apretó los dientes. Cada vez le molestaba más la manía del virrey de pronunciarse continuamente en su contra, aunque, por otra parte, era consciente de la poca fe y aprecio que Eslava tenía al informante incrustado en Jamaica. Sin disimular un gesto de hastío, el almirante se sentó en la mesa a la derecha del virrey.

—Excelencia —Carlos Aranda comenzó su exposición—. Como ya os he adelantado, la conclusión del mensaje del gobernador de La Habana es que se os asignan la mayor parte de las fuerzas en la zona, ya que, como expondrá mi compañero Montes a continuación, tenemos razones poderosas para pensar que Vernon dirigirá su flota contra Cartagena.

—Está bien, continuad —interrumpió el virrey como si aquella noticia le llenase de desazón.

—Como bien sabéis, la Escuadra de Rodrigo de Torres salió de Ferrol a finales de julio del año pasado. La flota estaba compuesta por 12 navíos bien pertrechados y artillados y tres bergantines igualmente preparados y dispuestos para el combate. Además de la marinería propia, los buques de Torres embarcaron 2200 soldados para reforzar las posiciones españolas en el Caribe, y en cuanto a la salida de Ferrol, se hizo de noche, con luna nueva y con tanta maestría que nos consta que los ingleses no tuvieron noticia de la partida hasta pasado un mes.

»Lamentablemente, antes de llegar al Caribe una epidemia causada por el mal estado de los alimentos causó la muerte de 60 hombres y un alto número de enfermos que tuvieron que ser desembarcados en Santo Domingo, donde la flota permaneció tres semanas reparando y esperando la recuperación de los infectados, una vez restablecidos los cuales, los buques zarparon con rumbo a Puerto Rico, quedando en Santo Domingo 250 soldados para reforzar la guarnición de la isla, además de pólvora, fusiles y otros pertrechos.

—¿Me estáis diciendo que los soldados y los suministros que supuestamente venían asignados a Cartagena se han ido quedando en otros enclaves antillanos y que finalmente aquí no llegará ninguno?

Carlos Aranda permaneció mirando al virrey haciéndole ver que su interrupción no había sido bien recibida.

—Excelencia —dijo al fin volviendo la vista a sus papeles—. En ese momento la flota era responsabilidad del conde de la Sierra y sus órdenes eran la de mostrarse a los ingleses para que estos supieran que estaban dispuestos a defender nuestras posesiones. Torres tenía órdenes también, en el caso de encontrarse con Vernon y si las fuerzas de este eran parejas o inferiores, de buscar el combate y tratar de destruir a la escuadra inglesa. En el caso de que Vernon presentara fuerzas superiores debía rehuir el combate y buscar refugio en el puerto español más próximo. En estas circunstancias, Torres ha estado navegando el Caribe de norte a sur y de este a oeste sin encontrar a los ingleses. De hecho estuvo en aguas próximas a Cartagena, aunque más allá del horizonte. A lo largo de todos esos días de navegación, el almirante Torres aprovechó para adiestrar a sus hombres en todo tipo de tácticas de combate. Finalmente y visto que el encuentro con Vernon no se producía, la flota procedió a La Habana, donde el almirante participó en las reuniones dirigidas por el gobernador en las que se llegó a la conclusión de que los buques de Torres quedaran asignados a vuestra excelencia.

—Pues por aquí no se ha visto una sola vela —replicó Eslava con voz quejumbrosa.

—Es época de ciclones, excelencia. En función del tiempo y del estado de la mar, Torres está autorizado a maniobrar con independencia. De hecho hizo un intento de zarpar de La Habana, viéndose obligado a regresar a las pocas horas. Durante esos días un temporal azotó la isla con inusitada fuerza y a su regreso había perdido el navío *Andalucía* y sufrido graves averías en el *Fuerte*, que ahora permanece en el astillero de La Habana con órdenes de reintegrarse al grupo una vez repare sus desperfectos.

—A ver si he entendido bien —Eslava volvió a interrumpir agriamente a Aranda—. En realidad no sólo los hombres que me han sido asignados han ido quedando desperdigado por las islas del norte, sino que he perdido también dos navíos

—Señor —Esta vez fue Carlos Aranda el que interrumpió a Eslava con determinación—. Las órdenes del almirante Torres son las de dirigirse a Santa Marta tan pronto como considere que la situación meteorológica es favorable. Él mejor que nadie conoce el estado de sus barcos.

Aranda dirigió sus últimas palabras al virrey con los ojos encendidos como teas.

—¿Y por qué Santa Marta? —cuestionó Eslava ignorando el reproche que escondían las palabras del enviado del gobernador de La Habana.

—Excelencia —intervino Lezo tratando de reconducir la situación—. En Santa Marta hay muelle para todos los barcos. Aquí apenas podemos dar cabida a los seis navíos que tenemos y los de Torres tendrían que permanecer al ancla. Aunque la bahía está resguardada de los vientos, los buques necesitarán alguna reparación, además de embarcar pertrechos y víveres. Seguramente las tripulaciones necesiten también algún tipo de atención médica.

—Así es almirante —asintió Aranda inclinando la cabeza en un gesto de agradecimiento—. El gobernador considera que todas esas necesidades podrían ser atendidas en Santa

Marta, que queda a tiro de piedra y, en cualquier caso, una vez que la escuadra se encuentre posicionada allí, vuestra excelencia podrá disponer de los barcos a su antojo. Lo mismo que de los dos mil soldados de guarnición que todavía permanecen a bordo.

Tras las últimas palabras de Aranda, el rostro de Eslava se iluminó como si se le hubiera ocurrido alguna idea que se abstuvo de exponer.

—Está bien. Veamos ahora lo que tiene que decir el enviado del espía —con un movimiento de la mano el virrey invitó a Luis Montes a hacer uso de la palabra.

El limeño carraspeó, se ajustó los lentes y con gesto adusto comenzó su exposición.

—Como bien sabéis, excelencia, a poco de la declaración de guerra por parte de los ingleses, Edward Vernon irrumpió en la zona con la misión de tomar puertos clave como la Guaira, Portobelo o Chagres, utilizando como base principal de operaciones la ciudad jamaicana de Kingston. Desde entonces el almirante inglés ha surgido sorpresivamente en los lugares más emblemáticos del Caribe, y por eso la primera intención del almirante Rodrigo de Torres fue la de buscarlo para entrar en combate con él y tratar de destruir sus barcos.

»El problema es que nada más conocer la presencia de la Flota de Torres en el Caribe, los ingleses despacharon a la zona una segunda escuadra al mando del almirante Chaloner-Ogle con idea de reforzar a la de Vernon. La Flota de Chaloner-Ogle, que en estos momentos se abastece en Kingston, triplica en navíos a la de Vernon y suma más de cien barcos entre buques menores, de transporte y mercantes. La unión de ambas flotas da a Vernon un poder naval de más de cincuenta barcos de combate y otros 140 menores y de transporte. Además de unos trece mil marineros, se estima que Vernon puede haber reunido otros tantos soldados como fuerza de infantería.

Como si acabara de recibir una dolorosa noticia, Eslava dio un respingo, se incorporó y caminó hasta la ventana. La media luna que colgaba del cielo arrojaba sobre la superficie del mar su pálido reflejo. Dentro de la ciudadela los soldados se entrenaban en tácticas nocturnas a la luz de las antorchas, y repartidos entre las murallas un grupo de hombres reforzaban los adarves y garitas con parapetos de arpillera, de acuerdo a las órdenes recibidas de Lezo para evitar la fragmentación de la roca con el choque de los proyectiles ingleses. La evocación del marino hizo correr la bilis por sus entrañas.

—Todo eso está muy bien —rezongó girándose y encarando a los hombres que lo contemplaban desde la mesa—. Pero aún no me ha dado una sola razón que me haga pensar que Vernon tiene intención de venir a Cartagena.

—Excelencia, el Paisano no tiene ninguna duda al respecto. Se trata de una información que le ha llegado a través de diferentes conductos. En cualquier caso, resulta evidente que Vernon no está reuniendo una fuerza de ocupación, sino de proyección. No está considerando la simple toma de una plaza fuerte, sino penetrar a continuación hasta donde le sea posible. Su objetivo es América del Sur, no hay ninguna duda al respecto.

La alusión al espía a quien representaba Montes puso en circulación otro flujo de bilis en sus entrañas. Tras detenerse en medio de la habitación con las manos pegadas a la espalda en actitud reflexiva, Eslava volvió a dirigirse a los hombres que lo contemplaban desde la mesa.

—En ese caso habría que reconsiderar el ofrecimiento del conde de la Sierra y los soldados de otras guarniciones deberían ser asignados a mi servicio.

—Ya conocéis las instrucciones al respecto del gobernador de La Habana —contestó Aranda secamente—. En cualquier caso, creo que mi compañero Luis Montes no ha terminado su exposición.

Eslava permaneció mirando al peruano antes de regresar a la mesa y volver a ocupar su sitio.

—Está bien Montes, prosiga —dijo sin ahorrarse un nuevo gesto de hastío.

—Hay otros detalles de importancia que deberíais conocer, excelencia.

Sin establecer nuevas pausas que pudieran ser aprovechadas por el virrey para interrumpir la lectura de su informe, Luis Montes retomó la palabra con aires de urgencia.

—El primero es que los ingleses han dispuesto una tercera flota de cinco navíos al mando del comodoro Anson. Sus órdenes son las de navegar a Hornos, ascender por el Pacífico y dirigirse a tomar Panamá.

Con Portobelo y Panamá en su poder, los ingleses aislaban el virreinato de Nueva España y cerraban completamente el paso de mercancías procedente del Pacífico español, entre otras la plata del Potosí, tan necesaria en aquellos momentos de escasez de recursos militares. Por otra parte, con la flota de Anson en el Pacífico y la de Vernon en el Caribe, el rey Jorge II establecía una pinza en la parte sur del imperio colonial cuya presión sería difícil de soportar y la posibilidad de enviar refuerzos a Cartagena desde la franja que iba de Lima a Panamá quedaba desterrada definitivamente.

—Para contrarrestar a Anson —prosiguió Montes—. Ensenada ha ordenado la salida de Cádiz de la Flota del almirante Pizarro, pero los ingleses han bloqueado el puerto andaluz y por el momento no hay noticias de que haya podido hacerse a la mar.

El rostro de Eslava estaba pálido como la cera. Parecía que la noticia de la presencia de Anson en el Pacífico con sus cinco navíos le producía mayor desasosiego que la de Vernon a pocas millas de Cartagena con una fuerza muy superior.

—¿Algo más? —musitó Lezo que no parecía dispuesto a dejarse paralizar por la presencia de cinco navíos ingleses frente a Panamá.

—Sí, almirante. En apoyo de Torres, Luis XV ordenó la salida de Brest de la Escuadra del almirante D´Antin. Dicha partida se produjo el pasado 25 de agosto, antes de que los ingleses bloquearan el puerto francés, sin embargo una grave epidemia de fiebre amarilla ha obligado a los franceses a permanecer fondeados en La Martinica a la espera de que pase la cuarentena. De momento no son más que rumores, pero podría ser que a la vista de la situación y dependiendo de los efectivos que logre conservar, D´Antin decidiese regresar a Francia.

—No son buenas noticias —susurró Lezo con un chasquido.

—Hay algo más, almirante.

—¿De qué se trata?

—¿Habéis oído hablar de Lawrence Washington? —Preguntó Montes interrogando a Lezo con la mirada.

—Sí, tengo algunas referencias suyas. Es un virginiano que surte de esclavos a la mayoría de plantaciones de algodón de los estados sureños norteamericanos. Conocí a su padre en Guayaquil cuando viajaba por América recolectando semillas. Augustine, creo recordar que se llamaba. Me pareció un tipo honrado.

—Exacto almirante. Ese es el perfil. Sin embargo me temo que de su hijo no pueda decirse lo mismo.

—¿Y qué tiene que ver el hijo con lo que aquí nos mueve?

—Lawrence es un entusiasta admirador de Vernon. O eso dice. Voceó a los cuatro vientos la toma de Portobelo como si hubiera sido una hazaña propia —contestó Montes con un deje de ironía.

—Hoy por hoy los americanos son súbditos del rey Jorge. Veremos lo que dura —ironizó Lezo.

—Imagino almirante que entendéis que el trasfondo de la cuestión no es otro que la trata de esclavos.

Sin esperar ningún tipo de comentario, Luis Montes continuó su exposición.

—Puestos a elegir entre los dos países en guerra, a Lawrence Washington le conviene una victoria inglesa que asegure su negocio de esclavos. No voy a decir, almirante, que en la América española no los haya, pero los españoles consideran que los esclavos negros tienen alma al igual que los blancos, y en Nueva España, Perú y aquí mismo se encuentran muchos más negros y mulatos libres que esclavos, y aún estos tienen una larga lista de derechos que les niegan los americanos amparados por los ingleses, que son los que mueven la trata. La victoria de Vernon representaría un negocio de pingües beneficios para Lawrence Washington, que seguramente obtendría el monopolio de esclavos en América. Al menos eso parece haber pactado con Vernon.

—¿Un pacto entre Washington y Vernon? —inquirió Lezo sorprendido.

—Nuestros agentes detectaron la presencia del virginiano en Jamaica hace aproximadamente un mes. Tuvieron reuniones amistosas a bordo del buque insignia de Vernon y celebraron los acuerdos conseguidos en un ingenio azucarero cerca de Kingston al calor del ron y de media docena de cariñosas mulatas.

—¿A qué tipo de acuerdos os referís?

—Almirante, el señor Washington ha prometido a Vernon cuatro mil voluntarios de Virginia equipados y entrenados para el ataque a Cartagena.

En esta ocasión fue Eslava el que dio un respingo.

—¿Estáis seguro de eso? ¿Y cómo podéis asegurar que atacarán Cartagena?

—Excelencia, el señor Lawrence Washington no suele viajar solo. Acostumbra a acompañarle un tal John Greene, que ejerce funciones de secretario y ayuda de cámara. Míster Greene goza de la entera confianza de su señor, aunque hay ocasiones, como por ejemplo el encuentro en la hacienda azucarera, en que ha quedado fuera del negocio con cierto disgusto por su parte. Nuestros agentes conocen su trabajo y no tardaron en averiguar ciertas inclinaciones del secretario, a la vez que han sabido que una oportuna ingesta de ron suele facilitar que suelte la lengua. Básicamente ha sido a través de John Greene que hemos conocido los acuerdos entre Washington y Vernon y también los planes del almirante inglés.

—¿Y qué planes son esos? —preguntó Eslava con impaciencia.

—Atacar y conquistar —contestó Luis Montes ceremoniosamente después de tomarse un respiro—. Vernon tiene planes para atacar La Habana, Veracruz, San Juan de Puerto Rico...

Eslava alzó los brazos reclamando que las palabras de Montes le daban la razón, pero este siguió dando sus explicaciones sin atender la interrupción del virrey.

—Sin embargo el de Cartagena es el único plan de ataque detallado en tiempo y espacio. Se trata de un planeamiento secuenciado en tres fases y prácticamente no tenemos dudas de que esta ciudad será el objetivo elegido por el almirante inglés. Todo apunta a que su intención podría ser la de atacar primero en Cartagena para hacerlo después en otros enclaves del imperio.

—Adelante, Montes, nos gustaría conocer los detalles de ese plan —por primera vez Lezo se mostró condescendiente.

—La idea de Vernon, o al menos la que parece que compartió con Washington, comienza con el bloqueo, con al menos dos meses de anticipación al ataque a la ciudad, de las principales líneas de abastecimiento de Cartagena por el sur, concretamente en la isla de Barú y en Pasacaballos. El almirante piensa que sin trigo, carne y otros productos de primera de necesidad la voluntad de resistencia de los cartageneros se vería notablemente mermada.

»Respecto al ataque en sí, consistiría en el desembarco inicial de dos mil hombres en la Boquilla, al norte de la ciudad. Con la ayuda de pontones, estos hombres cruzarían el caño de Paso Alto y el canal del Ahorcado para avanzar luego hacia el cerro de la Popa y apoderarse del puesto, dedicándose sistemáticamente a bombardear desde allí el castillo de San Felipe de Barajas, a la espera del desembarco del resto del contingente.

»Seguidamente y mientras la flota apuntaría sus cañones a las murallas de Cartagena, una tercera fuerza de cinco mil hombres progresaría en el interior de la bahía hasta apoderarse del fuerte de Manzanillo, tras lo cual este contingente se sumaría a los dos mil hombres concentrados en la Popa para lanzarse juntos sobre las brechas abiertas por la artillería en San Felipe y en las murallas de Cartagena, que Vernon considera son más vulnerables en la zona del arrabal de Getsemaní. Si Cartagena resistiera el ataque de estos once mil hombres, pues a los acuartelados en la Popa no tardarían en sumarse los cuatro mil voluntarios virginianos de Washington, sucumbiría por el hambre, ya que quedaría sin suministros durante el tiempo que durara el bloqueo. Una vez rendida la ciudad, la siguiente en caer sería Santa Fe de Bogotá, conquistada la cual Vernon podría estrechar la mano de Anson en Panamá. Greene señaló también que Vernon conoce la situación de los fuertes que flanquean la ciudad y el estado de sus cañones, lo mismo que las alturas de las empalizadas de San Felipe, para las que vendrá provisto de las correspondientes escalas de mano. Resulta del todo evidente que tiene informadores a su servicio en la ciudad.

—Bueno, al menos estaremos avisados del ataque, si es que llega a producirse, con dos meses de antelación a partir de que traten de cerrar las líneas de abastecimiento en Pasacaballos y Barú —exclamó Eslava en tono triunfal.

—Yo no estaría tan seguro, excelencia —replicó Lezo con un rictus de preocupación—. Vernon no es tonto y no nos conviene subestimarlo. Supongo que conoce perfectamente los límites de su secretario y presumo que ha metido en su cabeza ideas verdaderas y falsas, sabedor de que antes o después llegarían a nuestro conocimiento. Quizás sólo trata de confundirnos. En cualquier caso me gustaría saber por dónde piensa acceder a la bahía.

—Vernon sabe que el acceso por Bocagrande está cegado con una escollera y también que Bocachica se cerrará con cadenas —intervino nuevamente Montes—, pero ahí el paso es ancho y los ingleses tratarán de forzarlo. Míster Greene confesó entre risas que en la toma del castillo de San Luis se derramaría mucha sangre, pero que sería toda virginiana. En cualquier caso el lenguaraz secretario demostró conocer al detalle todos los detalles de las playas de la Boquilla y de las baterías de Crespo y Mas allí emplazadas.

—¿Está seguro de que dijo San Luis? ¿No se referiría al fuerte de San José?

—Dijo San Luis, almirante. ¿Es importante el matiz? —Preguntó Montes mirando el mapa extendido sobre la mesa.

—En realidad es lo que se espera de él —murmuró Lezo entre dientes —. Pero si realmente quiere ocuparlo con los voluntarios de Virginia tendrá que desembarcarlos en la Tierra Bomba. Sería cuestión de esperarlos allí. Ahora lo que hace falta es saber qué hay de cierto en todo esto. Personalmente opino que nos están tendiendo una trampa.

—¿A qué trampa os referís, Lezo? —preguntó Eslava alzando la cabeza en un gesto impaciente.

—La Boquilla, excelencia. No creo que trate de desembarcar allí. Sabe que es una playa de poco gradiente y le costará un esfuerzo supremo y un enorme sacrificio de vidas humanas, además de la dificultad añadida que presenta para el desembarco de los pontones. Como mucho, considero que podría llevar a cabo una maniobra de distracción para dividir nuestras fuerzas, pero estoy seguro de que el ataque será por Bocachica, no tengo ninguna duda. Además de en San José, deberíamos hacernos fuertes en San Luis y oponer la mayor resistencia al desembarco en la Tierra Bomba. Cada día que pase antes de que Vernon pueda acceder a la bahía, será una pequeña victoria a nuestro favor.

—Explicaos —ordenó el virrey.

—Vernon es un presuntuoso y querrá regresar victorioso a Londres cuanto antes. Debido a su fuerte carácter le incomodará ver pasar los días sin haber cumplido sus expectativas y eso podría llevarle a dar algún paso en falso. Además, si el ataque tiene lugar antes de verano, como preveo, con los primeros muertos no tardarían en llegar las epidemias. Ya ocurrió cuando se presentó Pointis. A pesar de salir derrotados, en aquella guerra aprendimos a deshacernos de los cadáveres de nuestros soldados muertos lanzándolos al mar desde las murallas con una bala de cañón atada a los pies, pero Vernon tendrá tanta prisa que quizás no se detenga a reflexionar sobre este punto. Insisto, es cuestión de esperar a que cometa los primeros errores y actuar en consecuencia.

—Francamente, Lezo, no estoy de acuerdo con vos —sentenció Eslava con gravedad—. De venir, cosa que todavía dudo, lo haría por la Boquilla. Es lo más natural, puesto que sabe que Bocachica y Bocagrande permanecerán cerradas.

El marino vasco se mordió los labios y golpeó el suelo nerviosamente con su pierna de madera. Finalmente giró la mirada a Eslava y se pronunció con determinación.

—Excelencia, no estoy en condiciones de asegurar que Vernon vendrá a Cartagena, pero mi responsabilidad es preparar la ciudad por si este hecho se produjera. Y como os he dicho, francamente, dudo que anuncie su ataque con el bloqueo de las líneas de abastecimiento. En mi opinión, Vernon se presentará sin avisar, más pronto que tarde. Le urge esta victoria.

El capitán Alderete se había mantenido en silencio hasta ese momento, pero repentinamente se agitó en su silla y susurró en tono pusilánime:

—En mi opinión, señores, debemos permanecer atentos a los días 3 y 13 de los meses venideros.

Su extraña intervención fue acogida con escepticismo en la mesa. Pero Lezo animó al capitán a exponer sus ideas.

—Explicaos. ¿Qué queréis decir? Os advierto que no estamos para juegos cabalísticos.

—Almirante, he estudiado a Vernon a fondo. Está obsesionado con el número tres, y en ocasiones con sus múltiplos. ¿Alguien conoce su fecha de nacimiento?

En vista de la ausencia de respuesta, Alderete continuó con su exposición.

—Nació un 12 de noviembre, pero en todos los documentos oficiales y personales consta el 13. Cualquiera puede comprobarlo.

—Continúe Alderete —le animó Lezo.

—Hay constancia de otro dato curioso. Cuando el almirante Rooke lo seleccionó para desembarcar en Gibraltar con un grupo de catalanes el 4 de agosto de 1704, el entonces teniente Vernon insistió hasta la saciedad para que el desembarco se llevase a cabo un día antes, cosa que finalmente no consiguió, aunque llamó la atención su insistencia y desparpajo, impropios de un oficial de su edad.

»Pero hay más, excelencia —Alderete buscó con la mirada la oronda figura del virrey—. Ganó Portobelo con seis navíos y se presentó en Cartagena dos veces, la primera un 13 de marzo y la segunda un 3 de mayo. Si finalmente viene, la próxima será la tercera. Su flota actual la componen 13 navíos y tampoco creo que sea casualidad que en su época de parlamentario soliera dirigirse a la cámara con sus diatribas de guerra inexcusablemente los días 13. Ahora acabo de escuchar que prepara una fuerza de trece mil marineros e igual número de soldados. En mi opinión está obsesionado con ese número. Probablemente piense que le trae suerte.

—Es un detalle a tener en cuenta Alderete, enhorabuena por su sagacidad —Lezo envió a su ayudante una sonrisa de agradecimiento.

—Pues a mí me parece una solemne tontería —se burló Eslava—. Habrá que decirle a Ensenada que retire los cuerpos militares de la plaza y nos envíe un ejército de pitonisas.

Las palabras del virrey fueron recibidas con frialdad y

establecieron un manto de silencio sobre la mesa que el propio Eslava se encargó de romper.

—Y ya está bien de escuchar necedades —dijo golpeando la mesa con evidente nerviosismo—. Que cada cual regrese a sus obligaciones.

»En cuanto a ustedes dos —completó refiriéndose a Aranda y Montes—. Que les den alojamiento. Pueden permanecer en Cartagena el tiempo que consideren necesario.

Luego, incorporándose, se giró y desapareció nerviosamente tras la puerta que comunicaba con sus aposentos.

17. CARTAGENA DE INDIAS, FEBRERO DE 1741 LA TRAICIÓN

A pesar del evidente peligro al que estaba sometida, Cartagena parecía extrañamente dormida. Blas de Lezo había intensificado los planes de adiestramiento y el refuerzo de las defensas de la ciudad y sus baluartes, pero no sentía en el ambiente la tensión que suponía vivir bajo el riesgo de la aparición de los ingleses en cualquier momento.

Con motivo del quincuagésimo segundo cumpleaños del almirante, Salvador y Amandita le ofrecieron un ágape en su casa al que asistió lo más granado de la ciudad, con excepción del virrey, que se disculpó aduciendo obligaciones que lo retenían en su palacio. Para entonces las diferencias entre Lezo y Eslava eran de dominio público. A pesar de que el marino había tratado de dejar a un lado los desaires del virrey por el bien del servicio, el general navarro no se privaba de humillarle con cualquier motivo y en presencia de quien fuera, sin importarle que pudiera tratarse de subordinados del almirante, quien, por su parte, prefería hacer oídos sordos a las provocaciones pensando que la división entre las dos autoridades principales de la ciudad y del virreinato era lo que menos convenía a la situación, con un más que probable ataque inglés de dimensiones y consecuencias impredecibles gestándose pocas millas al norte de

Cartagena y para cuya defensa no terminaban de ponerse de acuerdo, pues Eslava seguía sin estar convencido de que el ataque de Vernon fuera a materializarse sobre Cartagena, defendiendo que, en el caso de producirse, el lugar elegido por el almirante inglés para su ejecución serían las playas de la Boquilla, por lo que había dado órdenes a Lezo para reforzar este lugar en perjuicio de los fuertes de San José y San Luís, que defendían la entrada a la bahía exterior por Bocachica, lugar donde, según predicaba el almirante, habría de producirse el golpe.

El virrey aseguraba que las cadenas que cerraban la única entrada posible a la bahía constituían un motivo suficiente para empujar a Vernon a la Boquilla, y en consecuencia había ordenado a Lezo dejar una exigua guarnición de treinta hombres en cada fuerte, la cantidad justa para poder disparar los cañones y hacer creer a los ingleses en una defensa sólida en aquel acceso, empujándolos así a las playas del norte, donde les estarían esperando un número mayor de efectivos.

Lezo había tratado inútilmente de explicar al virrey que la defensa por cadenas era el mismo sistema empleado en su Pasajes natal para cerrar la desembocadura al mar del río Oiarso y que no había servido para nada cada vez que los piratas o los vikingos decidieron remontar el río para saquear el pueblo, pues bastaba con el desembarco a tierra de unos pocos marineros para soltar los puntos de fijación de los extremos de las cadenas de modo que estas se precipitaran al fondo del mar por su propio peso. Lo más grave era que las playas de la Boquilla y la entrada de Bocachica eran los puntos del sistema defensivo más alejados entre sí, de manera que si Vernon decidía intensificar el ataque en este último acceso, no habría tiempo material de trasladar a ese punto a los soldados concentrados en la Boquilla, y mientras trataba de convencer al virrey de la importancia de una decisión que podía dar al traste con todos los planes de defensa, había comenzado a adiestrar a sus barcos en el transporte urgente de soldados de una punta a otra. La idea del almirante vasco era establecer un cuarto anillo defensivo con los navíos de Torres dos millas por fuera de Bocachica, para dar tiempo a los suyos a mover a los soldados concentrados inútilmente en la Boquilla, aunque para ello tuviera que renunciar a la táctica planeada inicialmente de enfrentar la Flota de Torres con la inglesa para causar a los buques de Vernon el mayor daño posible en el mar, como forma de dilatar el ataque a la ciudad, esperando que el retraso pusiese nervioso a Vernon y lo llevara a cometer algún error.

Los pálidos rayos de la luna se proyectaban sobre el jardín de la residencia de los Amaya a través de las verdes hojas de los canelos, imponiéndose a los tibios destellos anaranjados que había dejado el sol en el horizonte al desaparecer hacía casi una hora. Amandita departía con Blas de Lezo tratando de arrancar una sonrisa al espectral rostro del almirante. Como la mayoría de los habitantes de Cartagena conocía las preocupaciones del marino vasco en cuanto a la defensa de la ciudad y también sus diferencias con el virrey, aunque, más allá de esas cuitas, su marido le había confesado haber escuchado algún susurro a Alderete en relación con la inquietud que producía al almirante la falta de tensión de los cartageneros respecto al más que presumible ataque inglés.

—Parecen felices —comentó ella señalando con la barbilla a un grupo de invitados que se movía animadamente al compás de la música de bandolas, marimbas y flautas.

—Se diría que piensan que la felicidad va a durar eternamente —replicó Lezo cáusticamente.

—Vamos, almirante, no se lo reprochéis. Si los habitantes de Cartagena no piensan en la guerra es porque se sienten bien defendidos. Es vuestra larga estela de victorias lo que les da confianza.

—Al combate no se va sólo con confianza, también hay que aportar tensión —se quejó el marino.

—Eso llegará cuando tenga que llegar, no os preocupéis. Cuando se presenten los ingleses alzarán la vista, os verán gritar vuestras órdenes y os seguirán llenos de esa misma confianza que sienten ahora, pero también de esa tensión que reclamáis y que, así lo creo yo también, debe ser exigencia de todo combate.

—Dios os escuche, Amandita.

—Nunca ha dejado de hacerlo, almirante, —susurró la joven sonriente—. Y estoy segura de que no va a dejar de hacerlo ahora.

La llegada de Luis Montes interrumpió la conversación.

—Buenas noches —saludó dejando suspendido en el aire la suave cadencia de su acento limeño—. Preciosa anochecida.

—Así son todas en esta tierra privilegiada tocada por el dedo de Dios —volvió a sonreír Amandita.

—¿Almirante podríais concederme unos minutos? —Montes se dirigió a Lezo con mirada circunspecta.

—Naturalmente —asintió el almirante frunciendo el entrecejo.

—Cosas de hombres, me temo —exclamó Amandita entre risas—. Creo que tendré que dar una vuelta para comprobar que a nadie le falta un vaso de chicha.

Luis Montes esperó a que la anfitriona hubo desaparecido entre los grupos de invitados y se dirigió a Lezo con gravedad.

—Almirante, disculpadme si os hablo con excesiva franqueza o de forma demasiado directa.

Lezo se limitó a mirar a Montes con gesto grave.

—A nadie escapan vuestras diferencias con el virrey en asuntos de trascendencia capital como es la defensa de la plaza ante el ataque de los ingleses.

Lezo fue a replicar las palabras de Montes. Bajo ningún concepto pretendía hacer de sus diferencias con Eslava un asunto de deslealtad a su jefe comentándolas en una fiesta privada, pero Montes le detuvo con un gesto de la mano.

—Señor, dejadme que os diga que mi permanencia en Cartagena no obedece únicamente a las razones que Aranda y yo esgrimimos ante el virrey. Es verdad que navegar ahora por las Antillas es exponerse a caer prisioneros de los ingleses y también que tienen métodos para arrancarnos la información que pueda haber en nuestras cabezas.

—Lo sé, Montes. Es de toda lógica que permanezcáis en la ciudad.

—Cierto almirante, pero esa no es la única razón que me ha impulsado a quedarme. He visto la actitud del general

Eslava respecto a lo que él considera un ataque poco probable de los ingleses, cuando lo cierto es que tengo información que me empuja a pensar no sólo que va a producirse sin ninguna duda, sino que además sus barcos no han de tardar mucho en presentarse frente a Cartagena.

—¿Me estáis diciendo que vuestros agentes os mantienen informados en Cartagena?

—Así es. Tenemos una familia de pescadores a sueldo. Recogen información en alta mar que procede en su origen del Paisano. Me temo que lo que tengo que deciros no va a ser de vuestro agrado.

—Esperad un momento, Montes. Si es información que afecta a la defensa y seguridad de la plaza, debe escucharla el virrey.

—Almirante, sólo os pido un poco de paciencia. Dejadme contaros las noticias que han llegado a mi poder. Si a continuación deseáis que repita el discurso ante el general Eslava lo haré gustosamente, aunque personalmente y con idea de no comprometer la identidad de mis correos preferiría quedar al margen.

—Explicaos entonces.

—Lo primero que debéis saber es que el virrey se ha reunido secretamente en dos ocasiones con el almirante Torres.

A leer en el rostro de Lezo el impacto que le había producido la noticia, Montes se refugió momentáneamente en el silencio.

—¿Estáis seguro de lo que decís? ¿Y cuándo han tenido lugar esas reuniones? ¿Dónde se han celebrado? —Preguntó el almirante nerviosamente.

—La semana pasada en ambas ocasiones. En una hacienda en Bayunca, no lejos de aquí.

»Fue Torres el que pidió la reunión. Desde que ha sabido que los franceses regresan a Europa está deseando seguirles aguas. En realidad, los franceses nunca se han tomado esta guerra en serio. Según nuestros informes, la Flota de D´Antin permanece en el Caribe para apoyar a la de Torres en virtud de los pactos nunca firmados entre Luis XV y Felipe V, sin embargo a la muerte del emperador Carlos VI un nuevo mapa político se está empezando a dibujar en Europa, lo que ha llevado al rey de Francia a considerar que sus verdaderos intereses están allí. Lo de las epidemias a bordo de la Flota francesa es sólo una verdad a medias.

—Entonces es cierto que los franceses nos abandonan...

—Completamente. Su decisión ya ha sido comunicada a nuestro rey. D´Antin lleva semanas esperando a que su gobierno cumpliera esta formalidad para poner rumbo a su patria. Naturalmente los franceses han esgrimido excusas relacionadas con la situación en Europa y las tensiones en Austria; incluso han sugerido la posibilidad de atacar a los ingleses en otros escenarios para obligarles a retirar fuerzas del Caribe, pero son meras excusas para justificar el hecho de que no quieren arriesgar sus barcos. La realidad es que Francia no se encuentra en guerra con Inglaterra y eso es, en definitiva, lo que lleva a su rey a encogerse de hombros.

—¿Y qué pasa con Torres?

—El almirante Torres tenía como misión unirse a la Escuadra francesa para buscar a los ingleses y combatirlos allá donde los encontrasen. Ahora aduce que sus barcos no son suficientes para tanta misión. El propio Torres pidió a Eslava permiso para regresar a España.

—¿Y el virrey?

—El general Eslava se negó en un principio, pero vista la poca voluntad de Torres para combatir terminó llegando a la conclusión de que su flota no le iba a resultar de ninguna utilidad. Fue entonces cuando le pidió una segunda reunión para dos días después. Su cabeza daba vueltas a una idea que lleva acariciando desde hace tiempo.

—¿A qué os referís?

—¿Recordáis la toma de Portobelo por el almirante Vernon?

—Claro, cómo habría de olvidarla.

—Cuando sucedió, el general Eslava se encontraba en la corte recibiendo instrucciones para el gobierno del virreinato. Allí escuchó voces críticas con respecto a la toma de Portobelo, a la que en España muchos se referían como una entrega cobarde por nuestra parte antes que como una conquista inglesa. Parece ser que una de las cosas que más molestó fue la inmovilización en Perú de los 12 millones de pesos que estaban a punto de viajar a la metrópoli. Se trata de una cantidad importante, un dinero muy necesario dadas las circunstancias. Pues bien, desde que Eslava supo de esa decepción por parte del rey, ha estado dando vueltas en su cabeza a la forma de hacerlo llegar a la corona. Después de reunirse con Torres la primera vez, interesó el modo de mover el dinero desde Lima y ahora ha visto la forma de transportarlo a España con los buques de Torres. La entrega se hará secretamente en Puerto Escondido y a continuación Torres será libre de navegar a La Habana, pues el virrey no quiere comprometerse más allá, y ya que recibió los barcos del gobernador de aquella isla, ahora cree llegado el momento de reintegrárselos, aduciendo, además, que tanto Torres como él consideran que el ataque de Vernon tendrá lugar allá y no aquí. En realidad es una salida oportuna y airosa para ambos, Eslava será recordado como el hombre que consiguió hacer llegar los 12 millones a España y Torres no tendrá que enfrentarse a una escuadra superior y con ganas de sangre. De que ninguno de los dos cree realmente en el argumento de que los ingleses atacarán La Habana da idea el hecho de que Torres planea dejar un navío o dos en Cartagena, para mí gusto no es más que una manifestación de sus remordimientos y en definitiva una forma para ambos de disimular su cobardía.

Lezo sintió un ramalazo de ira. De haber tenido delante en ese momento al virrey habría hecho algo de lo que seguramente hubiera tenido que arrepentirse más tarde.

—No sé si aún estaré a tiempo de evitar esta barbaridad, pero pienso intentarlo. Voy a tratar de reunirme urgentemente con el virrey.

—Almirante —dijo Montes pidiéndole calma con las manos.

—No os preocupéis, vuestro nombre no saldrá a relucir. Que yo sepa el virrey no sabe que mantenéis activas en Cartagena vuestras líneas de información y por mi parte yo tengo las mías, aunque debo decir que no son tan eficientes como las vuestras.

—No me refiero a eso, almirante. Confío plenamente en vos en ese sentido y sé que haréis el uso de esta información que mejor convenga a España. Lo que quiero deciros es que siendo mala la noticia de la retirada de la Flota de Torres, hay otra aún peor.

—Decidme, pues...

—Los ingleses aún no conocen la defección de Torres, pero sí saben que D'Antin regresa a Francia. La escuadra de Vernon y la de Chaloner-Ogle constituyen ya una sola flota alistada para zarpar de Jamaica en cuanto lo ordene su comandante. Los cuatro mil reclutas de Lawrence Washington ya están embarcados, lo mismo que mil esclavos negros que viajan como porteadores aunque han sido adiestrados en el uso del arco. Parece que Vernon tiene prisa, pues considera que sus hombres ya se han adaptado al clima y enfermedades tropicales y descarta la posibilidad de una epidemia. Obviamente, el recién llegado Chaloner-Ogle, con una fuerza muy superior a la de Vernon y que en realidad, junto con los reclutas y los esclavos, constituye el verdadero grueso de las fuerzas inglesas, no puede decir lo mismo, pero quizás debido a un optimismo desmedido o al propio miedo que pueda tenerle a Vernon, ha aceptado que sus fuerzas también se encuentran aclimatadas. Por el contrario, Thomas Wentworth, jefe de la fuerza expedicionaria en tierra, ha reclamado prudencia y declarado que los reconocimientos que se han hecho de las zonas en que deberá desembarcar no le permiten hacerse una idea correcta de la situación, pero Vernon parece obsesionado con lanzar el ataque cuanto antes y ha ignorado la prudencia de su subordinado. Ahora sabemos que definitivamente Vernon vendrá a Cartagena y lo hará en sólo unos días.

Blas de Lezo dio un respingo. Agradeció la información a Montes y luego se dirigió al encuentro de los anfitriones a los que encontró juntos en la rosaleda. Tras comunicarles que había surgido un imprevisto y tenía que marcharse se despidió de ellos, cortesía a la que Salvador respondió con un taconazo y su esposa tendiéndole la mano para que Lezo se la llevara a los labios.

A galope tendido el almirante se dirigió al palacio del marqués de San Gabriel, donde encontró al virrey reunido con el coronel Carlos Desnaux. Cuando el criado se disponía a anunciar la visita, Lezo lo apartó a un lado y entró a grandes zancadas en la estancia en la que ambos hombres conversaban, basculando sobre su pata de palo sin necesidad de la muleta que habitualmente solía acompañarle.

—Lezo, vos aquí —exclamó el virrey sorprendido por la inesperada irrupción del almirante a una hora tan intempestiva.

Dirigiendo la mirada a Desnaux, Lezo escupió.

—Lo que tengo que deciros es una información privada y reservada que me ha llegado a través de mis informadores. Se trata de un asunto de suma importancia.

Los ojos de Lezo estaban encendidos como teas. Aventurando que lo que se disponía a decirle pudiera resultar desagradable, el virrey resolvió no quedarse a solas con él.

—Bien sabéis que Desnaux es mi secretario y no necesito recodaros que secretario es palabra que viene de secreto. El coronel Desnaux no se moverá de su asiento.

—Está bien, decidme, ¿Qué pasa con la Escuadra de Torres?

—Vos sois los que tenéis la información, así que a vos corresponde ponerme al corriente, ¿Qué habéis sabido? —Preguntó Eslava con voz medrosa.

—He tenido noticias de que Torres regresa a La Habana y que vos habéis dado la orden.

—No tengo por costumbre discutir mis órdenes con los subordinados…

—Si eso es cierto, la defensa de Cartagena se verá notablemente afectada. Decidme, ¿es cierto? ¿Es verdad que os habéis entrevistado con Torres dos veces la semana pasada?

El virrey se movió incómodo en su silla, sopesó la respuesta antes de pronunciarse y finalmente espetó:

—Sí, es cierto. El almirante Torres quería evacuar en mí sus preocupaciones. ¿Tenéis algo en contra de eso?

—Bien sabéis que no, excelencia, pero esos buques contaban en los planes de defensa de Cartagena y al parecer ya no cuentan. Como jefe supremo de las fuerzas de defensa deberíais haberme participado la noticia de la partida de la flota.

—Está bien Lezo, ahora ya lo sabéis. ¿Alguna otra cosa que os preocupe?

—Excelencia, he sabido que Vernon está a punto de descargar su golpe. Si los buques ingleses se lanzan sobre la desguarnecida Bocachica, los fuertes de San José y San Luís no tendrán apenas capacidad de respuesta y sin la Flota de Torres como primer anillo defensivo, la caída de Bocachica se producirá en unas horas, quizás sin tiempo para que los soldados apostados en las playas de la Boquilla puedan acudir a socorrer la entrada a la bahía.

—¿Me estáis dando una clase de táctica, Lezo? Siendo hombre de mar tenéis tendencia a pensar que todas las batallas han de venir por este medio. Y en cuanto a la inminencia del ataque, no he tenido noticias de que hayan cortado nuestros suministros en Barú.

—¡Qué Barú ni Barú! —Lezo estaba visiblemente alterado—. Eso no es más que una fórmula de Vernon para confiarnos. Os estoy diciendo que los ingleses están a punto de llegar y que si consiguen romper el primer día las cadenas de Bocachica se presentarán en la bahía interior pocas horas después. Santa Cruz y Manzanillo no tienen capacidad defensiva suficiente y no tardarían en caer, y a continuación lo hará el Boquerón, con lo que no pasarán más de dos días antes de que se presenten en el castillo de San Felipe sin apenas desgaste. En esas condiciones Cartagena tardaría menos de una semana en ser inglesa.

—Vamos, almirante, al igual que vos Vernon sabe que Bocachica es infranqueable. No es ajeno a que si trata de forzar ese paso le espera una carnicería a bordo de sus naves. ¿Pensáis acaso que el almirante inglés mudará sus planes sólo por complaceros?

—Con todo respeto, excelencia. El suicidio sería atacar por la Boquilla, donde por mor de los fondos los buques ingleses tendrían forzosamente que mantenerse alejados de la playa. En esas circunstancias los botes de desembarco serían presa fácil de nuestras baterías. Es cierto que soy un hombre de mar, pero no olvidéis que Vernon también lo es. Cualquier comandante naval que quisiera tomar Cartagena con superioridad de fuerzas establecería una pinza en la Boquilla y Bocachica, pero no hay duda de que el golpe vendrá por este último acceso. Aún estamos a tiempo, excelencia. Nuestra única posibilidad de victoria es entorpecer cada intento de los ingleses con el objetivo de dilatar su llegada. Además de contribuir a la defensa de la plaza con sus cañones, se suponía que los buques de Torres ayudarían a mover a los soldados de uno a otro anillo defensivo, pero vuestra descabellada decisión de renunciar a ellos nos priva ahora de una pieza defensiva fundamental.

Lezo estaba fuera de sí. Si el virrey no corregía la orden de defensa y mantenía la de concentrar el esfuerzo en las playas de la Boquilla, Cartagena estaba irremisiblemente perdida.

—Almirante, ya que os decís marino os prevengo de no perder el norte. Me estáis incomodando y os advierto que vuestro tono no es el más apropiado para dirigiros a un superior. Tengo mis razones para haber despachado a La Habana al almirante Torres...

—Sí, ya sé —Lezo interrumpió ásperamente al virrey—. Conducir a España los dichosos doce millones de los que Vernon no pudo apoderarse en Portobelo. Sin duda el rey quedará muy agradecido y escribirá un hermoso epitafio sobre nuestras tumbas.

—Ya está bien Lezo. No estoy dispuesto a soportar más insidias. No tengo nada más que hablar con vos. Desnaux, avisad al condestable de palacio, que arme una guardia y escolten al almirante hasta el alcázar. Quedará allí en calidad de arrestado. Lezo, quedáis relegado de vuestros cargos. Preparaos, coronel, para haceros cargo de la defensa de la ciudad.

Tras pronunciar las últimas palabras, el virrey se incorporó y dio la espalda al almirante. Con la ciudad a punto de ser atacada, Blas de Lezo, su más firme baluarte, quedaba apartado de la cada vez más difícil defensa de la plaza.

18. CARTAGENA DE INDIAS, 13 DE MARZO DE 1741 LLEGAN LOS INGLESES

Conforme a los pronósticos de Lorenzo Alderete, las primeras velas asomaron por el horizonte al amanecer del 13 de marzo de 1741 y apenas dos horas después ya se distinguía que eran inglesas. Desde la torre de la muralla el vigía envió señales a todos los puestos de defensa y al poco las fuerzas militares de la ciudad corrían a ocupar los puestos asignados en el zafarrancho, mientras las campanas de San Francisco tocaban insistentemente a rebato.

La mayor parte de los civiles continuaron con sus quehaceres, asistiendo al zafarrancho pasivamente como si el ataque de los ingleses no fuera con ellos. Se trataba de la tercera aproximación de Edward Vernon a la ciudad y en las dos primeras las velas con la efigie de San Jorge no habían tardado en desaparecer por el mismo sitio por donde habían aparecido. Sin embargo, a pesar de la aparente tranquilidad, algunos cartageneros decidieron cargar los carros con sus enseres y abandonar la ciudad por Getsemaní, siguiendo la senda de otros que les había precedido con las primeras aproximaciones inglesas para buscar refugio en las selvas y manglares del interior.

Personado en la muralla junto a su inseparable Carlos Desnaux, Sebastián Eslava observaba los movimientos de la escuadra enemiga con una mueca burlona dibujada en el rostro. En realidad, la temida flota inglesa que tantos quebraderos de cabeza les había ocasionado consistía únicamente en cuatro navíos de línea escoltando a un buque menor que un oficial naval reconoció como una corbeta, todos los cuales se dirigieron con rumbo sur en dirección a las playas de la Boquilla, hasta que, llegados al límite del alcance artillero de las baterías defensivas de Crespo y Mas, los navíos se detuvieron y tras echar el ancla bornearon hasta quedar detenidos en medio del mar. Por su parte, la corbeta continuó su avance y, sin dejar de navegar, arrió un grupo de ocho botes abarrotados de soldados que se dirigieron hacia la playa a golpe de remo aprovechando la corriente producida por la marea llenante.

Eslava no podía ocultar su satisfacción. Si Alderete había acertado en cuanto a la fecha del ataque, él también lo había hecho en lo tocante al punto de desembarco que, efectivamente, se estaba llevando a cabo en esos momentos y ante sus ojos en las playas de la Boquilla, al otro lado del caño de Paso Alto. En un arranque de soberbia el virrey decidió levantar el arresto a Lezo, mandándolo llamar a la muralla para regodearse en su acierto, mientras ordenaba a su capitán de señales que mandara abrir fuego a las baterías de Castro y Mas.

En sus aposentos, el almirante Blas de Lezo sabía de la llegada de los ingleses por el volteo interminable de las campanas y la información que puntualmente le servía su fiel Alderete. Cuando tronaron las baterías de la Boquilla se encontraba sentado frente a su escritorio. Sus diferencias con el virrey habían germinado en un sentimiento de desconfianza hacia Eslava y se maliciaba que tras la derrota que inevitablemente habría de venir dada la miopía táctica del teniente general, este trataría de sacudirse sus responsabilidades descargándolas en espaldas ajenas, razón por la que había empezado a escribir un diario en el que anotaba celosamente la evolución de la situación, las reacciones tácticas del virrey y sus objeciones personales. Para precisar con claridad el escenario había reflejado los informes de inteligencia recibidos del Paisano, su plan de defensa radial segmentado en cuatro anillos, uno de los cuales se había esfumado con la defección del almirante Torres sin que su retirada llegara a serle comunicada y mucho menos consultada en ningún momento. Unos golpes secos en la puerta del despacho interrumpieron sus reflexiones, Lezo dejó la pluma sobre el papel y se giró en dirección a la entrada a sus aposentos.

—Adelante, Lorenzo.

Lezo imaginó que su ayudante venía a darle novedades del fuego de las baterías cuyos estampidos ya había escuchado, sin embargo, para su sorpresa el que se presentaba era el capitán de artillería Agustín de Iraola, jefe de las baterías de defensa emplazadas en la muralla.

—Almirante, el general Eslava os reclama en la muralla —expuso sucintamente Iraola tras el pertinente saludo.

—¿A mí?

—Sí señor, a vos.

Lezo se puso en pie dando un respingo, se puso la casaca y abandonó el despacho.

En lo alto de la muralla defensiva, junto a Desnaux, Eslava daba órdenes a voz en grito. Su rostro presentaba un aspecto radiante. Lezo dirigió la mirada a las naves fondeadas frente a la Boquilla. Se trataba de cuatro navíos de 60 cañones y, un poco más próxima a la costa, una corbeta de 18 en cuyo espejo de popa se leía el nombre de *Spence* y que se movía paralela a la línea de playa despachando botes repletos de hombres que remaban en dirección a tierra.

—Seguid disparando —gritaba Eslava enardecido—. No dejéis un solo bote a flote.

»Almirante, ahí tenéis a vuestros peligrosos ingleses —completó bajando la voz cuando descubrió la presencia de Lezo—. Frente a la Boquilla, justo donde os dije.

—¿Me habéis mandado llamar? —el almirante decidió ignorar las provocaciones del virrey.

—Así es —respondió Eslava contemplando la batalla a través del catalejo—. Considerad levantado el arresto y tomad el mando de las fuerzas de defensa, aunque ya veis que ni son tan fieros los enemigos ni es necesaria tanta defensa.

Lezo le envió una mirada cargada de perplejidad.

—Excelencia, ¿de verdad creéis que Vernon intentará conquistarnos con cuatro navíos y unas pocas docenas de soldados?

Reforzando sus palabras la voz del vigía tronó en esos momentos por encima de sus cabezas:

—¡Velas por el oeste! ¡Aparentemente ocho navíos!

Efectivamente, en la situación por la que el sol acostumbraba a desaparecer al atardecer asomaba un grupo de navíos que se dirigían a la ciudad a todo trapo.

—Excelencia, en cumplimiento de vuestras órdenes me hago cargo de la defensa de la ciudad.

Retomado el mando de la situación, Lezo ordenó al vigía que enviara a los barcos atracados en Getsemaní la señal de defensa previamente convenida y a continuación que ordenase a las baterías de Crespo y Mas disparar por elevación haciendo uso de los planos inclinados concebidos para ampliar el alcance artillero de las piezas. Luego, dirigiendo el catalejo al oeste, contempló el horizonte durante unos segundos.

—Santo Dios —exclamó—. Se dirigen directos a Bocachica.

El grito jubiloso de los artilleros que servían las piezas de la muralla interrumpió sus pensamientos. Sus compañeros de la Boquilla comenzaban a acertar con sus disparos a los navíos ingleses fondeados frente a la playa y que no esperaban encontrarse dentro del círculo del alcance artillero de los españoles. La primera estratagema de Lezo había dado resultado. Emplazando las cureñas de los cañones sobre planos inclinados se obtenía un alcance mayor que el que esperaban los ingleses. Al caer por el simple efecto de la gravedad y no por la fuerza de proyección producida por la pólvora, las balas españolas resultaban menos dañinas, excepto las rojas, que comenzaban a causar los primeros incendios en los navíos ingleses. Los defensores de la ciudad que habían asistido perplejos a la colocación de una fragua junto a cada batería entendieron la insistencia de Lezo en la distribución de tales artefactos.

Uno de los navíos ingleses comenzó a arder. Los recursos de la tripulación parecían insuficientes y otros dos se acercaron por los costados para auxiliar al que ardía en la extinción del incendio. Un par de botes también resultaron alcanzados y algunos cuerpos flotaban en la superficie mientras media docena de náufragos nadaban hacia los navíos que trataban de extinguir los incendios, puesto que la corbeta *Spence* había abandonado la escena a todo trapo.

Mientras tanto, el grueso de la flota inglesa que se aproximaba desde el oeste incrementaba su velocidad. En menos de una hora estarían frente a Bocachica, donde más allá de las cadenas que impedían el acceso a la bahía no había suficiente tropa en los castillos de defensa para repeler el ataque. Los buques españoles, a los que se había ordenado salir de Getsemaní para sumar sus cañones a los de San Luis y San José, debían darse prisa en el embarque de soldados. Lezo repasó una vez más los planes que había establecido para la defensa de Bocachica ante la contumacia del virrey en el error de descartar la posibilidad de que los ingleses se dirigieran al que, después de todo, constituía el acceso natural a la ciudad.

Contaba con dos regimientos de guarnición permanente, el Aragón y el España, además de unos 300 soldados veteranos procedentes de los tercios viejos de Flandes e Italia antes de la entrega de aquellas plazas con motivo del Tratado de Utrecht. Más allá de estos soldados, curtidos en escenarios reales, las fuerzas de defensa de Cartagena sumaban 1200 reclutas sin ninguna experiencia, 600 milicianos criollos y mulatos, y otros 600 pertenecientes a milicias irregulares, en general indios, negros libres y mestizos. A estos 2700 hombres había que sumar las dotaciones de los seis navíos a una media de cien marineros por barco, con lo que el total de combatientes se situaba alrededor de los 3300.

Para defender la ciudad con tan exigua tropa, Lezo decidió establecer una reserva en el cerro de la Popa, por parecerle un punto equidistante de la mayor parte de baluartes, castillos y fortalezas, excepción hecha de las que defendían Bocachica, tanto los fuertes de San Luis y San José como las baterías distribuidas a lo largo de la Tierra Bomba e isla de Barú, las cuales necesitaban de barqueo para ser atendidas. Por esa razón y teniendo en cuenta que en el dispositivo final había decidido situar cuatro navíos en la bahía frente a Bocachica, el *San Carlos,* el *África* y el *San Felipe,* además del *Galicia,* su buque insignia, en aquel momento únicamente despachó dos, quedando en los muelles de Getsemaní el *Galicia* y el *San Felipe,* antiguo insignia de Rodrigo de Torres, con la misión de embarcar cuatrocientos soldados de la Popa para atender el ataque en Bocachica. Mientras tanto, el *Dragón* y el *Conquistador* permanecerían en Getsemaní listos para reforzar la defensa donde fuera necesario, ayudar en el repliegue a los anillos defensivos interiores y defender Bocagrande si los ingleses hacían intento de forzar allí el paso.

Lezo se presentó en Bocachica cuando los ingleses estaban a punto de dar comienzo al ataque. En un pantalán de la batería de Santa Bárbara, en la parte interior de la Tierra Bomba, había dispuesto un grupo de botes que permanecían alistados para trasladar a los soldados a los castillos de San Luis y San José. El propio Lezo desembarcó en la Tierra Bomba para acompañar al coronel Desnaux a ocupar su puesto al frente del castillo de San Luis, del que había sido nombrado castellano. La llegada de Lezo y Desnaux al interior de los muros del castillo coincidió con los primeros disparos de los ingleses, que levantaron parte del muro defensivo, pues allí no se había cumplido la orden de Lezo de proteger los adarves y merlones de las empalizadas con arpilleras, que siguiendo órdenes del virrey habían sido llevadas a la Boquilla.

—¡Por las llagas de Nuestro Señor!

Lezo sintió que la ira le quemaba por dentro, pero detuvo sus exabruptos. No era momento para lamentaciones con las balas inglesas silbando por encima de sus cabezas, sino de pensar con frialdad y tomar decisiones rápidas y meditadas. Entonces recordó que Ángel Vázquez, un criador de caballos nacido en Cartagena pero que se sentía español hasta la médula, había puesto al servicio de la colonia una partida de 200 animales para que el virrey dispusiese de ellos a su gusto.

—¿Llegaron hasta aquí los caballos de don Ángel Vázquez?

—Sí, almirante, una docena —afirmó el teniente Carrasco, que hacía las veces de administrador del castillo.

—Bendito sea Dios —exclamó Lezo—. Necesito que ensilléis el más veloz y que un jinete experimentado atraviese la Tierra Bomba y se sirva ordenar en la ciudad que las arpilleras llevadas a la Boquilla vuelvan aquí. Pueden usar el *Dragón* para su transporte. Y ahora corred, se trata de un asunto urgente.

Mientras hablaba, Lezo había subido a la muralla de San Luis y contemplaba a los barcos ingleses que se turnaban para cañonear el baluarte en dos grupos de cuatro. Más allá, sobre el horizonte se recortaban cientos de velas, sin duda la fuerza de infantería de Tomas Wentworth. En ese momento el almirante recordó que debía impedir a toda costa el desembarco de los ingleses en la Tierra Bomba o cogerían el fuerte de San Luis entre dos fuegos y pidió que ensillaran para él otro de los caballos de Ángel Vázquez, mientras daba sus últimas órdenes a Desnaux.

—Parece que a Vernon le subyuga el número tres, pues bien, dividiremos las baterías en grupos de tres de manera que cada andanada conste de una bala convencional, que irá dirigida a la línea de flotación de sus buques con idea de producir desgarros interiores y vías de agua, una segunda bala roja, con la intención de producir incendios en la madera, y una tercera para la haréis uso de la fragua, uniendo dos balas con cadenas para dirigir el disparo a la jarcia y desarbolarlos. Esperad un poco a que se confíen y acerquen y después alzaremos los cañones sobre los planos inclinados para aumentar su alcance. Quizás los sorprendamos.

—Así lo haremos almirante —respondió Desnaux repitiendo sus órdenes a los subordinados.

—Y ahora disculpadme, debo marchar a la Tierra Bomba a dar instrucciones a las baterías disimuladas en la espesura.

Mientras galopaba entre la fronda, Lezo recordó la disposición de los cañones en la Tierra Bomba. Más allá de las baterías de San Felipe, Santiago y Chamba, el almirante había distribuido dos docenas de cañones disimulados entre las espesas ramas de las ceibas, árboles centenarios de más de 50 metros de altura y cuatro de diámetro en su base que suponían un magnífico emplazamiento natural, pues sus enormes hojas verdes colgaban sobre el terreno escondiendo las baterías a los ojos de los barcos en la mar. Si Vernon se atrevía a ordenar a Wentworth desembarcar allí sin descubierta previa, los ingleses se iban a llevar una buena sorpresa.

Tras repasar las instrucciones con los artilleros de la Tierra Bomba, Lezo volvió a galopar de regreso al embarcadero para dirigirse en bote a su buque de mando, desde el que pretendía mandar las fuerzas de defensa de Bocachica. Al llegar a bordo se encontró con la sorpresa de que en su ausencia Eslava se había presentado a bordo inesperadamente.

—Excelencia, no os esperaba. Disculpadme, vengo de pasar revista a los cañones de San Luis y de la Tierra Bomba.

—Me parece bien, almirante —el virrey se mostró displicente—. Me gustaría celebrar un consejo de guerra a bordo de vuestro buque insignia, si no lo encontráis inoportuno.

Acostumbrado a sus desaires, Lezo trató de adivinar a qué venían ahora tantos remilgos, pero el virrey seguía mostrándose desacostumbradamente cortés.

El consejo se celebró a bordo del *Galicia*, en el propio camarín del comandante. Las horas habían ido pasando y el estómago avisaba de la falta de alimentos, de modo que el almirante pidió que les fueran servidas unas verduras y algo de fruta, regándolo todo con el vino de su tierra que nunca faltaba a bordo de sus barcos.

El virrey mostraba una extraña sumisión. Reconocía haberse equivocado en lo relativo al objetivo real de los ingleses y agradecía que Lezo hubiera establecido planes de contingencia alternativos, gracias a lo cual habían llegado a tiempo de responder al fuego enemigo en Bocachica. El almirante le informó de los planes que tenía para rechazar a los ingleses en aquel acceso a la bahía y también de cómo pensaba impedir su desembarco en la Tierra Bomba, aunque admitió que con la fuerza de que disponía no podría prolongar la resistencia demasiado tiempo.

—De todos modos, excelencia, daría por bueno aguantar una semana o diez días sin que los herejes nos produzcan demasiadas bajas. Una vez que demos por amortizada la defensa en Bocachica, el plan es utilizar todos los recursos para replegar los soldados a Manzanillo, Santa Cruz y el Boquerón, donde estableceremos el siguiente anillo defensivo.

Mientras parlamentaban e intercambiaban impresiones el bramido de los cañones del *Galicia* les llegaba desde el exterior mezclado con el estampido lejano del fuego de los ingleses, hasta que uno de los disparos enemigos atravesó las cuadernas del buque insignia de Lezo destrozando el mamparo de madera y haciendo añicos la mesa sobre la que conferenciaban. Lezo se incorporó con un fuerte dolor en el muslo y en la mano útil, ayudando a incorporarse al virrey que se palpaba un brazo y aparecía con la cara completamente ensangrentada.

—¿Estáis bien excelencia? —exclamó el almirante con un gesto de preocupación.

—No peor que vos —contestó el virrey sosegadamente volviendo a ocupar su silla ante el vacío de una mesa inexistente.

Lezo imitó su ejemplo y los dos hombres a quienes el rey había encargado la salvaguarda del imperio en aquellos momentos tan determinantes continuaron su parlamento ajenos al fuego enemigo. El almirante entendió que aunque como gobernante a veces se dejaba llevar por la soberbia, como militar Eslava era un ejemplo a seguir y con aquella conferencia tal vez trataba de hacerle llegar que la alta misión que tenían encomendada era lo suficientemente elevada como para obligarles a ambos a apartar a un lado las disputas personales.

En su camarote a bordo del *Septentrion*, Edward Vernon rumiaba su desesperación. Su plan era un ataque fulminante sobre Bocachica que según había sabido a través de sus informantes en Cartagena, más allá de una cadena tendida de lado a lado, se encontraba casi desguarnecida en beneficio de las playas de la Boquilla, que era donde los españoles esperaban el ataque. Sin embargo había encontrado en los fuertes que defendían el acceso una oposición mayor de la esperada. Enfrascado en sus pensamientos, una bala penetró repentinamente en el interior de su navío y el sonido de la madera resquebrajada llegó claramente a sus oídos, obligándole a ponerse en pie de un salto. En la puerta del camarote coincidió con su oficial de banderas que traía novedades.

—Señor, los españoles nos tienen a tiro. El capitán de navío Donaldson ha ordenado maniobrar para salir del alcance artillero de sus cañones.

Vernon estaba confundido. Había establecido una distancia de fuego mayor que el supuesto radio de alcance de los cañones de los fuertes españoles y ahora los tenían horquillados. Cuando salió a cubierta su confusión aumentó, dos de sus barcos trataban de alejarse con la jarcia vencida sobre cubierta, tres incendios a bordo de otro amenazaban con echarlo a pique y un cuarto se alejaba también con una pronunciada escora como si sufriera graves inundaciones. Mientras contemplaba aquel espectáculo desolador, otro proyectil arrancó de cuajo el bauprés de su propio buque, que privado de los foques que allí se amuraban siguió avanzando a duras penas arrastrándose como un buque fantasma. Considerando que a la nueva distancia a tierra sus bombas perderían mucha de una eficacia que hasta ese momento y desde más cerca tampoco había sido muy alta, decidió seguir alejándose y convocar a sus capitanes para planear nuevas líneas de acción.

La retirada de los ingleses fue tomada por los españoles como una victoria. Lezo dejó instrucciones en los baluartes de defensa de Bocachica y se dirigió a Cartagena acompañando a Eslava. El balance de la primera jornada no podía ser más positivo: en Bocachica se había conseguido dañar cinco unidades enemigas, alguna de las cuales tardaría mucho en poder regresar al combate y en la Boquilla todavía era mejor, pues dos navíos habían quedado seriamente tocados y otro había ardido hasta hundirse. En las playas se habían recogido cinco prisioneros.

Las campanas de San Francisco volvieron a tocar durante la noche, primero a júbilo por la victoria conseguida y por el hecho de que más allá de unos pocos heridos en Bocachica durante los primeros compases del combate por esquirlas de la muralla al recibir el fuego enemigo, no se habían producido bajas de consideración. Inmediatamente a continuación su tañido sonó a asamblea, convocando a los fieles al Santo Sacrificio de la misa para invocar el auxilio divino en aquel trance tan trascendental.

Aunque faltaban la mayor parte de los militares, San Francisco reunió a tantos habitantes de Cartagena que fueron muchos los que se vieron obligados a escuchar la misa en la plaza. A pesar de la orden de que las puertas de todas las casas permanecieran cerradas de forma que no se dejara escapar un rayo de luz, en atención a sus feligreses el arzobispo Paulladas ordenó abrir las puertas de la catedral de par en par, aunque como concesión a la prudencia, sólo unos pocos cirios ardían en el altar y en las naves laterales, arrojando a los muros las sombras espectrales de los atemorizados fieles.

A pesar de su miedo, los cartageneros no querían perderse el sermón del arzobispo, un hombre entrado en años y en carnes cuyas palabras no solían dejar indiferentes a nadie y del que se sabía que había tomado partida por el almirante en las disputas que este mantenía con el virrey y que eran conocidas por todos los cartageneros. Sin embargo, al llegar el momento de la homilía, tras ascender trabajosamente a lo alto del púlpito, Paulladas renunció a los ásperos sermones por los que era conocido y llamó la atención de sus fieles sobre una de las capillas laterales de la catedral dedicada al beato Telmo, un hombre sagrado no demasiado conocido ni venerado por los cartageneros.

—Ese beato que veis en esa pequeña capilla —bramó señalando el lugar con el dedo índice—, todavía no es un santo reconocido por los doctores de la iglesia, pero no dudéis que lo será pronto, y será así por las bendiciones que ha de derramar sobre esta tierra para defenderla de los protestantes.

»Pedro González Telmo, palentino nacido a finales del siglo XII en el pequeño pueblo de Frómista, fue un dominico de verbo exquisito que acompañó al rey Fernando III en sus batallas por tierras de moros, primero en calidad de capellán militar y más adelante como confesor del propio rey, pues Fernando supo ver en él las virtudes de un monje soldado y la suficiente capacidad de liderazgo como para saber arrastrar a los soldados al combate. Tras las tomas de

Córdoba y Sevilla a los andalusíes, el rey le concedió el privilegio de consagrar para la fe cristiana las mezquitas de las ciudades y pueblos conquistados. Sin embargo, cumplida su misión, Pedro abandonó las huestes del rey y con permiso de este marchó a predicar a Galicia, Asturias y Vascongadas, donde se labró fama de hombre capaz de los milagros más difíciles, especialmente entre marineros y pescadores, a los que ayudó muchas veces en los trances más desesperados, razón por la que la gente de mar lo elevó a la categoría de patrono y por la que durante las primeras expediciones al nuevo mundo los marinos se ponían al amparo de su hábito, motivo por el que se le representa con un pequeño barco en una mano, en referencia a la mucha ayuda que dispensó a los marinos tanto en vida como después de su muerte, y un cirio encendido en la otra, en alusión a esos fuegos que recorren los palos de las naves para devolver la esperanza al marino después de una tempestad. Hoy, aquí, ante la amenaza que viene del mar, nosotros nos acogemos también al amparo del beato Telmo en la esperanza de que nuestra brava gente de mar represente ese cirio con el que todos habremos de regresar a esta misma capilla a dar gracias a Dios por la victoria sobre los enemigos de España...

Finalizada la prédica, los fieles contuvieron la respiración y volvieron la vista a los primeros bancos, donde Lezo y Eslava atendían a Paulladas como dos fieles más. Con aquellas palabras el arzobispo encomendaba la ciudad a la defensa del almirante vasco, en quien todos tenían puestas sus esperanzas.

Terminadas las preces, los cartageneros hicieron cola para orar ante el cuadro que representaba a Pedro González Telmo en las condiciones descritas por el arzobispo, aunque Lezo, caballero de la Vera Cruz, se acercó a la capilla dedicada a esta orden y se arrodilló en un reclinatorio para rezar ante la cruz ornamentada que representaba el martirio de Nuestro Señor.

Al salir de la catedral, el almirante supo que los ingleses habían reanudado el bombardeo de las defensas de Bocachica, aunque a distancia mayor que durante el día. Lezo levantó la vista y contempló la luna que iluminaba la noche cartagenera con sus rayos argénteos. En esos momentos su preocupación no era el intento de los ingleses de acceder a la bahía por Bocachica, sino su posible desembarco en la Tierra Bomba, que antes o después, dependiendo del número de efectivos que Vernon estuviese dispuesto a empeñar, terminaría cediendo. Con la caída de la isla era un hecho que el paso de Bocachica quedaría abierto a los ingleses y a partir de ahí sería lo que Dios quisiese; y ojalá que Su Santa Voluntad se decidiera a manifestarse a través de ese beato Telmo tan devoto de los marinos que les acababa de predicar el arzobispo Paulladas.

19. CARTAGENA DE INDIAS, 5 DE ABRIL DE 1741 CEDE BOCACHICA

A lo largo de la noche los ingleses continuaron batiendo el fuerte de San Luis desde la distancia al ritmo infernal de un disparo por minuto, produciendo algunos daños y bajas con sus disparos. Siguiendo órdenes de Lezo, la respuesta de los defensores no tenía otro objetivo que el ahorro de munición y el de mantener la tensión de combate, por lo que los cañones devolvían el fuego a un ritmo mucho menor, alternando para ello el orden las baterías de forma aleatoria. La caída de la noche sirvió al marino vasco para racionalizar las defensas que durante el día se habían organizado precipitadamente ante la sorpresa del ataque de Vernon.

Al amanecer el almirante fue a montar su caballo para dirigirse a embarcar a bordo del *Galicia*, atracado en Getsemaní y que había dedicado la noche al embarque de munición y la reparación de daños ocasionados por las bombas inglesas, encontrándose en el zaguán de su residencia con un emisario de Eslava que le participó que el virrey había dado órdenes de que fuera a verle a la mayor premura.

A su llegada al palacio del marqués de San Gabriel, Eslava departía con el mariscal de campo Melchor de Navarrete, gobernador de la ciudad y encargado, entre otros asuntos, del suministro de víveres. Navarrete estaba preocupado.

Durante la noche los ingleses habían desembarcado en la isla de Barú, unas pocas leguas al sur de Bocachica, cerrando el curso del río del mismo nombre, canal natural para la llegada de suministros a Cartagena. En tales circunstancias no quedaba sino racionar los alimentos severamente. Pero la razón principal por la que Eslava había convocado a Lezo era para que escuchara a uno de los náufragos que habían conseguido llegar a la playa tras el ataque fallido inglés a la Boquilla y que habían sido hechos prisioneros.

—Háganle entrar —dijo el virrey haciendo una señal a su ayudante de campo.

Cuando la puerta se abrió dio paso a un chico de no más de 25 años que entró a la sala con las manos atadas y flanqueado por dos guardias armados. El joven contempló al virrey apesadumbrado. Se trataba de un mocetón de considerable altura, hombros cuadrados y mirada penetrante. Tras despedir a la guardia el virrey le preguntó en español.

—Decidnos vuestro nombre, profesión y lugar de nacimiento.

El chico contestó en un castellano perfecto con un fuerte acento andaluz.

—Me llamo Sebastián Romero, excelencia. Soy nacido en Almonte, un pueblo de la provincia de Huelva. Soy pescador.

—Está bien Sebastián. El almirante don Blas de Lezo es el comandante de las fuerzas de defensa de la ciudad. Me gustaría que volvierais a repetir en su presencia las palabras que me dirigisteis en esta misma sala.

El joven carraspeó, fijó su mirada en el enlosado y tras aclararse la voz se dirigió a la sala.

—Sé quién es el almirante Lezo. No hay hombre de mar que no conozca su leyenda, y me siento muy honrado de permanecer en el mismo salón que él. En cuanto a mí, como ya he dicho, me gano la vida con un bote de pesca frente a las costas de Huelva. En noviembre del año pasado faenaba con mi padre cuando se presentaron unos barcos que nos interceptaron y nos hicieron prisioneros. Desde entonces ambos hemos servido a los ingleses a bordo del navío *Experiment*. Hace una semana me avisaron de que desembarcaría en la playa en la que finalmente naufragamos. Mi misión era la de infiltrarme en la ciudad y recabar información para mis captores. Mi padre se quedó a bordo del *Experiment*; me amenazaron con matarle si no les servía.

Lezo no pudo reprimir un ramalazo de ira, pero al mismo tiempo entendió que aquel joven podía resultar extraordinariamente útil.

—¿Lleváis seis meses a bordo de ese navío?

—Unos días más, almirante.

—¿Entendéis la lengua de los ingleses?

—A fuerza de escucharlo, señor.

—Entonces venís de Jamaica ¿Cierto?

—Así es.

—¿Sabéis cuántos barcos han armado los ingleses?

—Yo no los he contado, pero sé que son muchos. A bordo circulaba que más de 180 repartidos entre navíos, fragatas, unidades de transporte y otros buques menores, además de muchos miles de soldados y marineros. Al parecer hay también un número elevado de reclutas americanos y también esclavos.

—Está bien, Sebastián.

Durante unos instantes el almirante permaneció en silencio tratando de adivinar si aquel hombre mentía o decía la verdad. El joven Romero debió interpretar su cuita y sin que nadie se lo pidiera volvió a hacer uso de la palabra.

—Ustedes son hombres importantes —dijo proyectando sobre Lezo y Eslava la mirada de sus grandes ojos azules—. Y yo soy tan español como ustedes. Lo que les estoy diciendo es la verdad y lo que me mueve a hacerlo, además de defender a mi país, es recuperar a mi padre sano y salvo.

Parecía sincero y Lezo decidió confiar en él.

—Decidme, Sebastián, ¿qué pretendían los ingleses con ese desembarco?

—Hasta donde yo sé se trataba de un engaño señor. La intención era infiltrar a algunos hombres que hablan español con idea de servirles de informantes cuando se presenten en la ciudad. La idea parece que nació en la cabeza del almirante Vernon, pero al parecer tenía mucha oposición.

—Eso suena interesante, Sebastián. Me gustaría que me lo explicarais con más detalle.

—Señor, a bordo del *Experiment* había marineros y soldados del ejército. La misión de los primeros era conducir a los segundos hasta Cartagena para que desembarcaran a tierra, pero al parecer el general que manda a los soldados no estaba de acuerdo con las órdenes del almirante, del que los militares recelan insultándolo a todas horas.

»Señor Lezo, a bordo de ese buque hay mucha tensión y también muchos enfermos —. Completó Sebastián Romero *motu proprio*.

—¿Cómo es eso de los enfermos? ¿Qué queréis decir?

—Antes de partir de Jamaica el almirante Vernon vació los hospitales. Al parecer está empeñado en formar la mayor tropa que haya visto la historia, aunque sea a base de lisiados y tísicos.

Sebastián Romero no podía aportar mucha más información. Su inquietud era volver a encontrarse con su padre, por cuya vida se mostraba muy preocupado.

—¿Qué os ha parecido Lezo? —Preguntó el virrey una vez que Romero hubo abandonado la sala.

—No sabría deciros, excelencia. Su perspectiva parece un tanto limitada, pero ha aportado algunos datos interesantes. Parece que lo de la playa de la Boquilla fue, efectivamente, una maniobra de gambito.

—Yo no estoy tan seguro de eso. Pero en fin, los ingleses han estado bombardeando Bocachica toda la noche, supongo que estaréis deseando acercaros allí. No os entretengo más. Volved a vuestros quehaceres.

Repasando mentalmente las palabras de Sebastián Romero y rumiando en la cabeza la desconfianza del virrey, Lezo cabalgó hasta el muelle de Getsemaní, donde le esperaba la segunda sorpresa del día.

Francisco Pérez, marqués de Quiri, le esperaba junto al portalón de embarque y esperó a que el almirante descabalgara para dirigirse a él.

Pérez era un viejo diplomático español que al dar por concluida su carrera de servicios a la corona se instaló en Cartagena, donde muchos años antes se había casado con una criolla del lugar. El marqués frecuentaba y presidía una tertulia frente a la plaza del ayuntamiento en la que, entre blasones, podía leerse sobre el quicio de la puerta una metopa de bronces pulidos representando la figura de un caballero entrado en años con una inscripción en la base con las siglas FDP, correspondientes a las palabras Fe, Dios y Patria, ideales que animaban el espíritu de los tertulianos que rodeaban al marqués en el pequeño habitáculo en el que solían reunirse cada mañana. Impecablemente vestido, como era norma personal, Francisco Pérez, hombre piadoso cuya bondad, humildad y espíritu patriótico eran sobradamente conocidos en la ciudad, se acercó a Lezo una vez este hubo entregado la montura al palafrenero que acostumbraba a hacerse cargo de ella en el muelle.

—Almirante, ¿podéis concederme unos minutos?

—Naturalmente, marqués —concedió Lezo sin evitar un mohín de curiosidad.

—Almirante, los integrantes de la tertulia FDP somos conscientes de los inconvenientes que asolan al imperio y hemos decidido ponernos a vuestras órdenes incondicionalmente para serviros a vos y a la patria.

Mientras hablaba, Francisco Pérez señaló a un grupo de hombres que esperaba expectante el juicio del almirante, pero este se mantuvo en silencio aunque les envió una mirada cargada de complicidad. Allí, hinchando el pecho como jóvenes reclutas dispuestos a renovar los votos a la patria, media docena de viejos se agrupaban en torno a Ángel Vázquez, el criador de caballos que aparecía montando a Centella, su yegua favorita, una pinta de largas crines famosa en la ciudad por haber ganado varios concursos hípicos de los que solían celebrarse en Cartagena y sus alrededores.

—Agradezco su servicio, caballeros. Por el momento los puestos están bien cubiertos, pero mucho me temo que la presión de los ingleses terminará confinándonos a todos en el castillo de San Felipe. En ese momento y lugar toda ayuda será poca.

—Almirante, conozco bien esa fortaleza. Hace años trabajé en las obras de reestructuración de sus murallas. Creo poder identificar sus puntos fuertes y también los más vulnerables. Si me lo permitís, os prepararé un informe.

Quien así hablaba era Alfonso Lorenzo, un ingeniero que en su juventud había trabajado en la construcción de buena parte de las fortalezas y caminos en el virreinato de Perú.

—Yo he sido hombre de mar, pero mis pulmones no soportaron tanta sal y ya hace años que abandoné los barcos, aunque aún tengo energía de sobra para empuñar un fusil.

Todavía emocionado por las palabras de Lorenzo, el almirante sintió un ramalazo de emoción al oír las de Cristóbal Aller, que, efectivamente, había servido muchos años a la corona a bordo de todo tipo de buques y que a pesar de la edad se mostraba voluntario para echar su cuarto de espadas ante el inminente ataque de Vernon.

—Caballeros —masculló Lezo con voz entrecortada—. La patria os agradece vuestro encomio y valentía. Y no dudo que llegado el caso sabréis ofrendar la vida en su defensa. Ahora os ruego que me perdonéis, tengo que embarcar, el deber me llama. Volveremos a vernos.

Mientras cruzaba la pasarela que comunicaba con la cubierta del *Galicia,* imitando a la guardia a bordo que rendía honores a su almirante, los valientes de la tertulia FDP permanecieron en posición de firmes hasta que el buque insignia de Lezo largó amarras y desapareció tras el fuerte del Boquerón.

※

Los ingleses mantuvieron su empuje artillero durante dos días, hasta que, de manera espontánea, los buques cesaron de disparar y se alejaron. Desde los baluartes de defensa se vio a los botes ir y venir al buque de mando, donde sin duda se estaban repartiendo nuevas instrucciones. Y así debió ser, porque, repentinamente, las unidades inglesas maniobraron al unísono en dirección a la Boquilla, donde esta vez se presentaron todos los buques, incluidos los de transporte. La explosión de velas inglesas frente a las playas produjo tal impresión que de nuevo cientos de cartageneros, creyendo inútil cualquier tipo de resistencia, decidieron seguir a los que habían abandonado la ciudad rumbo a la espesura de la selva. La irritación de Eslava fue tal que publicó un bando haciendo saber que «...*todos aquellos que pudiendo tomar las armas abandonaren la ciudad, quedarán sujetos a la pérdida de todos sus bienes...*»

Aprovechando que los ingleses habían abandonado la presión en Bocachica, Lezo ordenó alistar un retén en San Luis al objeto de reparar los desperfectos causados por las balas enemigas, dar sepultura a los muertos y evacuar a los heridos y a los más agotados a la Popa, de donde salieron tres compañías de granaderos al mando del capitán Rafael Ochoa para apoyar a los defensores de las baterías de Crespo y Mas.

Durante 48 horas, con los cañones de la flota martilleando las defensas en tierra, los ingleses trataron repetidamente de desembarcar, pero nuevamente la falta de calado y las fuertes corrientes de la zona impedían a los navíos acercarse a costa, de forma que las embarcaciones encargadas del desembarco quedaban faltas de apoyo y eran batidas con facilidad desde tierra. A pesar de todo, algunos botes consiguieron desembarcar su carga humana en la arena de la playa, pero se trataba de un terreno pantanoso donde avanzar resultaba un ejercicio muy difícil a los hombres y casi imposible a los cañones desembarcados para batir las baterías de defensa de costa. Además, los ingenieros tampoco fueron capaces de situar los pontones, de forma que los pocos hombres desembarcados quedaron aislados sin poder progresar ni retirarse hasta que fueron cayendo todos con gran desesperación de Vernon, que asistía al fracaso de su fuerza de desembarco desde la cubierta del navío *Princess Caroline,* su nuevo buque insignia tras los destrozos sufridos en el *Septentrion* en los ataques a Bocachica.

—Al final el ataque se produjo en estas playas, tal como os vaticiné.

Pasado el miedo inicial, Eslava volvía a ser el tipo soberbio y jactancioso de siempre y se vanagloriaba ante Lezo como si hubiera ganado la batalla.

—Excelencia, os recomiendo no echar las campanas al vuelo. Esto sólo quiere decir que Vernon está desesperado. Ningún comandante naval se hubiera decidido a acometer el ataque por aquí de haber tenido otra alternativa. ¿Os habéis fijado en los enemigos que han caído en la playa? ¿Habéis visto alguna casaca roja?

Eslava permaneció en silencio sin entender a dónde quería llegar Lezo.

—Vernon ha sacrificado una parte de los reclutas americanos. De haber tenido fe en la victoria os aseguro que hubiera empleado soldados ingleses. Lo que acabamos de ver confirma la división entre Vernon y el general Wentworth. En mi opinión, el almirante ha querido dar una lección al general, pero le ha salido el tiro por la culata. La mala noticia es que ahora pondrá toda la carne en el asador. Volverá a Bocachica, pero tratará de simultanear el ataque a San Luis con el intento de desembarco en la Tierra Bomba para atrapar el fuerte entre dos fuegos. La defensa de ese desembarco no será tan sencilla como esta.

Como si hubieran escuchado las palabras de Lezo, durante la noche los buques ingleses se retiraron de la Boquilla. Habían sufrido un elevado número de bajas, aunque el balance de los cien hombres que habían perdido la vida en las filas españolas arrojaba un saldo proporcional muy doloroso para estos. Y lo peor estaba por venir.

Al amanecer del 17 de marzo los ingleses estaban posicionados frente a las playas de la Tierra Bomba. La luna había ido menguando con el paso de los días y se mantenía en el cielo como un pequeño hilo que apenas era capaz de proyectar un mínimo rayo de luz. En la Boquilla quedaban cuatro barcos ingleses fondeados fuera del alcance artillero de las defensas españolas. Lezo sabía que servían como buques hospital, pues en esa zona corría una brisa suave que permitía a los enfermos respirar aire puro. El hecho de que Vernon dedicara cuatro buques a los cuidados médicos de sus enfermos sugería al almirante que las enfermedades podían estar empezando a constituirse como el mejor aliado de sus intenciones.

Tras ímprobos esfuerzos Lezo había conseguido convencer a Eslava de volver a mover el grueso de la defensa a Bocachica. El argumento del almirante era que no sólo había que reconstruir la parte dañada del castillo de San Luis, sino dotar de gente de refresco a sus cañones. Además, había que enviar más efectivos a la Tierra Bomba para impedir el desembarco de los ingleses, pues si se perdía la batalla en sus playas San Luis se vería gravemente comprometido y resultaría prácticamente imposible de conservar. Finalmente Eslava cedió, pero no aceptó tocar las milicias destacadas en la Boquilla, por lo que Lezo sólo pudo despachar a la Tierra Bomba un grupo de cincuenta soldados regulares y una compañía de 200 negros, todos ellos de las fuerzas de reserva acuarteladas en la Popa.

Durante tres días los ingleses estuvieron proyectando su furia sobre el castillo de San Luis sin avanzar más de lo que lo habían hecho hasta entonces, pero la noche del 20 de marzo, coincidiendo con la oscuridad de la luna nueva, seis navíos de la escuadra del almirante Chaloner-Ogle que sumaban 500 cañones se destacaron al norte y comenzaron a bombardear las defensas de la Tierra Bomba, donde las baterías de San Felipe y Santiago, al mando del capitán Alderete, apenas sumaban 15. A las cuatro horas de iniciado el ataque Alderete se vio obligado a emprender la retirada después de inutilizar los cañones que no habían resultado dañados, integrándose con cerca de cien hombres a la defensa del fuerte de San Luis. Los ingleses, por su parte, habían sufrido daños considerables en sus barcos y perdieron el navío *Princess Amalia,* que se hundió frente a las playas llevándose la vida de varios centenares de hombres.

Con el paso de los días, la capacidad ofensiva de la escuadra de Vernon fue mermando sensiblemente debido a las bajas causadas por los defensores de San Luis, que seguía siendo el objetivo principal, y aunque ya comenzaba a mostrar signos de un severo desgaste aguantaba con el apoyo de las baterías vecinas de Punta Abanicos y del fuerte de San José, situadas ambas al otro lado de Bocachica. El 22 el fuerte ofrecía un aspecto desolador y parecía próximo a caer, pues presentaba ya amplias brechas en los muros, pero sus defensores se habían batido el cobre con valor y hundido cinco navíos ingleses. Vernon estaba indignado por la pasividad de Wentworth, al que acusó abiertamente de cobarde y amenazó con llevar ante una corte marcial. Durante cinco días el almirante había esperado que el general se decidiera a desembarcar en la Tierra Bomba para situar el fuerte de San Luis entre dos fuegos, hasta que, finalmente, empujado por la ira de su comandante, Thomas Wentworth dio la orden de desembarcar durante la noche del 23 de marzo.

Blas de Lezo no permaneció inactivo los días que Thomas Wentworth estuvo sopesando las garantías del desembarco en la Tierra Bomba. Todavía podía sorprender a los ingleses con las baterías disimuladas en el terreno y un grupo de animosos soldados y negros locales sin instrucción, aunque vista la experiencia de la Boquilla y la destrucción en unas pocas horas de las baterías de San Felipe y Santiago, sabía que no podría dilatar mucho tiempo el desembarco inglés si estos lo encaraban con decisión. A lo largo del día y de la noche, siguiendo órdenes directas del almirante, los defensores españoles estuvieron cavando trincheras y parapetos en el interior de la Tierra Bomba, cosa que motivó las burlas de Eslava cuando la noticia llegó a sus oídos.

Decidido el desembarco, Wentworth puso toda la carne el asador y dos mil casacas rojas se lanzaron sobre las playas de la Tierra Bomba. No esperaban los cañones disimulados bajo las ramas de las ceibas que causaron muchas bajas entre sus soldados, pero al amanecer habían conseguido establecer una cabeza de playa y a lo largo del día siguiente estuvieron llevando a tierra un sinfín de baterías pesadas de 24 libras con las que pensaban atacar San Luis por la retaguardia, sin embargo, otra vez lo pantanoso del terreno y las trincheras excavadas por orden de Lezo impidieron la progresión de los cañones y la infantería, que, por otra parte, era hostigada continuamente por grupos de soldados españoles y por las milicias de lugareños que conocían el terreno como la palma de su mano y les causaban bajas en un gota a gota desesperante. Mientras tanto, los mosquitos de las ciénagas vecinas atacaban despiadadamente a unos soldados cuyos organismos, contrariamente a lo proclamado por su general unos días antes de comenzar la batalla, no estaban aclimatados para luchar contra semejante contingencia.

El vómito negro podía erigirse en el mejor de los aliados de los españoles en aquellos momentos tan trágicos como decisivos, pues los heridos reembarcados llevaban consigo el estigma de la terrible fiebre amarilla y el número de barcos hospital fondeados en la Boquilla aumentaba por días. Uno de los enfermos resultó ser el comandante de ingenieros Jonas Moore, cuyo concurso en tierra resultaba imprescindible para allanar un camino por el que los ingleses pudieran conducir los cañones a posiciones de tiro. Cuando Moore pudo desembarcar al fin y se hizo una idea de la situación creada por Lezo con su sistema de trincheras, solicitó a Vernon el apoyo de mil hombres para poder llevar a cabo el allanamiento del terreno en una sola jornada, pero Vernon únicamente le dio doscientos soldados y los trabajos de ingeniería se alargaron hasta el día 25, con gran satisfacción de los españoles para quienes cada día de retraso de los ingleses en su avance hacia San Luis representaba una pequeña victoria.

El domingo 26, el arzobispo Paulladas se presentó sorpresivamente en San Luis para celebrar una misa en el patio del fuerte a la que acudieron la mayoría de los heroicos defensores de la plaza. Como si los ingleses hubieran decidido respetar ese momento de paz, sus cañones comenzaron a tronar justo después de la bendición, por lo que no hizo falta campana que llamara a zafarrancho a los soldados.

Hasta ese momento los muros del fuerte habían soportado cerca de diez mil cañonazos y la tupida vegetación que había protegido a los españoles durante el desembarco inglés en la Tierra Bomba, servía ahora a los atacantes para esconderse, esperando con las bayonetas caladas la orden de su comandante para cargar contra el fuerte. Lezo pensó que había llegado el momento de replegarse al segundo anillo defensivo, pero se vio sorprendido por la oposición del coronel Desnaux, que pensaba que San Luis aún podía resistir. El almirante intentó explicarle que no se trataba de aguantar hasta el último minuto, porque el reembarque de los defensores de Bocachica a los nuevos puestos de defensa necesitaba de un tiempo y que además su intención, puesto que lo primero que harían los ingleses en cuanto pudieran sería eliminar la cadena que cerraba el acceso a la bahía por Bocachica, era cegar la entrada hundiendo sus propios barcos, pero el castellano se mostró inflexible y rehusó obedecer la orden de retirada si no le era dada por el virrey, con lo que Lezo supo inmediatamente de quien partía la férrea decisión de desobedecerle.

Se trataba de un momento decisivo. Desde el mar los navíos seguían turnándose en el bombardeo implacable del fuerte y por la cara oeste, entre la jara de la Tierra Bomba, podían verse dos docenas de cañones pesados y otros tantos morteros que sumaban sus proyectiles a los de los buques. En medio del estruendo de las armas inglesas, Lezo convocó a los defensores de San Luis en el patio de armas y se dirigió a ellos mientras Desnaux los exhortaba a mantener los puestos.

—¡Españoles. Heroicos defensores de San Luis! —Gritó el almirante con toda la fuerza de sus pulmones—. ¡Si este castillo fuera el último baluarte para la defensa de Cartagena, derramaríamos aquí hasta la última gota de nuestra sangre, pero aún tenemos mucha guerra que dar a los ingleses desde los fuertes de Manzanillo, Santa Cruz y el Boquerón. Os pido que me acompañéis en el repliegue a los botes que habrán de llevarnos hasta los barcos que nos conducirán a las nuevas posiciones de defensa. La patria aún necesita de vuestros esfuerzos. Acompañadme hijos míos!

Desconcertados, mientras Desnaux seguía reclamándoles que retomaran las armas y acudieran a repeler el ataque inglés que estaba a punto de desatarse, aquel grupo de soldados lisiados, ensangrentados y agotados por el esfuerzo se miraron entre sí y poco a poco al principio y en masa al final, se pasaron al lado del almirante. Mientras tanto, una compañía de marineros al mando del teniente de navío Augusto Ferrer protegía la evacuación, en la que, finalmente, apretando los dientes, participó el propio coronel Desnaux.

El momento final había llegado. La Tierra Bomba y el castillo de San Luis se habían perdido, y la resistencia en el de San José y resto de baterías de Bocachica no tenía sentido, por lo que los defensores fueron abandonando ordenadamente sus puestos de combate en dirección a los botes que habrían de conducirlos hasta los navíos *Dragón* y *Conquistador*, mientras Lezo daba órdenes desde el *Galicia* a los capitanes del *África, San Felipe* y *San Carlos* para que procedieran a hundir sus barcos en la bocana de entrada.

Desde los resquebrajados muros de San Luis, el teniente de navío Augusto Ferrer escuchó las voces inglesas de los oficiales exhortando a sus soldados a asaltar el fuerte a la bayoneta y pasar a cuchillo a cuanto español encontrasen a su paso. Apuntando su fusil a través de los resquicios de los muros semiderruidos desde los que trataba de cubrir la retirada de los hombres a los botes, Ferrer vio la figura de un comandante que se acercaba protegido por un grupo de soldados que portaban explosivos. Sin duda se trataba de los zapadores que pretendían hacer saltar los restos de los muros por los aires para facilitar la carga de la infantería. El marino español no lo dudó y echándose el fúsil a la cara descerrajó un disparo sobre Moore, que quedó detenido sobre el terreno antes de desplomarse con el corazón roto. Al ver caer a su jefe los soldados ingleses se enfurecieron y un grupo de ellos corrió en persecución de Ferrer que trataba de alcanzar el embarcadero donde Lorenzo Alderete impulsaba su carrera con gritos de ánimo desde uno de los botes. El estampido seco de un fusil detuvo su carrera. Augusto Ferrer cayó de rodillas, alzó los brazos al cielo y su cabeza se llenó con los recuerdos de su infancia en el colegio de los jesuitas de San Ignacio en su Barcelona natal, mientras un velo negro invisible le privaba de la visión. Antes de caer sobre el terreno que con tanta bravura había defendido tuvo tiempo de gritar su postrer deseo dirigido a su buen amigo Alderete:

—¡Resistid!

Tras prender fuego a su buque insignia una vez posicionado en la entrada de Bocachica, Lezo se dirigió en bote al *Dragón*, que inmediatamente puso rumbo al pequeño pantalán del fuerte de Manzanillo. Se sentía furioso con Desnaux. Sus dudas en el momento más importante del combate se habían traducido en demoras inaceptables y ahora veía como los ingleses abordaban el *Galicia* y apagaban los incendios a bordo, por lo que no había podido taponar el acceso a la bahía por el que sin duda los navíos ingleses transitarían en breve para continuar con su cerco a Cartagena.

Muy al contrario que su enconado enemigo, Edward Vernon se sentía pletórico y por fin sus hombres pudieron ver una sonrisa asomar a su pétreo rostro cuando le llevaron la bandera de combate del *Galicia* junto a un grupo de prisioneros capturados a bordo del buque insignia español. La toma de San Luis le había costado tres semanas, dos más de lo previsto inicialmente, pero en ese momento ni siquiera la pérdida de diez navíos y cerca de dos mil hombres conseguían arrugarle el ceño. Inmediatamente dio orden al capitán de fragata John Laws, comandante de la corbeta *Spence,* de marchar a Jamaica a todo trapo a dar noticia de la caída de Cartagena, poniendo particular empeño en que la bandera de Lezo llegara cuanto antes a manos de Jorge II.

Desde Jamaica la noticia de la victoria de Vernon no tardó en saltar a la capital de Inglaterra, donde todo fueron fiestas y celebraciones. La bolsa multiplicó sus índices, desde la torre de Londres se dispararon salvas a lo largo de todo el día y de la noche, hubo profusión de fuegos artificiales y las campanas de Westminster no dejaron de repicar dando noticia a los súbditos de Jorge II de la gran victoria conseguida allende los mares. Pocos días después comenzaban a circular todo tipo de medallas conmemorativas de la hazaña representando a Lezo arrodillado frente a Vernon, haciéndole entrega de su sable con una frase de ocho palabras escrita como texto perimetral que pregonaba la satisfacción del rey de Inglaterra y sus súbditos: «*The proud of Spain humbled by Adm Vernon*»[9]

Y mientras la *Spence* devoraba las primeras millas de su glorioso viaje a Londres, Lezo se dirigía a sus hombres en el fuerte de San Juan de Manzanillo arengándoles a no desfallecer. Agotados y maltrechos, aquel grupo de despojos humanos escuchaba las palabras del marino vasco dejándose contagiar de su energía y sintiendo que aunque todo parecía perdido, siguiendo al combate a aquel hombre al que le faltaban una pierna, un brazo y un ojo, la victoria seguía siendo posible.

---

9   El orgullo español humillado por el almirante Vernon.

20. CARTAGENA DE INDIAS, 20 DE ABRIL DE 1741 LA TRAICIÓN DEL CABALLERO

En la mañana del cinco de abril de 1741, después de tres semanas de duros combates, el *Princess Caroline* cruzaba el canal de Bocachica y se dejaba ver en la bahía exterior de Cartagena de Indias seguido de una fila de otros ochos navíos británicos. Tras dejar atrás las humeantes ruinas del fuerte de San Luis, la formación atravesó la bahía mecida por la suave brisa del sur. Por babor quedaban la Tierra Bomba y las solitarias baterías de Santa Bárbara y Barragán, abandonadas por los españoles tras inutilizar sus cañones. Al salir del resguardo de la Punta de Mateo, el buque insignia de Vernon fue recibido por el denso fuego del fuerte de Manzanillo, que protegía la bahía interior de la ciudad. La segunda parte de la batalla de Cartagena acababa de comenzar y Vernon decidió retirarse momentáneamente para fondear sus buques en la seguridad del socaire de la Tierra Bomba y ocupar el castillo de San José, que había resultado menos dañado que el de San Luis. La idea era celebrar un consejo de guerra con sus comandantes con la intención de preparar la ofensiva sobre el segundo anillo defensivo de los españoles.

En vista del compás de espera establecido por Vernon, Eslava decidió llamar a Lezo para conferenciar esa misma noche en su palacio sobre el modelo de defensa a establecer para frenar a los ingleses. Ambos líderes estuvieron de acuerdo en cerrar la ciudad amurallada a cal y canto, conscientes de que mientras se diera cualquier tipo de resistencia militar en los fuertes y baluartes extramuros Cartagena no sería un objetivo primordial, aunque con el paso de las horas el fuerte carácter de ambos terminó haciéndoles chocar, manifestando ambos sus diferencias con acidez y palabras gruesas.

Concentrado en sus pensamientos, con las manos a la espalda y la mirada perdida al otro lado de la ventana a través de la cual les llegaba el sonido lejano de las chicharras, el virrey expuso su idea de la maniobra:

—Ante la grave carencia de soldados estimo que la forma más eficaz de organizar la defensa es concentrando todos los efectivos posibles en el castillo de San Felipe de Barajas, por lo que abandonaremos los fuertes del Boquerón y Santa Cruz y hundiremos los dos buques que nos quedan en los accesos a tierra entre este último fuerte y el de Manzanillo para dificultar la maniobra de los navíos de Vernon.

Lezo no pudo reprimir un gesto de perplejidad ante las insensatas palabras de su jefe. Los ingleses habían perdido muchos hombres, pero la desproporción de fuerzas seguía siendo enorme y le parecía un disparate renunciar a unos fuertes intactos y dos buques que sumaban más de 120 cañones entre ambos. Un acceso de ira golpeó su cerebro como un punzón y no pudo reprimir el impulso de levantarse de la mesa como un resorte y acercarse cojeando a la ventana para dirigirse al virrey mirándole fijamente a los ojos.

—Excelencia, os ruego que reconsideréis vuestras órdenes. Es cierto que no tenemos fuerzas suficientes y dada la disposición del terreno abandonar el Boquerón podría ser una buena idea, pero Santa Cruz...

Eslava abandonó su posición frente a la ventana y volvió a sentarse en la cabecera de la mesa de madera de cedro que ocupaba el centro de su sala de reuniones. Sintiendo una fuerte presión en el pecho, Lezo se sentó a su derecha.

—¡Por las barbas del profeta! Excelencia os pido que recapacitéis. Sólo el fuego cruzado desde Manzanillo y Santa Cruz retrasaría el desembarco de los ingleses. Y en cuanto a los barcos, francamente no le veo sentido a abandonar dos magníficas plataformas de defensa.

—No os pareció tan mal hacerlo en Bocachica con el resto de vuestras unidades y ahora los ingleses nos abochornan mostrando orgullosos la insignia de nuestra flota. Marchad a Manzanillo a preparar la defensa y hacer cumplir mis órdenes. Yo me instalaré en San Felipe. Allí espero mayor diligencia de los oficiales a la hora de cumplir mis despachos.

Ignorando el desplante, Lezo se sintió obligado a justificar sus decisiones en la defensa del primer anillo.

—Es diferente. En Bocachica renunciamos a cuatro barcos muy castigados por la artillería enemiga y que difícilmente podríamos haber arrastrado hasta aquí. Además, la profundidad allí es escasa y un navío posado en el fondo podría haber estorbado y retrasado la entrada de los buques ingleses, aunque lamentablemente no fue así. El acceso a la bahía interior de Cartagena es mucho más ancho y profundo, si hundimos los barcos entre puntas con la intención de estorbar a los ingleses será un sacrificio estéril, además de renunciar a dos unidades perfectamente equipadas para combatir.

—Las órdenes están dadas, almirante; ahora espero que os encarguéis de trasladarlas a vuestros oficiales y hacerlas cumplir cuanto antes.

—Francamente, excelencia. Una orden así me parece una insensatez y una cobardía, pero vos tenéis el mando así que no me queda otra opción que obedeceros. Ahora bien, reclamo que esas órdenes me sean dadas por escrito.

Eslava palideció y volvió a incorporarse de su asiento, dirigiéndose de nuevo a la ventana como si necesitase el aire fresco de la noche para oxigenar sus pensamientos.

—Los ingleses están ahí afuera —dijo arrastrando las palabras—. En cualquier instante podrían recrudecerse los combates y vos entretenéis mis órdenes con asuntos de amanuense. Además, Lezo, no creáis que me ha pasado desapercibido que me habéis llamado cobarde. Informaré de ello cuando proceda, ahora salid de esta habitación y dad curso a mis órdenes sin dilación o de lo contrario me veré obligado a arrestaros de nuevo, esta vez por alta traición.

El almirante apretó los dientes y abandonó la habitación como se le había ordenado. Antes de dirigirse al fuerte de San Juan de Manzanillo cabalgó hasta su casa con un extraño recelo flotando en su cabeza. Haciendo suyas unas órdenes tan descabelladas parecía que el virrey ponía un énfasis mayor en desprestigiarle que en la propia defensa de la ciudad.

Lorenzo Alderete le esperaba en la puerta de su casa. Lezo despachó con él allí mismo las órdenes recibidas, advirtiendo un rictus de preocupación en la mirada del capitán.

—Almirante, ¿os encontráis bien?

Don Blas presentaba un rostro cerúleo y demacrado. En realidad hacía días que no se sentía bien. Frecuentemente el cuerpo le ardía en fiebres y más de una vez había vomitado los alimentos, pero no eran momentos para detenerse en visitas médicas.

—Sí. No os preocupéis. Acompañadme al despacho, tengo que cursar unas órdenes que quiero que hagáis llegar inmediatamente al fuerte de Santa Cruz y a los dos navíos en puerto. Luego dirigíos a Manzanillo sin dilación. Nos estableceremos allí para la defensa del segundo anillo.

Alderete acompañó al almirante a su despacho y después de recibir las órdenes firmadas y lacradas se despidió militarmente, no sin antes dirigir a su rostro una mirada cargada de preocupación.

Una vez a solas, Lezo abrió una de las alcancías secretas de su escritorio, sacó su diario y lo abrió por la última página, la cual contenía una serie de anotaciones tras las cuales escribió las órdenes recibidas del virrey: «*con sus órdenes insensatas don Sebastián Eslava ha provocado la ruina de la flota de Cartagena, a lo cual me he opuesto sin que mi voz haya sido escuchada. También ha sido orden suya el abandonar el fuerte de Santa Cruz, con lo que abre un pasillo a los ingleses que no tardarán en instalarse en el cerro de la Popa. Ante tanto disparate he pedido las órdenes por escrito y lo único que he recibido ha sido una amenaza de arresto, todo ello con los ingleses a pocos metros planeando el asalto final a la ciudad...*»

A bordo del *Princess Caroline*, Vernon se sentía feliz, aunque no podía evitar el regusto amargo de la preocupación. Tras no pocos esfuerzos había conseguido penetrar la tupida defensa de la bahía exterior de Cartagena, lo que le situaba a las puertas de una victoria largamente acariciada. Además, en la reunión celebrada en el castillo de San José la mayoría de sus hombres habían demostrado conocer perfectamente sus obligaciones y esperaba eliminar las defensas de los españoles en un par de jornadas de combate.

Pero había circunstancias que hacían palidecer su alegría; por una parte la fiebre amarilla comenzaba a extenderse entre sus tripulaciones y a esas alturas ya había paralizado a una buena cantidad de soldados y marineros, cosa que había motivado la ira de Thomas Wentworth, el cual le acusaba sin tapujos de no haber tenido paciencia suficiente y haber enviado a sus soldados al combate sin esperar la necesaria aclimatación al terreno. Las diferencias del almirante con Wentworth eran cada día más palpables y eso, justo cuando la batalla estaba a punto de entrar en su fase decisiva, podía llegar a convertirse en un inconveniente grave. Sentado frente al escritorio de caoba de su camarín a bordo del buque insignia, el comandante en jefe de las fuerzas británicas tomó la pluma y escribió unas líneas a Mary Buck. Con las primeras luces de la mañana siguiente pensaba destacar a la *Spence* a Jamaica para dar noticia de sus progresos en la certeza de que sus logros en Cartagena no tardarían en saltar a Londres. Quería que esposa fuese la primera en conocer sus éxitos, aunque naturalmente se cuidó mucho de confiarle sus preocupaciones:

Querida Mary,
Después de que Dios Todopoderoso haya querido complacerme con la gloria de una nueva victoria militar, y esperando que siga derramando Su Gracia sobre este humilde súbdito suyo, te participo que al fin hoy hemos conseguido doblar la resistencia de los españo-

les en los accesos a la impenetrable ciudad de Cartagena. Deberías haberlos visto tratando de hundir sus barcos y cómo los míos reaccionaron a tiempo de salvarlos de forma que su gallardete insignia ha permanecido sobre mi mesa a lo largo de toda esta gloriosa e inolvidable jornada. Ahora cuento los minutos para que amanezca y lanzar sobre ellos el ataque final, pero antes despacharé una corbeta a Jamaica para que lleve al rey la enseña conquistada a los españoles y a ti estas letras cargadas del amor que siempre te he profesado y que quiero hacer patente más que nunca en esta vigilia de victoria. Sólo pido a Dios que tenga a bien seguir conservando intacta mi salud y mis fuerzas para encarar la jornada suprema, el día en que los orgullosos españoles se arrepientan de cuantas afrentas y robos nos han infringido durante tantos años.

Unos golpes en la puerta interrumpieron el sueño de Edward Vernon. Su idea era descansar y proceder al alba al ataque sobre los fuertes españoles que defendían el segundo anillo, y a través de los anchos ventanales del camarín el almirante británico constató que todavía era noche cerrada.

—Disculpad almirante —escuchó susurrar a su capitán de señales—. Algo raro está pasando con los españoles.

—¿Qué queréis decir? —Preguntó Vernon dando un respingo.

—La guardia vio un resplandor anaranjado al otro lado de la Tierra Bomba, me permití enviar un bote a investigar y ya está de regreso. Al parecer tratan de quemar sus naves.

Edward Vernon interpretó la situación al instante. Faltos de personal, seguramente los españoles renunciaban a los barcos en pro de la defensa de los fuertes y seguramente querían reducirlos a cenizas antes de que pudieran ser útiles a los ingleses.

—Williams —exclamó poniéndose en pie—. Ordene levantar el fondeo. Me dirigiré con otros tres navíos a intentar recuperar algún barco. Los designados serán los más rápidos en tener el ancla a bordo.

El capitán de navío Williams Defoe, encargado de coordinar y distribuir las órdenes del almirante, se llevó el dedo pulgar a la cabeza y salió a grandes zancadas del camarín en dirección al puente de gobierno.

La reacción de los ingleses fue la que corresponde a unos marinos bien entrenados y apenas veinte minutos después el *Princess Caroline* doblaba por segunda vez Punta Mateo en dirección a la bahía interior de Cartagena. La voz del almirante Vernon tronó por encima de la cabeza de sus hombres como la de un profeta irritado.

—¡Quiero esos barcos! ¡Amurad a la máxima velocidad, preparad dotaciones de presa. Acercaos cuanto sea necesario para apagar esos fuegos!

La noche aparecía iluminada por los incendios a bordo del *Dragón* y el *Conquistador,* y mientras gritaba sus órdenes la bola de fuego en que parecía convertido el cielo arrojaba sombras espectrales sobre el iracundo rostro del almirante.

Desde las murallas del fuerte de San Juan de Manzanillo Lezo vio acercarse a los barcos ingleses y comprendió inmediatamente su objetivo, sin embargo surgieron de las sombras tan cerca de los navíos españoles que se veía imposibilitado de disparar los cañones, so pena de alcanzar las dotaciones que habían quedado a bordo de cada barco para propagar los incendios y conducir los buques hasta la bocana de entrada a la bahía interior. La impotencia que le producía la quema de los navíos de los que apenas había conseguido salvar unos pocos cañones, todavía le roía las entrañas, aunque una vez dada la orden sus ruegos iban ahora encaminados a que ambos buques se hundieran cuanto antes para evitar que fueran apresados por los ingleses y que las dotaciones que habían permanecido a bordo hasta el último momento pudieran reintegrarse a la defensa de Manzanillo. Afortunadamente, uno de los navíos, el *Dragón*, ardía por los cuatro costados y estaba a punto de desaparecer bajo las aguas y los botes que regresaban con los últimos hombres quedaban cerca de alcanzar el pequeño embarcadero a pie del fuerte. En el *Conquistador,* en cambio, las cosas no había funcionado igual, pues habiendo sido el segundo en salir a cumplir su última y más penosa misión, los fuegos no habían terminado de prender y aunque el buque estaba en el sitio donde era intención de Eslava entorpecer el paso de los ingleses y los botes en los que habrían de regresar la dotación destacada ya se abrían del navío, los ingleses se aproximaban rápidamente y si ejecutaban una buena maniobra podrían llegar a tiempo de rescatarlo de entre las llamas. De repente, una figura se recortó entre los incendios y comenzó a moverse entre los cañones de la cubierta principal encendiendo sus mechas, tras lo cual, una detrás de otra, las baterías del *Conquistador* comenzaron a vomitar fuego por las bocas. A espaldas del almirante alguien preguntó quién era aquel valiente. Lezo no necesitaba la respuesta, pues sabía que se trataba de Salvador Amaya, a quién había encomendado el mando del navío tras la pérdida del *San Carlos* durante la defensa de Bocachica.

Repentinamente todos los barcos ingleses dirigieron sus cañones sobre el agonizante navío español. Lezo imaginó a Vernon carcomido por la impotencia al ver frustradas sus intenciones y la sonrisa del valiente Amaya al constatar la ironía de que los propios ingleses iban a terminar la tarea que él no había tenido tiempo suficiente para acometer. Dando un grito, el almirante vasco ordenó a los cañones de Manzanillo apuntar sobre los buques ingleses para distraer su atención sobre el ya desvencijado navío español, pero era demasiado tarde, una de las balas inglesas golpeó en ese momento sobre la cubierta del *Conquistador* justo donde un segundo antes se proyectaba la sombra de Amaya con una antorcha en la mano. Desde la muralla del fuerte de Manzanillo todos vieron elevarse el cuerpo del valiente comandante del *Conquistador* como un muñeco roto. Agachando la cabeza, Lezo sintió un ramalazo de ira que le recorrió la espina dorsal como una culebra, aunque pudo más el sentimiento de piedad que se abrió paso en su cabeza al imaginar el momento de dar la noticia de la muerte de su heroico marido a la joven Amandita. El almirante no pudo reprimir un suspiro al recordar el rostro de Amaya cuando recibió la orden de inmolar su barco, y la impotencia que había sentido al no poderle participar que, en realidad, se trataba de una disposición del virrey con la que en ningún momento había estado de acuerdo.

A pesar de haber conseguido apagar el fuego que consumía al *Conquistador* y que este había quedado en condiciones aceptables para el combate contra sus antiguos dueños, Vernon estaba lleno de ira. Había vuelto a discutir con Wentworth, el cual objetaba la mayoría de sus órdenes. Pero el almirante estaba decidido y con las primeras luces ordenó la ejecución del plan que habían discutido el día anterior, y de ese modo los ingleses pusieron en marcha dos escuadras, una con la misión de ablandar la defensa de los españoles en los fuertes de Manzanillo y Santa Cruz y en la propia ciudad de Cartagena, y otra cargada de soldados que esperarían la orden del general Wentworth para desembarcar en la península de Manzanillo y en la isla de la Manga, sobre la que se erigía el fuerte del Boquerón, una vez que las defensas en Manzanillo y Santa Cruz hubieran quedado lo suficientemente debilitadas para permitir el paso de sus barcos a la bahía interior.

Manzanillo resistió tenazmente, sin embargo tanto desde las murallas de la ciudad como desde el fuerte de Santa Cruz, los buques ingleses apenas recibían algún cañonazo esporádico. Vernon interpretó que se trataba de una trampa para que acercara sus barcos, ya que en la distancia en la que los ingleses habían decidido establecer el ataque a aquellas dos posiciones, aunque débilmente, su artillería alcanzaba las defensas españolas sin recibir fuego a cambio. En realidad estaba tan ciego de ira que tardó unos días en darse cuenta de que los disparos que le llegaban sin apenas fuerza procedían de las murallas de Cartagena y que el fuerte de Santa Cruz no respondía al fuego porque había sido abandonado. A pesar de todo Vernon encontraba la medida tan disparatada que dudó en acercarse, como si se tratara de un animal desconfiado que olisquea a su presa sin atreverse a lanzarse sobre ella. Finalmente, en la madrugada del 15 de abril un pequeño ejército de dos mil soldados ingleses desembarcó en la península de Manzanillo mientras algunos buques conseguían acceder a la bahía interior y establecían una cabeza de puente en la isla de la Manga, donde no tardó en desembarcar otro contingente de tropas similar. En pocas horas el número de soldados en tierra se aproximaba a los cuatro mil que apenas encontraban resguardo al fuego de los cañones y mosquetes del fuerte de Manzanillo, donde incluso los viejos entusiastas de la tertulian FDP arrimaban el hombro disparando al enemigo desde las lumbreras de las torres del fuerte. La pelea causó numerosas bajas en ambos bandos, sobre todo en el inglés, más expuesto al fuego que el español, lo que no disminuía la tremenda desproporción de fuerzas que seguía existiendo entre ambos ejércitos. Un disparo procedente de la explanada atestada de casacas rojas alcanzó en la frente al sevillano Antonio Álvarez, un comerciante sevillano entrado en los setenta que formaba parte de la tertulia de FDP. Cuando sus compañeros acudieron a socorrerle era tarde, el bueno de Antonio había muerto con una sonrisa en los labios, recordando, quizás, en el último de sus pensamientos, su hogar de nacimiento junto al río conocido originalmente como Betis.

De repente, una figura a caballo surgió desde el muro norte del fuerte Manzanillo enarbolando un trapo blanco en señal de rendición. Su aparición causó tal estupor entre los combatientes de uno y otro lado que la lucha se detuvo momentáneamente, mientras desde los muros del fuerte trataban de reconocer al jinete y los ingleses le apuntaban al pecho conforme se acercaba desconfiando de sus intenciones.

—Es Ángel Vázquez —exclamó el capitán Rafael Ochoa señalándole con el dedo desde la muralla.

—Que me aspen si esa yegua no es Centella —asintió sorprendido el ingeniero Alfonso Lorenzo que cargaba su mosquete al lado de Ochoa.

—Maldito perro —añadió este con su inconfundible acento sevillano—. Nunca confié en ese malnacido —completó besando una estampa de la Virgen Macarena que le acompañaba siempre.

El peruano Luis Montes, que se había unido a la defensa del fuerte empuñando un fusil, observaba la escena desde el visor de su catalejo.

—Diría que se está pasando al enemigo —se lamentó haciendo apretar los dientes de rabia a sus compañeros.

En efecto, después de obligarle a descabalgar de su yegua, los ingleses conducían al traidor a la retaguardia seguidos por el dócil animal que se dejaba conducir por un palafrenero.

Los ingleses regresaron al combate y la enérgica voz de Ochoa ordenó a los defensores devolver el fuego. Si no quedaba tiempo para el descanso menos aún lo había para perderlo dejándose arrastrar emocionalmente por la infamia de un traidor. De repente, por encima del ruido atronador de los cañones, se elevó potente la voz de Lorenzo Alderete.

—¡A la puerta de levante! ¡Retrocedemos a San Felipe! ¡Rápido, antes de que los ingleses consigan rodearnos!

Junto al capitán de Batallones de Marina, Lezo aparecía algo encorvado y con un rictus de fatiga dibujado en el rostro. Parecía evidente que las órdenes eran suyas, aunque por alguna razón su voz había perdido la proverbial potencia que la caracterizaba.

A la carrera, los defensores de la isla Manzanillo se dirigieron a la puerta del lado este, donde les esperaban un grupo de caballos y carretas que los condujeron al otro lado de la isla cruzando un puente que se encargaron de dinamitar una vez hubieron alcanzado el pago de Gracia en tierra firme. Con esa medida impedirían que los ingleses los persiguieran y podrían dirigirse sin tanta premura al castillo de San Felipe, último reducto de la defensa del imperio.

En San Juan de Manzanillo quedaron 24 milicianos criollos al mando del capitán Ochoa, con la misión de retrasar la progresión los ingleses. Cuando Lezo pidió voluntarios para una defensa imposible que más parecía un suicidio, Ochoa y sus 24 milicianos dieron un paso al frente sin pensárselo dos veces. Y ahora, al dinamitar el puente que constituía su última posibilidad, desde el pago de Gracia los españoles no podían evitar detenerse a contemplar con un sentimiento de piedad los muros del fuerte tras los que quedaban aquellos valientes.

Acompañado al trote por Carlos Aranda que lo escuchaba en silencio, Alfonso Lorenzo maldecía desde su caballo al dueño de la cuadra más famosa de Cartagena.

—Pediría a Dios que me dejara media hora a solas con ese traidor —se lamentaba consternado el ingeniero—. Hemos compartido no pocas horas de charla y ahora lamento haberle confiado los secretos más importantes de nuestros baluartes defensivos.

—Es extraño —susurró Carlos Aranda cabizbajo—. Las pocas palabras que he cruzado con ese hombre me habían llevado a considerarlo un buen español. Se refería a su familia con mucha pasión. Con su traición tal vez haya buscado que Vernon respete la vida de su mujer e hijos en Cartagena.

—No lo sé —replicó el ingeniero agitando la cabeza—. Sólo pido a Dios que no hable demasiado. Y si lo hace, insisto, que me dejen cinco minutos a solas con él.

Al frente de la columna, a pique de llegar a su destino, Lezo contemplaba con tristeza el pequeño emplazamiento de la Popa, a los pies del cual el imponente castillo de San Felipe de Barajas parecía una alfombra que no costaría demasiado trabajo tomar a los ingleses. Sentía que el cuerpo le ardía, pero aún conservaba suficientes energías para hacer trabajar su mente en la búsqueda de la mejor solución para la defensa del último baluarte de la ciudad.

❧✥❧

A bordo del *Princess Caroline* Ángel Vázquez penetraba en el camarín del almirante Vernon, que lo esperaba sentado frente a una mesa repleta de mapas e informes.

—Me dicen que sois un renegado *senior Vasques*. Decidme, ¿cómo puedo confiar en vos y saber que vuestra traición no es una trampa?

—Almirante Vernon, vuestra fama de hombre justo os precede. Yo no soy un combatiente, sino un hombre de negocios. Os ruego que no os confundáis, pues amo a mi país y estaría dispuesto a morir por él si hubiera alguna posibilidad de victoria. No siendo así, considero estéril el sacrificio. Por otra parte, tengo familia y como creo que podría resultaros útil, estimo que una pequeña alianza podría beneficiarnos a ambos.

—Decidme —respondió Vernon acariciándose la barbilla—. ¿Qué tipo de servicio podría recibir de vos?

—Como os he dicho, señor, soy hombre de negocios. Una vez que Cartagena sea inglesa no dudo que os harán falta caballos. Cualquier ejército los necesita. El virrey Eslava me requisó cuantos tenía, pero sé mucho de la cría de estos animales y no dudo de que podré volver a levantar mi pequeño imperio equino. Ya veis, vos sabéis ganar batallas y yo puedo proporcionaros un elemento fundamental para conseguirlo.

—Ya sé que los caballos son vuestro negocio, *senior Vasques*, de hecho el que montabais es de los más hermosos que he visto nunca, pero decidme, ¿qué gano yo perdonándoos la vida? Ya sabéis cuál es el castigo para los desertores.

—Puedo serviros fielmente, señor.

—¿Con la misma fidelidad con que habéis servido a vuestro rey?

—Insisto, señor. Aunque no sea un patriota, soy un buen español, pero sirvo a quien me paga y me deja trabajar en paz. Desde la llegada del virrey Eslava y el almirante de la Pata de Palo, la convivencia ha sido insostenible en Cartagena. Se trata de dos individuos detestables y llenos de soberbia, a cual más egoísta y vanidoso. Esta ciudad está necesitada de buenos gobernantes y no dudo que vendrán con la rendición de la plaza a vuestro rey.

Vernon parecía halagado con las palabras de Vázquez y se mantenía contemplando con curiosidad su enjuta figura, pero no parecía convencido en cuanto a la sinceridad del caballero.

—Decidme, ¿cuántos combatientes quedan en la ciudad?

—No más de quinientos, excelencia —respondió Ángel Vázquez utilizando el tratamiento que le pareció más adulador.

»En realidad, la mayoría son indios locales que no saben empuñar otro arma que sus propios arcos. Muchos de los supervivientes están enfermos y el propio Lezo se consume.

No me extrañaría que a estas alturas hubiera exhalado el último suspiro, aunque mantendrá la defensa mientras viva y no dudéis que sabe contagiar su ánimo a los soldados que le obedecen.

—¿Y el virrey?

—Eslava es un conejo asustado que está pidiendo a gritos que todo acabe cuanto antes.

—Francamente, *senior Vasques*, no me parece que hayan tenido tantas bajas.

—A la llegada de vuestros barcos, la ciudad ya estaba bastante diezmada por la fiebre, y desde que no llegan suministros la gente muere de pura inanición. En cuanto a los soldados, el virrey se equivocó exponiendo demasiados en la defensa del fuerte de San Luis, bien que se lo reprochaba Lezo. La mayor parte de nuestros defensores rindieron la vida allí, aunque algunos ya habían llegado enfermos a la defensa del fuerte.

—No me pareció que encontráramos tantos cadáveres —objetó el almirante desconfiadamente.

—La orden era y sigue siendo arrojarlos al mar con una bala de cañón atada a los tobillos. La enfermedad avanza inexorablemente.

Vernon sintió un ramalazo de orgullo. Ahí estaba la respuesta a que hubieran tardado dos semanas más de lo previsto en conquistar Bocachica. Y en cuanto a la epidemia de fiebres, no parecía cosa de aclimatarse como había defendido Wentworth con tanta vehemencia. Los propios españoles, asentados allí desde hacía años, caían con la misma facilidad que los forasteros. El almirante cargó en los ojos de su general una mirada cargada de reproches.

—Está bien, *senior Vasques*, ahora nos ayudaréis a señalar sobre el mapa los puntos más vulnerables de la defensa del castillo de San Felipe.

Durante unos instantes Ángel Vázquez arrastró el dedo índice por el mapa tratando de identificar las referencias más importantes hasta que encontró el fuerte en cuestión.

—Ese castillo ha sufrido numerosas reformas a lo largo del último año…

—Lo sabemos *senior Vasques* —Vernon interrumpió al desertor, advirtiéndole con una sonrisa que tenía información precisa sobre el emplazamiento, instándole de esa forma a que no intentara engañarle.

—Señor, solía reunirme a diario con el ingeniero que ha llevado a cabo esas reformas y estoy dispuesto a satisfacer vuestra intriga. Pero antes quiero garantías de que a cambio recibiré el trato que pido. Estos oficiales que os acompañan se consignarán como garantes del acuerdo establecido.

—¿Cuáles son vuestras peticiones concretas? —Preguntó Vernon dibujando en el rostro una mueca de burla.

—Quiero inmunidad para mí, para mi familia y también para mis caballos. Se respetará la vida de mi mujer y nuestros hijos, y tanto mi hogar como mis animales quedarán exentos del pillaje de vuestros hombres. A partir de que se consolide el gobierno de Cartagena por el rey Jorge, el monopolio del negocio de caballos en la ciudad será mío.

A pesar de su condición de prisionero, Ángel Vázquez expresó sus reclamaciones con un gesto de altivez en la mirada.

—Está bien —respondió el almirante tras estudiar la mirada del desertor en profundidad—. Aunque mientras duren los combates permaneceréis cerca de mí en calidad de prisionero. Si intuyo que tratáis de engañarme yo mismo os meteré una bala entre los ojos. Ahora vamos a trabajar.

Sobre un mapa, Ángel Vázquez comenzó a señalar los puntos débiles de San Felipe, manteniendo en el rostro su inveterado gesto de altivez, mientras, poco a poco, en el de Vernon se iba dibujando otro a medio camino entre la satisfacción y el desprecio.

21. CARTAGENA DE INDIAS, CASTILLO DE SAN FELIPE DE BARAJAS LA SUERTE DE UN IMPERIO

Al amanecer del 17 de abril los colonos de Virginia se lanzaron sobre el baluarte de la Popa. En realidad, el pequeño fuerte no era más que un viejo convento al que con el paso de los años se le habían añadido unos muros de adobe para delimitar el huerto. En suma se trataba de una posición imposible de defender que los españoles se vieron dolorosamente obligados a abandonar en vista de sus escasos recursos humanos, a pesar de que desde el cerro se dominaba la ciudad de Cartagena y el castillo de San Felipe, desde cuyos muros los españoles contemplaron impotentes como los ingleses emplazaban una batería de obuses.

Desde la torre Bandina, la más elevada del castillo de San Felipe, el virrey Eslava contemplaba la escena con resignación. Los oficiales le habían informado de que la moral de combate de los hombres era preocupantemente baja. Muchos de ellos se mostraban pusilánimes y admitían que deseaban que el ataque inglés se produjera cuanto antes como forma de ahorrarse sufrimientos inútiles. Algunos de sus informantes habían confesado a Desnaux, nombrado castellano de San Felipe por el propio Eslava, que la razón principal de la desidia de los soldados, de la que también participaban no pocos oficiales, se debía a que el almirante Blas de Lezo permanecía recluido en sus aposentos aquejado, según se decía, de alguna enfermedad que minaba su salud hasta el punto de que no encontraba energías suficientes ni para ponerse en pie.

Eslava estaba preocupado. Cierto que sus diferencias con Lezo en cuanto a la forma de encarar la batalla habían sido grandes, pero con el paso de los días había llegado a darse cuenta de que el almirante representaba su única opción de victoria, no sólo por su valor, inteligencia y sagacidad para el combate, sino por el liderazgo que ejercía sobre los desanimados soldados españoles. Y ahora permanecía recluido en sus alojamientos enfermo de fiebres, bien debido a alguna infección producto de las heridas recibidas en la lucha o quizás como consecuencia de alguna de las epidemias que se extendían por la zona de combate, donde muchos de los cuerpos de los muertos permanecían en campo abierto sin recibir sepultura. Aspirando los aires insanos que llegaban a las murallas de San Felipe, Eslava decidió llenarse de humildad y jugar su última carta, para lo cual se dirigió a su despacho, rescató un oficio de entre los muchos papeles que se amontonaban sobre su mesa, lo leyó distraídamente y lo firmó antes de encaminar sus pasos hacia los aposentos del almirante.

—Ave María, don Blas, ¿cómo os encontráis? —saludó el virrey en un desacostumbrado tono cariñoso.

Recostado en su cama, el almirante permanecía sumido en el silencio con los ojos hundidos y la mirada perdida.

—Los ingleses se preparan para dispararnos desde la Popa, pero a estas alturas no creo que puedan castigarnos más de lo que lo ya lo han hecho. Aunque no es eso de lo que quería hablaros.

Lezo giró la cabeza sobre la almohada y lo contempló con gesto inquisitivo.

—He decidido considerar vuestra propuesta de ascenso de Alderete —anunció el virrey con una sonrisa—. A partir de hoy ya podréis llamarle comandante. He pensado que tal vez os gustaría darle la noticia vos mismo.

A pesar de la debilidad que sentía, Lezo tuvo fuerzas para esgrimir una sonrisa.

—Y hay otra cosa de la que quisiera hablaros…

Esta vez el marino vasco alzó la barbilla invitando al virrey a manifestarse.

Durante veinte minutos Eslava estuvo hablando de las virtudes del Cid Campeador como modelo de militar honrado y fiel a su rey, virtudes que, según repitió varias veces, Lezo no tenía que envidiar en ningún modo al caballero burgalés. Postrado en la cama, a pesar de sentirse agotado, la cabeza del almirante trataba de adivinar a donde quería llevarle Eslava.

—Almirante, como bien sabéis, entre otras cosas Rodrigo Díaz de Vivar alcanzó fama por ganar su última batalla a los moros después de muerto. Vos estáis vivo, y espero y pido que Dios os dé aún muchos años de vida; lo que quiero deciros es que a vos el destino os pone hoy en una tesitura parecida, pues aunque ahora los enemigos sean ingleses en donde antes hubo moros, vos sois el líder natural de los soldados españoles.

Lezo miró fijamente a los ojos del virrey, como si quisiera encontrar la sinceridad de sus palabras más allá de la mirada.

—Los soldados os conocen antes que a mí. Comentan entre ellos la larga estela de victorias sobre los ingleses que os ha dado tan justa fama. Justo es también que en este instante final los acompañéis al combate. Con vos al mando cada uno de ellos vale por tres...

El marino desconfiaba. Aquellos elogios que le enaltecían en perjuicio de sí mismo no encajaban en absoluto con su carácter altivo y soberbio, sin embargo, la posibilidad de volver a mandar a sus soldados en una nueva victoria sobre los ingleses actuó como un bálsamo y poco a poco comenzó a sentir que su cuerpo recobraba las energías perdidas.

—Excelencia, no os voy a engañar respecto a mi mala salud, pero considero que tenéis razón. Soy un soldado de España y aún tengo mucha sangre que derramar por mi rey. Y ahora, os lo ruego, ayudadme a incorporarme y avisad a mi asistente para que me ayude a ponerme el uniforme.

Acompañado de una sonrisa a caballo entre la ternura y la complacencia, Eslava abandonó los aposentos del almirante y subió a las murallas atraído por el lejano redoble de unos tambores. Nada más abandonar la penumbra de la escalera de caracol, encontró al coronel Desnaux que se acercó a darle novedades.

—En estos momentos no son visibles, excelencia —dijo el castellano de San Felipe señalando con el dedo extendido un punto impreciso de la campiña que el virrey trataba de identificar con ayuda del catalejo—. Parece que los ingleses quieren parlamento.

La distancia entre el convento de la Popa, sobre el que flameaba la enseña británica, y el castillo de San Felipe, que coronaba la española del rey Borbón con la cruz de Borgoña, era de poco más de un kilómetro, sin embargo el terreno que los separaba estaba cruzado por una serie interminable de trincheras ideadas por Lezo para dificultar el avance inglés. La idea de aquellos fosos era dificultar en lo posible un ataque en fuerza. El laberinto de zanjas, de considerable profundidad, obligaría a los atacantes a detenerse, descender al foso mediante el uso de escaleras y volver a ascender por el mismo método antes de correr hasta la zanja siguiente, donde se verían obligados a detenerse de nuevo y repetir el procedimiento antes de retomar el ataque. Aunque el sistema proporcionaba a los atacantes un refugio inesperado, en realidad la intención de los ingleses no era guarecerse sino atacar, por lo que la idea del almirante representaba un inoportuno impedimento a la hora de lanzarse contra el castillo de San Felipe.

Al fin la delegación inglesa se hizo visible. Consistía en un grupo parlamentario compuesto por cuatro tamborileros, otros tantos escoltas con fusiles a la funerala, es decir, apuntando al suelo para dejar patente su intención negociadora, un abanderado con una pértiga en cuyo extremo ondeaba una bandera blanca, y un oficial con el sable envainado y un pergamino en la mano izquierda. Este tipo de grupos acostumbraban a formarse para llevar al enemigo algún tipo de ofrecimiento, generalmente con el fin de proponer una tregua o un intercambio de heridos o prisioneros. Solían contar únicamente con dos tambores y era de ley respetar su integridad. La razón de que los ingleses hubieran decidido doblar el número de cajas obedecía probablemente a la intención de que su redoble no dejara de escucharse en ningún momento, ni siquiera cuando la mitad de los tamborileros hubieran de guardar los palillos con ocasión de cada descenso y su correspondiente ascenso de las zanjas, lo que hacía aún más cansina la ya de por sí interminable marcha.

Tras el azaroso avance en el que invirtieron cerca de una hora, el grupo se detuvo ante los muros del castillo de San Felipe, momento en que los tamborileros iniciaron un redoble frenético que cesó con la bajada enérgica del brazo del oficial, cuya voz, en un castellano matizado por un acento manifiestamente inglés, resonó en el repentino silencio de la campiña:

—«Españoles, traigo un mensaje de paz...» —gritó levantando la cabeza y sosteniendo el pergamino abierto entre sus manos—. «Como bien podéis apreciar vuestra derrota es un hecho, no obstante el vicealmirante Edward Vernon, haciendo uso de su natural bondad y en nombre del rey Jorge II, quiere ofreceros una paz que acabe inmediatamente con el derramamiento de sangre, de modo que a todo aquel que entregue las armas le serán respetada la vida y sus bienes...»

Los defensores escuchaban atentamente las palabras del heraldo. Raramente habían tenido ocasión de ver tan de cerca y sin necesidad de protegerse a un oficial inglés, y la mayoría permanecían hipnotizados por el brillante color rojo del uniforme, los reflejos de las dos filas verticales de botones dorados y la elegancia del tricornio de paño que lucía en la cabeza, en el que destacaban los bordes dorados que confirmaban su categoría de oficial. Haciendo gala de la embajada de la que era portador, el mensajero completaba su atuendo con botas de brillante charol negro cubiertas hasta la caña por impolutas polainas blancas, una lustrosa peluca con bucles a juego con las polainas y una hilera de medallas en el lado derecho del pecho, además de una pistola dentro de su cartuchera en el mismo costado terminada en una pequeña bayoneta.

—« y en todo caso, si así fuera su deseo, se les permitiría abandonar la ciudad acompañados de sus familias y los bienes personales que pudieran llevar encima».

Al término de su alocución y tras una señal a sus acompañantes, los tambores comenzaron a sonar pausadamente mientras la comitiva permanecía en posición de firmes. Era la señal para que el comandante de los defensores españoles diera réplica a la propuesta inglesa, y los soldados que se alineaban en las almenas de las murallas del castillo volvieron la vista a Eslava, el cual permanecía en silencio y con la cabeza baja, atenazado por la situación y la trascendencia de la decisión que le correspondía tomar.

Para ganar tiempo, obedeciendo las costumbres de la guerra, el virrey ordenó la salida de un oficial a hacerse cargo del mensaje manuscrito de Vernon y al poco la puerta se abría para dar paso al teniente Horacio Aranda, que se dirigió al encuentro del emisario inglés escoltado por dos soldados, procediéndose sobre el terreno a la entrega del pergamino conteniendo las condiciones para la rendición.

En las almenas de San Felipe, el virrey mantenía la vista clavada en el suelo sopesando la oferta de los ingleses, cuando un murmullo comenzó a elevarse sobre las murallas de San Felipe. Verdaderamente y a la vista del número de soldados que se adivinaba en las estribaciones de la Popa, la oferta británica parecía generosa y digna de ser tomada en consideración. Buena parte de los españoles se habían dejado la vida en la defensa de una ciudad que al fin y al cabo no era la suya, y a la vista de las fuerzas que todavía conservaban los británicos el resultado final de la batalla no podía ser otro que la derrota de unos españoles sin apenas moral de combate, semidesnudos y a los que sólo les quedaban unos pocos caballos como alimento. Si en lugar de atacar los ingleses decidieran sitiarlos en el interior del castillo el final de la lucha sería exactamente el mismo, con la única diferencia de que entonces los supervivientes serían considerados prisioneros y se verían sometidos a una suerte incierta.

Incapaz de permanecer ajeno al rumor que le llegaba de las gargantas de los soldados, Sebastián Eslava giraba la cabeza a uno y otro lado de la muralla leyendo la desesperación en sus rostros, hasta que, llenando los pulmones de aire y llevándose las manos abiertas a la boca para hacerse oír, parecía dispuesto a evacuar su decisión cuando una voz firme y decidida procedente de la torre Bandina tronó sobre la cabeza de los heroicos defensores. Se trataba de Blas de Lezo que surgía de la nada, vestido con su uniforme de teniente general y agitando en el aire su única mano útil en la que podía verse el espadín correspondiente al uniforme de gala que vestía.

—Inglés —gritó con toda la fuerza de sus pulmones—. Ve a decirle a tu almirante que España no se rinde y que mientras haya un solo español con fuerzas para levantar la bandera y disparar su fusil, Cartagena seguirá siendo fiel a su rey. ¡Viva España!

El viva con que los españoles respondieron al de su líder ahogó los vivas siguientes al rey Felipe, pero no los gritos enardecidos del almirante que desde lo alto de la torre Bandina vociferaba como un endemoniado.

—¡Fuego, fuego, fuego! ¡Apuntad los cañones a la Popa! ¡Cincuenta escudos para el que derribe la bandera inglesa! ¡Hijos míos, España os necesita, no hinquéis la rodilla!

Los vítores al almirante quedaron apagados por el tronar de los cañones que comenzaron a vomitar fuego sobre las posiciones inglesas, mientras el mensajero de Vernon reaccionaba con rapidez disparando cobardemente contra los soldados que acompañaban al teniente Horacio Aranda, al que hizo prisionero y obligó a acompañarle hasta las líneas inglesas utilizándolo como escudo humano, al tiempo que sus acompañantes huían como conejos asustados, abandonando sobre la campiña los tambores y el paño blanco con el que habían pretendido oficializar el armisticio.

Una vez a salvo la comisión parlamentaria, los obuses ingleses comenzaron a martillear las posiciones españolas. Al estar situado en un plano superior, las balas disparadas desde la Popa no encontraban obstáculos para alcanzar el interior del castillo, donde causaban algunos destrozos. Los defensores de San Felipe entendieron que era más seguro guarecerse entre los merlones de las murallas, pues de ese modo los proyectiles ingleses se estrellaban contra el muro o silbaban sobre sus cabezas. Con intención de ahorrar munición Lezo ordenó cesar el fuego y los ingleses imitaron su ejemplo, pues en realidad ninguna de las artillerías estaba resultando efectiva.

El alto el fuego inglés en la cara este, donde se levantaba el convento de la Popa, no significaba que los casacas rojas hubieran renunciado a su empeño de atacar el último baluarte defensivo de Cartagena, pues los soldados desembarcados en la isla de Manzanillo progresaban hacia San Felipe por la cara oeste hostigados por la resistencia del fuerte de San Juan. Desde el punto más alto de San Felipe, Lezo estudiaba detenidamente el dispositivo táctico. El castillo era una isla rodeada de ingleses por todas partes una vez cerradas las comunicaciones con la Popa, con las baterías de Crespo y Mas en la Boquilla y con la ciudad de Cartagena, donde el puente de San Anastasio había sido dinamitado, incomunicando de esa forma la capital en la que únicamente permanecían civiles, clérigos y las religiosas que atendían a los heridos en el hospital de la Caridad. En esas condiciones el único vínculo de los defensores de San Felipe de Barajas con el resto de lo que había constituido el virreinato de Nueva Granada era el pequeño hilo que los mantenía unidos con el fuerte de San Juan de Manzanillo, donde el capitán Ochoa y sus voluntarios continuaban hostigando el avance de los ingleses hacia San Felipe, vínculo que estaba a punto de quedar roto por la afluencia imparable de casacas rojas.

Al frente de los ingleses que pretendían avanzar hacia San Felipe por la cara sur, un indignado Thomas Wentworth asistía impotente a la escabechina que producía entre sus desguarnecidos hombres el fuego de Manzanillo. Su única defensa ante el acoso que recibían desde las troneras y aspilleras del fuerte eran los fusiles que portaban los soldados, un fuego prácticamente inofensivo para los españoles que lo defendían por lo que el general inglés envió un correo al buque insignia de Vernon reclamando el apoyo de los cañones de los barcos, únicos que podían causar estragos en el fuerte enemigo y aliviarlos del martilleo constante al que los tenían sometidos los voluntarios de Ochoa. La nota final incluida en la queja de Wentworth a su almirante dejaba clara la indignación del jefe de la fuerza expedicionaria en tierra ante las constantes reclamaciones de Vernon sobre el escaso progreso de sus soldados: «... *y procure Vuestra Excelencia dete-*

nerse en las obligaciones propias de su cometido naval, en lugar de reclamar airadamente las que no le son propias...'».

꠸꠸

Acomodado en una silla que había ordenado disponer en el castillo de popa del *Princess Caroline,* frente a una mesa cubierta por un fieltro azul en la que los oficiales de su estado mayor le refrescaban continuamente el estado de la batalla mediante partes, mapas y estados de fuerzas, Edward Vernon arqueó las cejas al recibir el sobre que le ofrecía un comandante recién llegado en un bote desde la isla Manzanillo. La estupefacción que le causaron las palabras de Wentworth fue tal que necesitó leer dos veces la nota antes de restregarse los ojos para volver a leerla una tercera vez. A pesar de los segundos transcurridos desde la primera lectura, Vernon sintió un acceso de ira que le llevó a morderse los labios y apretar los puños para no descargar su ira sobre el mensajero devolviéndolo al combate con cajas destempladas. En realidad, lo que más indignaba al almirante londinense no era el desplante de las últimas palabras de Wentworth, sino lo razonable de su reclamación que le hacía quedar como un táctico mediocre. Desde el inicio de las operaciones en tierra, Vernon había fiado sus esfuerzos a la rendición de los españoles y según los estados de fuerza que le presentaban sus oficiales el único progreso en aquella batalla lo hacían los malditos insectos que estaban diezmando a sus hombres. En su idea de terminar cuanto antes con la resistencia española se había obsesionado con el bombardeo sistemático de la ciudad de Cartagena, en la esperanza de que al ver sus casas destruidas y el consiguiente sufrimiento de sus familias, fueran los propios civiles los que sometieran a Lezo a la presión necesaria para hacerle sentir la rendición como un bálsamo redentor, pero era obvio que la estrategia no sólo no estaba surtiendo ningún efecto sino que había descuidado otros blancos militares más decisivos.

—Está bien. Diga al general Wentworth que sus peticiones serán atendidas. Puede retirarse.

Lanzando displicentemente la nota del general Wentworth sobre el montón de papeles acumulado encima de la mesa, Vernon alzó la mirada y escupió sus palabras con desprecio al comandante que permanecía cuadrado frente a él con su casaca roja descompuesta como consecuencia de los prolongados combates en tierra. A continuación, una vez que el mensajero de Wentworth hubo desaparecido con el bote, llamó a su capitán de señales y le ordenó dirigir el fuego de los navíos sobre el fuerte de San Juan de Manzanillo.

Dos días más tarde, después de 48 horas en las que los únicos disparos ingleses procedieron de las bocas de los cañones embarcados y se concentraron sobre el fuerte de Manzanillo, que aparecía destruido y sin ningún tipo de resistencia aparente en su interior, los obuses de la Popa volvieron a rugir, aunque en esta ocasión las balas sobrevolaron el castillo de San Felipe para ir a caer sobre la ciudad de Cartagena.

Parapetado tras los merlones de las murallas de San Felipe, Blas de Lezo vigilaba con su único ojo útil la trayectoria de las balas de los obuses disparados desde la Popa que buscaban los azules cielos cartageneros para ir a caer verticalmente sobre la ciudad, salpicada aquí y allá por el negro humo de los incendios que certificaban la eficacia de la estrategia británica. El acre olor de la pólvora suspendido en el aire hacía tiempo que había irritado sus fosas nasales, ocasionándole unos accesos de tos que venían acompañados de unos esputos negros y densos que no hacían presagiar nada bueno, aunque a esas alturas el almirante había decidido ignorar cualquier presagio negativo sobre su maltrecha salud, poniendo su pensamiento enteramente al servicio de la defensa del último reducto en el que ondeaba la bandera de su patria. Escondido entre los aromas de la pólvora, su cerebro identificaba también el nauseabundo hedor de los cuerpos de los soldados muertos que yacían por todas partes, aunque lejos de desagradarle, el insano olor de los cuerpos insepultos le producía una íntima y áspera satisfacción, pues significaba la presencia en el aire fétido de la esencia de las epidemias que flotaban en el ambiente, en esos momentos su único y más preciado aliado.

La repentina lluvia de balas de cañón que comenzó a sufrir la ciudad llevó a las autoridades cartageneras a prohibir la circulación por sus calles, así como a desaconsejar la permanencia en los domicilios particulares. En tales circunstancias, los cartageneros se repartían entre los enfermos que permanecían recluidos en el hospital de la Caridad atendidos por las heroicas religiosas de Santa Clara y el resto de los habitantes que, atraídos una vez más por las campanas de San Francisco, esperaban acontecimientos en el interior de la catedral, por considerar que sus muros eran los más resistentes de cuantos edificios se levantaban en la capital.

Al atardecer del 18 de abril, con la aterrorizada población cartagenera recluida entre los muros de la catedral, iluminada únicamente por los débiles pabilos de los cirios y unos pocos candiles, después de haber procedido al rezo del enésimo rosario en medio del ruido ensordecedor producido por los cañonazos ingleses y con la bóveda de la capilla principal agrietada por el efecto de los proyectiles, el arzobispo Paulladas se preparaba para celebrar una misa en la que pensaba invocar la intercesión del beato Telmo para que Dios tuviera a bien liberar a la ciudad de tanto sufrimiento, cuando un proyectil lanzado desde la Popa golpeó directamente la bóveda, haciéndola temblar durante unos segundos antes de desplomarse sobre el altar en el que oficiaba el sacerdote, que quedó sepultado por un amasijo de piedras y arena. Cuando los fieles corrieron al altar y empezaron a retirar los pesados escombros de lo que un día había sido la orgullosa cúpula de la catedral, descubrieron el cuerpo sin vida del arzobispo cuyas manos permanecían asidas fuertemente al crucifijo que acostumbraba a llevar colgado del pecho.

Lo que pareció el preludio del ataque final sobre San Felipe se produjo poco después del mediodía del 19. Como si todos los demonios del mundo se hubieran puesto de acuerdo para conspirar en contra de los exhaustos defensores españoles, a esa hora comenzó un feroz ataque artillero al que, además de los obuses disparados desde la Popa, se sumaron una serie de baterías que los ingleses habían desembarcado en la isla de Manzanillo y que vomitaron su pólvora sobre el baluarte español desde tres o cuatro puntos distintos disimulados tras las lomas del sur y del oeste de San Felipe. Adelantándose al ataque tantas veces imaginado, Lezo había ordenado reforzar los merlones con sacos de tierra, por tratarse de un material que soportaba mejor y menos peligrosamente las balas de los cañones enemigos, lección que tan dolorosamente había aprendido en la almenas del castillo de Santa Catalina en Tolón.

El ataque se prolongó durante horas, hasta que poco antes de la anochecida los españoles contemplaron a los ingleses en la distancia calar las bayonetas de sus fusiles, lo que tuvo el efecto de hacer palidecer a los últimos defensores de la plaza, entre quienes circulaba el pesimismo propio de la situación recargado por las palabras de un joven oficial que susurró entre sollozos un comentario devastador para la decaída moral de los combatientes:

—Mi mujer será viuda esta noche y aún no lo sabe...

Entre los españoles se contaba un grupo de 300 soldados de los tercios de Flandes e Italia, que tras la entrega de los territorios europeos cedidos por el tratado de Utrecht habían sido reasignados a los diferentes virreinatos americanos. Curtidos en mil batallas, estos soldados que Lezo había mantenido como fuerza de reserva dado el importante ascendente que ejercían sobre el resto de la tropa, sabían que al calado de las bayonetas por parte de los herejes habría de seguir de forma inmediata la orden de asalto a degüello, por lo que trataban de animar a sus compañeros demacrados mientras ellos mismos calaban las suyas propias, sabedores de que el instante supremo había llegado.

El calado de sus bayonetas por parte de la infantería británica tuvo la virtud del cese de los cañonazos, lo que no hizo sino certificar la inminencia del asalto. Sin embargo, para sorpresa de todos, incluidos los curtidos soldados de los tercios viejos, lejos de escucharse el temido redoble de tambores inglés, lo que llegó a sus oídos fue el sonido del cornetín de órdenes de Lezo, que como cada atardecida repetía el toque de oración tradicional en los buques de la Armada.

Al principio sólo unos pocos soldados entendieron el mensaje de la corneta, pero poco a poco fue corriendo la voz y al cabo de unos minutos todos los españoles interpretaron que el almirante les trasmitía que no sólo tenían que luchar por sí mismos y por sus vidas, sino también por las de los compañeros caídos, cuyas almas flotaban entre los defensores para empujar su ánimo hasta la victoria. La visión de los cadáveres enemigos amontonados en la campiña alrededor del castillo envió a sus cerebros otro mensaje no menos reconfortante. Los ingleses muertos eran más de los que habían llegado a pensar y aquella carga que los casacas rojas se aprestaban a llevar a cabo representaba, en realidad, su último y desesperado intento en aras de conseguir una victoria que habían dado por conseguida demasiado pronto. Con la última nota del toque de oración suspendida en el aire, un murmullo comenzó a crecer entre los defensores de San Felipe hasta que una voz femenina cargada de energía rasgó el silencio de la noche cartagenera:

—¡Españoles, ha llegado el momento de demostrar quiénes somos, por nosotros mismos, por el rey, por los compañeros que han ofrendado sus vidas a Dios. Viva España!

Las palabras de Amandita fueron contestadas en una sola voz por los soldados que se aprestaban a la defensa de sus vidas y que sentían como una extraña energía renovadora se iba apoderando de sus cuerpos y mentes y tensaba sus músculos preparándolos para el combate. A su lado, Blas de Lezo enjugó las lágrimas de la viuda de su querido amigo Salvador Amaya y cubrió su cuerpo con un abrazo que le hiciera llegar una mínima parte del calor que tan acertadamente había sabido trasmitir a los soldados.

Sin embargo, para sorpresa de todos, las cornetas inglesas no llamaron al ataque a sus soldados. La oscuridad había caído completamente sobre la campiña cartagenera y los soldados españoles no podían ver a los ingleses, aunque la escasa luz de las teas que permanecían encendidas en la Popa y el silencio sepulcral en el que había quedado envuelta la noche hicieron pensar a Lezo que el astuto Wentworth habría podido sentir en el ambiente la nueva predisposición de los soldados españoles a la defensa y tal vez pensaba dejar pasar el tiempo a la espera de un momento más propicio para el asalto.

En realidad, y eso ni Lezo ni ningún otro de los soldados españoles podía saberlo, Thomas Wentworth volvía a sentirse indignado por la actitud de Edward Vernon. Tras su última misiva había visto con agrado que el almirante reconsideraba su actitud y apoyaba con el fuego de la artillería naval el aplastamiento de la resistencia en San Juan de Manzanillo, sin embargo, a la hora del asalto de la plaza capital volvía ser el Vernon medroso que reservaba esfuerzos, hasta que, harto, el general de la fuerza expedicionaria resolvió tomar un bote y marchar a enfrentar el problema cara a cara con su superior.

—Almirante —se dirigió a él resueltamente cuando lo tuvo enfrente—. Bien sabéis que no soy hombre que rehúya el combate, y así lo certifica la sangre de mis soldados y la de mis mejores oficiales caídos en combate.

—Concretad vuestra queja, Wentworth —reclamó Vernon altivo y más pomposo que nunca.

—Vamos, almirante, no menospreciéis mi inteligencia —bramó el general inglés sintiendo hervir la sangre—. He atacado a los españoles en tierra a tumba abierta y ahora que mis cañones anticipan el ataque definitivo los vuestros callan. No se me escapa que las balas españolas de 36 libras son altamente destructivas, pues las he sufrido en mis propias carnes. En cambio vos mantenéis vuestra flota lejos de su alcance.

Vernon sintió un acceso de ira. A pesar de que Wentworth no decía más que la verdad, el comandante era él y por tanto el dueño y único responsable de las órdenes que allí se daban. Mientras buscaba la fórmula adecuada para reconducir la actitud de su subordinado, el general escupió unas palabras que le hicieron más daño que si le hubiera lanzado un puñetazo directamente al hígado.

—Sabed que en estas circunstancias no puedo hacerme responsable del éxito de la operación ni tampoco de su eventual fracaso. No estoy dispuesto a derramar la sangre de mis soldados mientras vos no lo estéis a hacer lo mismo con la de vuestros marineros.

—Yo ya he perdido demasiados navíos y marineros consolidando la cabeza de playa para que vuestros soldados desembarcasen sin riesgos. No creo que San Juan de Manzanillo os haga mucha oposición a estas alturas. He arriesgado mi flota situándola a un cable de la costa para batir ese castillo con grave riesgo de mis buques. Id ahora a tomar San Felipe y dejad de llorar como una plañidera.

—Esmerad vuestras palabras, almirante. Por infamias menores me he batido en duelo con todo tipo de hombres y mi presencia aquí certifica el resultado.

—Está bien Wentworth, añadiré la insolencia y la amenaza a los cargos que pienso presentar contra vos.

—De acuerdo almirante, proceded como mejor os parezca. Mi único cargo contra vos será el de cobardía. A nadie escapa que acercasteis vuestros buques a la isla de Manzanillo porque los españoles ya no respondían al fuego de cañón en esa plaza, lo cual no es el caso de San Felipe. Ahora decidme si pensáis actuar como demanda la situación. Si no hay fuego naval, tampoco habrá carga de infantería; y si vuestra defensa es el ataque exitoso a los fuertes del primer anillo defensivo de los españoles, yo esgrimiré la toma de la Popa. A partir de ahí será el rey quien decida, aunque a ninguno nos escapa que la victoria será española y os recuerdo que habéis enviado un aviso a Jamaica dando noticia de lo contrario.

Vernon sintió en su estómago el puño de un titán. Verdaderamente la situación era delicada y Wentworth tenía los arrestos suficientes para llevar a cabo sus amenazas.

El general leyó la duda en el rostro de su almirante y pensó que era el momento de refrendar con palabras sus osados pensamientos.

—Almirante, sabed que no estoy dispuesto a conducir a mis hombres a una matanza si los resultados son inciertos. Decidme si estáis decidido a apoyarme con el fuego de vuestros cañones, de otro modo quedáis advertidos de que no obedeceré vuestras órdenes.

Los ojos de Wentworth estaban encendidos como teas. Incapaz de soportar su mirada, Vernon desvió la suya sin dejar de mascullar un juramento. A continuación, sintiendo un ramalazo de ira remató entre dientes.

—Está bien. Regresad a tierra y acabad con los españoles de una vez. Tendréis vuestro maldito fuego de apoyo.

El bombardeo inglés se reanudó pasada la medianoche, esta vez incluyendo las baterías de los buques establecidos en la bahía interior, que recibieron como respuesta un nutrido fuego de los españoles que desarboló varios barcos y dañó seriamente al *Princess Caroline* de Vernon. Tres horas después de iniciado el bombardeo, las luminarias lanzadas desde las atalayas de las murallas de San Felipe permitieron a los españoles distinguir las primeras avanzadas enemigas progresando entre las sombras. Los ingleses habían avanzado desde la Popa hasta presentarse a centenares ante las murallas defensivas del castillo, lo que para los españoles tuvo una vez más la virtud de ver suspendido el castigo artillero al que estaban siendo sometidos.

Además de los trescientos soldados de los tercios que constituían la fuerza de reserva, la guarnición del castillo de San Felipe estaba constituida por otros mil defensores contados entre marinos y granaderos de los regimientos España y Aragón, lo que apenas daba abasto para defender los cuatro flancos por los que atacaban los ingleses, aunque tanto los que lo hacían por el norte como los que procedían del sur y del oeste no tenían ninguna posibilidad de progresar, gracias a los muros que defendían la fortaleza por aquellos costados, altos, verticales e inexpugnables para una infantería cuyo único efecto era el de distraer con su empuje la artillería y fusilería española en beneficio de los casacas rojas que atacaban por el este, la dirección de la Popa, desde donde habría de proceder el ataque principal por ser allí los muros más bajos y accesibles, lo que confirmaba a Wentworth el informe del traidor Ángel Vázquez.

Efectivamente, aunque los españoles no pudieran contarlos desde las alturas debido a las condiciones de oscuridad y su alto número, superado el campo de trincheras una masa heterogénea compuesta por 3800 hombres se acercaba al castillo siguiendo la dirección en que apuntaba el sable de Lawrence Washington, hasta que el toque de corneta rasgó el silencio de la noche que no tardó en verse sustituido por toda suerte de gritos con los que los ingleses trataban de infundirse el ánimo que en realidad les faltaba.

Los primeros en llegar al foso de la muralla de levante fueron los zapadores, distinguibles por sus uniformes oscuros y las planchas metálicas bajo las que se protegían del intenso fuego español. Una vez que se retiraron, docenas de escaleras de asalto quedaron adheridas al muro y por ellas comenzaron a trepar como gatos los virginianos de Washington, a pesar de recibir desde las alturas todo tipo de presión, desde disparos de fusilería a proyectiles de artillería lanzados por los brazos de los exhaustos defensores españoles, pasando por humeantes capazos de aceite hirviendo que les hacían proferir las más rebuscadas blasfemias.

Fue su perdición. El ingenioso Lezo había imaginado el modelo de asalto y en consecuencia hizo rebajar en más de dos metros la profundidad del foso, de manera que todas las escalas quedaban indefectiblemente cortas y, atrapados entre la presión de los soldados que les empujaban por la retaguardia y el fuego recibido desde las alturas, los virginianos caían arrastrando en su caída a los atacantes que les seguían.

Incorporados para disparar a los ingleses que trepaban por las escalas, los españoles presentaban, no obstante, un blanco fácil para los tiradores ingleses en tierra y muchos de ellos caían abatidos, siendo inmediatamente reemplazados por otros, mientras Amandita arengaba al resto de las mujeres a no desfallecer en la carga de fusiles e incluso ella misma envió a los infiernos el alma de algunos herejes sin dejar de recordar a su marido con cada disparo.

Tratando de apoyar la defensa donde fuera necesario su concurso, Cristóbal Aller vio que uno de los cañones estaba desatendido, pues sus sirvientes se dedicaban a repeler a los atacantes ingleses con sus fusiles. Enardecido por el fragor de la pelea, viendo que las balas ya habían sido lanzadas a las cabezas de los que intentaban ganar la muralla por las escalas apoyadas en el muro, el viejo capitán de navío cargó el arma con cuanto encontró a mano y le pareció que podía servir de munición, y cuando hubo metido en el ánima del cañón su propio pistolete, el sable, las medallas de su uniforme, un puñado de reales de plata y hasta el reloj de bolsillo en el que depositó un beso sobre la efigie de su querida esposa Ana, aplicó la llama de una antorcha sobre la mecha y sus recuerdos y posesiones de toda una vida volaron proyectados hacia los ingleses que atacaban el castillo, disponiéndose a continuación a lanzar sobre sus cabezas los sacos de arena que amortiguaban en los merlones el fuego enemigo, sin dejar de insultar a los ingleses con la retahíla de desprecios aprendidos a lo largo de toda una vida embarcado en los buques de su majestad:

—¡Bastardos, rufianes, venid aquí si tenéis lo que tiene que tener un hombre; galápagos, botarates, ratas de sentina, cucarachas, cofradía del diablo, sodomitas !

Desprovisto de armas pero empujado por el éxtasis del combate, el viejo oficial levantaba los brazos sin dejar de insultar a los ingleses desde las murallas del castillo, cuando un disparo surgido de la noche le alcanzó el pecho y le rompió el corazón. Al verlo, su amigo el ingeniero Alfonso Lorenzo corrió en su auxilio, aunque sólo tuvo tiempo de cerrarle los ojos, dibujar una cruz sobre su frente y musitar una oración por el alma de un hombre bueno que en esos momentos viajaba directamente al cielo.

Desde las alturas de la torre Bandina, Lezo seguía los acontecimientos pendiente de la evolución de la batalla. A los pies de la muralla reinaba la confusión. Los soldados ingleses ya habían interpretado que el ascenso por las escalas sólo conducía a la muerte, pero eso era algo que los que empujaban por la retaguardia desconocían, de modo que seguían avanzando, empujando a los de delante a un callejón sin salida, lo que se tradujo en una melé desordenada de soldados confusos, una parte de los cuales trataba de batirse en retirada mientras otra los empujaba hacia la vanguardia y cada vez eran más los que yacían sobre la campiña muertos o heridos sin posibilidad de reintegrarse al combate.

Comprendiendo que la confusión que reinaba en las filas enemigas le ofrecía una oportunidad que no podía dejar escapar, el almirante ordenó a Desnaux que abriera las puertas del castillo para dejar salir a la fuerza de reserva, cuya carga podría llevar a los soldados enemigos a la desbandada. El castellano de San Felipe dudó. Sabía que Eslava solía objetar las decisiones del marino vasco y una de tanta trascendencia podría ocasionarle problemas con quien al fin y al cabo, y aunque no se le viera en la batalla, seguía siendo el virrey.

—Almirante, pensad bien lo que ordenáis. Si abrimos las puertas el enemigo podría decidirse a lanzarse sobre el castillo, y a pesar de las muchas bajas sufridas siguen siendo un número muy elevado de soldados.

Lezo envió a Desnaux una mirada cargada de desprecio. Sabía perfectamente lo que pasaba por su cabeza y aunque era cierto que el número de combatientes ingleses seguía siendo superior al de los españoles, él mismo se había encargado de instruir a los soldados de los tercios en las mismas tácticas de lucha hombre a hombre con que adiestraba a sus marineros en las de abordaje. Se trataba de trescientos soldados que por su valor y patriotismo valían por tres mil. Sabedores de que antes o después su participación en el combate sería reclamada, aguardaban impacientes la llamada en el patio de armas rodeando al que se había erigido en su jefe natural, el recién ascendido comandante Lorenzo Alderete. Nervioso, Lezo entendió que la misión perdía posibilidades de prosperar conforme avanzaba el reloj e ignorando a Desnaux, evacuó sus órdenes directamente a su ayudante:

—¡Comandante Alderete, ordenad calar las bayonetas!

Y luego, dirigiéndose a la tropa, los animó elevando el tono de voz.

—¡Soldados, salid y enseñad a los ingleses que el nombre de España se escribe con el color rojo de la sangre. Dios os bendiga. A por ellos!

Las puertas del castillo todavía no se habían abierto completamente cuando, siguiendo a su comandante, los valientes soldados herederos de los heroicos tercios españoles se lanzaron a la carga con el nombre de España y el de su rey en los labios.

—¡A por ellos hijos míos, no dudéis, os aguarda la mayor gloria que pueda esperar a un soldado de España! ¡Muerte a los herejes!

Sorprendidos por lo inesperado del ataque, ingleses y virginianos arrojaban las armas al suelo y corrían tratando de salvar la vida a cualquier precio. Muchos optaron por saltar a las trincheras cavadas por los españoles, donde se les quebraban los huesos de las piernas y gritaban pidiendo auxilio y clemencia a partes iguales, reconociéndose católicos en un postrer intento de salvar la vida.

En las almenas del castillo, faltos de sus jefes naturales, los soldados ejecutaban obedientemente las consignas emanadas de los pulmones de Amandita, que señalaba como objetivos a los ingleses que trataban de huir en dirección a la isla de Manzanillo para embarcar en busca de la seguridad de los barcos. Entre los que disparaban a discreción sobre ellos en su desbandada se encontraban el marqués del Quiri, el ingeniero Alfonso Lorenzo, el pescador Sebastián Romero y Carlos Aranda, que con el paso de los días habían aprendido a confraternizar con los tertulianos de FDP como si formaran parte de la tertulia. Enardecido por el fragor de los combates en tierra, el peruano Luis Montes se había unido a las fuerzas de reserva y corría por la campiña repartiendo mandoblazos a diestro y siniestro.

Empezaba a clarear el día. Persiguiendo a los ingleses los españoles llegaron hasta la Popa, donde apenas quedaban unos pocos artilleros que se entregaron sin combatir y a los que Alderete no se limitó a hacer prisioneros, sino que obligó a apuntar los cañones sobre sus propios buques que se afanaban en la recogida de los casacas rojas que escapaban despavoridos. Cuando los defensores de San Felipe vieron ascender al cielo la bandera española en el viejo convento prorrumpieron en gritos de alegría.

Igual que sus valientes soldados, Blas de Lezo comenzaba a pensar que la victoria no sólo era posible sino que podía estar más cerca de lo que nunca hubieran podido imaginar. Los combatientes españoles se imponían a sus homólogos enemigos, que seguían tratando de ganar los buques ingleses a todo trance. El campo aparecía cubierto de cadáveres y desperdigados aquí y allá se veían algunas cuerdas de prisioneros asustados que eran conducidos a San Felipe por soldados españoles. Prudentemente, Vernon comenzaba a alejar sus barcos de la isla de Manzanillo en vista del inesperado castigo artillero al que se veía sometido por los obuses de la Popa, con excepción de uno de ellos que, rezagado, seguía escupiendo fuego sobre la humeante ciudad de Cartagena, aunque, obedeciendo las órdenes que dictaban los gallardetes del *Princess Caroline* los marineros que lo maniobraban comenzaban a abandonarlo. Lezo entendió inmediatamente la maniobra, pues el barco en cuestión era su querido *Galicia*, que Vernon exponía sin miramientos con la idea de que fueran los propios españoles los que lo hundieran. El almirante español sitió un ramalazo de ira y ordenando a sus artilleros elevar el tiro, disparó sobre el buque insignia de su homólogo inglés, alcanzándolo con varias andanadas antes de que hubiera conseguido salir del radio de acción de los cañones de San Felipe. Lezo no pudo verlo, pero a bordo del *Princess Caroline*, Vernon sintió un acceso de cólera que no encontró mejor forma de reprimir que elevando el puño en dirección al castillo de San Felipe, que con las primeras claras se erguía en tierra recortado contra la claridad y coronado por la bandera española, gritando fuera de sí:

—God damn you Lezo, God damn you![10]

Con las primeras luces crepusculares pero con el sol todavía sin asomar, los soldados que constituían la fuerza de reserva comenzaban a regresar al castillo sudorosos y sucios, pero exhaustos de felicidad, momento en que uno de los vigías llamó la atención de Lezo sobre un bote que se acercaba a la costa con una nueva embajada parlamentaria, constituida en esta ocasión por el fusilero con el pertinente pañuelo blanco y el oficial portador del mensaje y sin tambores con los que anunciarse. Lezo ordenó cesar el fuego y la embajada pudo acercarse hasta las murallas del castillo, aunque no hizo falta que el oficial gritara su mensaje, pues Alderete se ofreció a recoger el pergamino que portaba para hacerlo llegar a su

10 ¡Dios te maldiga, Lezo, Dios te maldiga!

almirante, y que en definitiva contenía una oferta firmada por el general Thomas Wentworth para el intercambio de prisioneros y heridos.

Del recuento de bajas en uno y otro bando se desprendía que los españoles habían perdido 14 hombres en el asalto al castillo y otros 20 en el ataque en tromba de las fuerzas de reserva; por su parte, los ingleses perdieron no menos de ochocientos soldados mientras que otros quinientos fueron hechos prisioneros. Con buen criterio, Lezo despachó la embajada negociadora de Wentworth con el argumento de que era demasiado pronto para establecer acuerdos, además de que muchos de los heridos británicos ni estaban en condiciones de ser evacuados ni tenían ninguna disposición a ello, pues conocían las insalubres condiciones de los barcos ingleses mientras que en Cartagena contaban con hospitales y médicos preparados para devolverles la salud perdida.

En el momento de dar la novedad al almirante, Alderete no pudo evitar un rictus de dolor al comunicarle que el capitán Rafael Ochoa había aparecido muerto en el fuerte de San Juan de Manzanillo junto con sus 24 voluntarios.

—Los cañonazos terminaron por abrir una brecha en el muro, almirante. Los cadáveres aparecieron distribuidos entre la muralla y el patio. Es evidente que presentaron batalla hasta el final. No se rindieron.

Lezo no pudo evitar un sentimiento de piedad al pensar en aquellos hombres que habían ofrendado su vida para permitir que el resto pudieran seguir viviendo.

—El cadáver de Ochoa apareció envuelto en la bandera, que parecía haber defendido hasta el final. Su mano permanecía asida a una medalla con la imagen de Jesús del Gran Poder que llevaba colgada del cuello.

—Ha muerto como un valiente —sentenció Lezo—. Todos lo han sido. Gracias a gestos como el de capitán Ochoa y sus voluntarios, España podrá mantener el imperio.

—Hay otras novedades, almirante.

—Decidme —dijo Lezo apretando los dientes, seguro de recibir alguna otra noticia desagradable.

—Hemos encontrado el cadáver del teniente Horacio Aranda.

El mensaje que Alderete encontró en los ojos del almirante fue suficiente para empujarle a completar su explicación.

Estaba en una de las zanjas. En su cuerpo hemos contado no menos de cinco cuchilladas. ¿Recordáis la pequeña bayoneta en la pistola del oficial que vino a hacernos la oferta de rendición?

—Sí. El mismo que utilizó el cuerpo del teniente como escudo humano cuando huyó en dirección a la Popa tras presentar su oferta, a pesar de que nunca hubiera permitido que nadie abriera fuego sobre un enviado de paz.

—Parece que se deshizo cobardemente de Aranda cuando ya no le resultaba útil.

—¡El muy canalla! Ahora entiendo que el oficial que venía a pedir el intercambio de heridos tuviera tanta prisa en desaparecer. Les ahoga el peso de sus propias iniquidades.

—Hay otra cosa más, almirante.

—Decidme Alderete, estoy preparado para cualquier otro atropello.

—Ha aparecido también el cuerpo de don Ángel Vázquez.

—Está bien, no quiero saber nada de ese traidor —replicó Lezo con gesto hosco.

—Almirante, todo apunta a que fue fusilado…

Blas de Lezo juntó las cejas y permaneció mirando a Alderete invitándole a continuar.

—Tenía las manos atadas a la espalda y los ojos tapados con una venda. Ha recibido no menos de seis disparos. Todos en el corazón.

—Pobre hombre —suspiró Lezo en un sincero lamento—. Al final a todos nos toca rendir cuentas a Dios.

—Hay algo que creo que deberíais saber.

En la distancia, Alderete distinguió la figura del ingeniero Alfonso Lorenzo, convocándolo a presencia del almirante.

—Don Alfonso, os ruego que repitáis ante el almirante lo que me habéis comentado al conocer que Ángel Vázquez había sido fusilado.

Alfonso Lorenzo agitó la cabeza y se llevó los dedos a los ojos acuosos anegados en lágrimas.

—Señor, sé bien que me pedisteis discreción en mis trabajos, pero siempre consideré a don Ángel un patriota y me resultó de mucha ayuda en la ejecución de vuestras órdenes. Era curioso en extremo, y también muy inteligente. Cuando nos ocupábamos de la excavación del foso para que las escalas de los herejes no fueran capaces de remontarlo me preguntó varias veces el sentido de tales trabajos. A fe que en cumplimiento de vuestras órdenes guardé silencio, pero tengo para mí que el bueno de don Ángel supo interpretar vuestras intenciones.

—Almirante —intervino de nuevo Alderete—. Sospechamos que lejos del traidor por el que le habíamos tenido, el señor Ángel Vázquez se ha comportado como un héroe. Un auténtico patriota. Debo deciros, además, que días atrás tuve una conversación con él durante la guardia de la amanecida en la que en tono pesimista me aseguró que él no disfrutaría de muchos amaneceres más. Cuando le pregunté el porqué de sus amargas palabras me contestó un lacónico —lo sé—, mientras hacía arabescos en la tierra con una pequeña rama. A continuación añadió que esperaba que a cambio de su vida, su querida yegua Centella pudiera salir airosa del trance que les esperaba a ambos. En caso de que así fuera, me hizo prometer que os haría llegar el animal como su postrer regalo.

Esta vez fueron los ojos de Lezo los que se humedecieron.

—Ángel Vázquez ha escrito una página heroica de la historia de España. Hoy mismo, al atardecer, su nombre será mencionado en la hora de la oración como corresponde a la hidalguía de su persona y la grandeza de su gesto.

Tras repartir las órdenes pertinentes para el caso de que Vernon se decidiera a contraatacar, Lezo se dirigió al patio del castillo donde formaban los oficiales españoles para dar novedades a su jefe. Una vez recibida la de la tropa vio avanzar hacia él a Francisco Pérez, el marqués de Quiri, que a pesar de su edad había sido visto en varios puestos de la muralla replicando el fuego inglés con los fusiles de los soldados abatidos. Al llegar a su altura Francisco Pérez se cuadró, saludó y dio el parte al almirante.

—Señor, los supervivientes de la tertulia de FDP forman sin novedad y os felicitamos efusivamente por vuestra nueva victoria sobre los ingleses.

Lezo devolvió el saludo al marqués, girándose a continuación para saludar militarmente al pequeño grupo que formaba junto al muro. Allí estaba el ingeniero Alfonso Lorenzo y junto a él Sebastián Romero, el pescador y Luis Montes, llegado inicialmente a Cartagena como enlace con el Paisano y que a la postre había servido como un soldado más. A pesar de que una herida de bala en la mejilla le impedía hablar, el brillo de los ojos del limeño expresaba la inmensa satisfacción que sentía. Cerrando la formación, alto y delgado como un junco, Carlos Aranda, representante del gobernador de La Habana, sonreía orgulloso del resultado de la batalla y esperaba expectante los acontecimientos por venir, pues deseaba regresar a Cuba cuantos antes a informar a sus jefes.

Recibidas las novedades de los militares y de parte de las fuerzas civiles que tan buen servicio habían rendido, Lezo marchó al despacho del virrey a comunicar el parte de guerra que tanto había ansiado trasmitir.

—Con vuestro permiso, excelencia —Lezo penetró en el despacho de Eslava que en ese momento sostenía la pluma sobre unas cuartillas emborronadas.

—Adelante, almirante, tomad asiento por favor.

Lezo se mantuvo de pie. El carácter militar de las palabras que venía a trasmitir exigía el protocolo de mantenerse firmes.

—Excelencia, vengo a daros la novedad de los combates.

—Está bien —contestó el virrey poniéndose en pie con el rostro turbado y dando la vuelta a las cuartillas sobre las que escribía.

—Señor, hemos quedado libres de los inconvenientes que nos acuciaban.

La natural humildad de Lezo a la hora de trasmitir una victoria tan importante como largamente esperada desarmó al virrey, que tardó en reaccionar, aunque terminó haciéndolo con una fría inclinación de cabeza.

—Está bien —respondió secamente.

—Este suceso no puede ser atribuido a causas humanas, excelencia, sino a la misericordia de Dios.

Dejando sus últimas palabras suspendidas en el aire, Lezo dio media vuelta y se retiró haciendo más ostensible que nunca su cojera.

Eslava siguió con la mirada la espalda del almirante hasta que este abandonó la estancia. Antes de volver a sus papeles el virrey analizó las últimas palabras de Lezo, en las que creyó adivinar algún tipo de reproche a su persona. Finalmente, apretando los dientes, volvió a tomar la pluma y siguió escribiendo el diario con el que pensaba dar noticia a Felipe V de la importante victoria recién obtenida sobre los ingleses.

A bordo del *Princess Caroline* el consejo de Guerra celebrado entre Vernon y Wentworth resultó más exaltado que cualquier otra reunión anterior. Para Wentworth la responsabilidad del desastre residía en la miopía táctica del almirante a la hora de afrontar el combate, mientras que para este la derrota se había debido a la escasa inclinación a la lucha de la fuerza expedicionaria. Vernon era de la opinión de dejar descansar unas horas a los soldados antes de acometer un nuevo intento de toma de San Felipe, mientras que lo único que preocupaba al general en aquellos instantes era recuperar a los heridos y prisioneros ingleses que habían quedado en tierra.

Dos días después de la batalla, Eslava recibió una carta de Vernon en la que pedía una tregua apelando a la legendaria caballerosidad española. Además del consabido intercambio de prisioneros que ya había solicitado Wentworth, el almirante pedía permiso para reabastecer sus barcos de agua y alimentos. Eslava se negó a este último punto, argumentando que mientras un solo barco inglés permaneciera en la bahía seguirían siendo enemigos del imperio. A pesar de lo medroso que se había mostrado en la batalla, Eslava comenzaba a sacar pecho, animado, además de por una victoria prácticamente consumada a la que había concurrido con escasos méritos, por el informe que le hacían sus subordinados en referencia a que a bordo de los barcos ingleses se arrojaban al mar diariamente no menos de 20 o 25 cuerpos de marinos y soldados muertos por la fiebre amarilla.

El intercambio de prisioneros se llevó a cabo el día 27. Los botes ingleses trajeron un total de 71 españoles que habían sido apresados en diferentes circunstancias. A cambio, Eslava autorizó la marcha de 66 prisioneros y sólo una docena de heridos, pues el resto prefirió recuperarse en los hospitales españoles, ordenando el virrey que fuera respetada su decisión. Concluido el intercambio de prisioneros y convencido Vernon de que un nuevo ataque no tenía ninguna posibilidad de prosperar, se encerró en su camarote, donde, lejos de digerir la derrota, escribió una carta a Lezo participándole que la batalla de Cartagena ni mucho menos había llegado a su fin. Tras una larga lista de excusas y razones ajenas a su disposición táctica por las que la victoria se le había mostrado esquiva, el almirante londinense concluyó su epístola de manera desafiante:

«Hemos decidido retirarnos para volver pronto a esta plaza después de reforzarnos en Jamaica».

Blas de Lezo tuvo noticias de la carta de Vernon mientras pasaba revista de daños al *Galicia*. Como quiera que la leyó en voz alta, el oficial que lo acompañaba, llamado Juan Domingo Ordozgoiti, que había permanecido prisionero de los ingleses durante la batalla, no pudo reprimir un comentario que el almirante hizo suyo en su respuesta a Vernon:

«Para venir a Cartagena es necesario que el rey de Inglaterra construya otra escuadra, porque ésta sólo ha quedado para conducir carbón de Irlanda a Londres, lo cual les hubiera sido mejor que emprender una conquista que no pueden conseguir...».

Los ingleses perdieron un total de 22 navíos, dos fragatas y más de 30 buques de transporte, quedando muchos de los barcos supervivientes convertidos en hospitales flotantes durante el día y en siniestras morgues de noche alrededor de las cuales los tiburones esperaban su sustento diario cada amanecer. Para navegar de regreso a Jamaica, Vernon contaba únicamente con dos mil marineros, de manera que tuvo que prender fuego a otros cinco buques por falta de manos para maniobrarlos. En total los ingleses perdieron ocho mil hombres, la mayoría soldados, a los que habría que sumar más de dos mil de los voluntariosos virginianos de Washington. Los españoles sumaron aproximadamente 900 muertos y más de mil heridos, aunque durante las siguientes semanas las cifras escalaron cotas más altas en ambos bandos debido a las epidemias derivadas de la alta mortandad de los combates y el insalubre clima de la zona.

La misa de acción de gracias celebrada en las ruinas de la catedral de San Francisco a los pocos días de concluida la batalla se vio interrumpida por la llegada de los prisioneros españoles, acontecimiento que motivó encendidos momentos de emoción, principalmente por los gritos exultantes de alegría de la afligida y enlutada Amandita, cuando adivinó en la larga fila de hombres devueltos por los ingleses a su marido, al que abrazó con fuerza sin consideración al brazo que llevaba en cabestrillo por haber sufrido varias fracturas como consecuencia de la voladura del *Conquistador*. La alegría de Amandita contagió al resto de asistentes, incluido al almirante Blas de Lezo, hasta que el reverendo padre Felipe se vio obligado a llamar la atención de los fieles, recordándoles que pisaban suelo sagrado. Aquella noche la casa de los Amaya recuperó el esplendor de los días previos al ataque a Cartagena, como símbolo de los tiempos felices que no habrían de tardar en regresar.

EPÍLOGO

De los cuatro gigantes que se jugaron la suerte del Imperio español en la batalla de Cartagena de Indias, el general de división Thomas Wentworth fue el que dejó a los historiadores el rastro más difuso y difícil de seguir. Dos años después del combate fue elegido parlamentario en la Cámara de los Comunes, aunque no tardó en volver vestir el uniforme militar, ejerciendo como brazo derecho del mariscal de campo George Wade en el sofocamiento del intento de los jacobitas de restaurar en el trono inglés a la Casa Stuart. A partir de entonces se dedicó a escribir unas memorias que aunque seguramente hubieran sido bastante jugosas, nunca vieron la luz, pues la muerte le sorprendió dos años después en su casa de campo de Winchester, en el condado de Hampshire. Hasta el último día de su vida abominó de haber servido a las órdenes de Vernon en Cartagena, de quien dijo que todo lo que tenía de valiente en estado ebrio lo perdía una vez recuperada la sobriedad.

No es cierto que la carrera del vicealmirante Edward Vernon quedara truncada por su derrota en Cartagena, aunque sí lo es que Jorge II dio órdenes terminantes de eliminar cualquier mención a la misma en la historiografía británica. Tras la batalla contra los españoles Vernon regresó a la política, siendo elegido parlamentario por el condado de Ipswich. En 1747 fue ascendido a almirante y volvió a navegar al mando de la Flota del Mar del Norte con la misión específica de bloquear el intento de apoyo de los franceses a la causa de los Stuart, de manera que, aunque en escenarios diferentes, irónicamente volvió a estar unido a Wentworth en un mismo objetivo militar. Su carácter irascible y su proverbial soberbia, factores que sumados a otros lo condujeron a la derrota en Cartagena, volvieron a jugarle una mala pasada años después, cuando, incapaz de asumir el hecho de no haber sido nombrado Comandante en Jefe de la Marina Británica, escribió e hizo públicos dos panfletos incendiarios en contra del Almirantazgo que le valieron una amonestación por parte del rey, lo que de facto acabó con su carrera militar y también con la política. Muerto en 1757, su sobrino peleó hasta conseguir erigir una placa cerca de la entrada de la abadía de Westminster en la que, como si la hubiera redactado el propio almirante recordando y culpando a su odiado Wentworth, puede leerse: «*He subdued Chagres, and at Carthagena conquered as far as naval forces could carry victory...*»[11]. La mejor síntesis de su arrogancia quizás haya que buscarla en España, concretamente en el Museo Naval de Madrid, donde pueden contemplarse algunas de las monedas que se acuñaron en Londres después de que hiciera llegar a la *City* la falsa noticia de su victoria sobre los españoles en Cartagena.

Sebastián Eslava y Lazaga fue un buen militar que prestó excelentes servicios al rey durante la Guerra de Sucesión en la conquistas de Sicilia y Orán, y en la liberación de Ceuta. Cuando Felipe V decidió restablecer el virreinato de Nueva Granada sus blasones de caballero de la Orden de Santiago y comendador de la de Calatrava le allanaron el camino a la hora de ser nombrado virrey, donde llegó en 1739 con el empleo militar de teniente general recién obtenido.

En Cartagena coincidió con Blas de Lezo, que había ascendido al mismo empleo militar cinco años antes. Desde un punto de vista orgánico no fue una buena idea situar a un teniente general por encima de otro cinco años más antiguo, aunque hubieran sido enviados a Cartagena a ejercer misiones distintas. Se trataba de dos hombres de caracteres enér-

---

11 Sometió Chagres y en Cartagena llevó la victoria hasta donde fue capaz de llegar la fuerza naval...

gicos entre los que antes o después habría de saltar la chispa de la discordia, y aunque es cierto que Lezo tuvo palabras fuertes con quien al fin y al cabo era su jefe, no lo es menos que desde prácticamente su llegada a Cartagena, Eslava se dedicó a socavar su autoridad, incapaz de asumir el extraordinario liderazgo que Lezo tenía sobre sus soldados, revocando muchas de las órdenes y tácticas defensivas decididas por el almirante con el único objeto de minar su autoridad en beneficio de la suya propia.

Cuando se produjo el ataque inglés y este se ajustó a los vaticinios del almirante, tampoco supo reaccionar con flexibilidad, lo que se tradujo en menoscabos importantes de cara a una victoria final a la que no contribuyó en la medida que debió hacerlo. Una vez constatada la desmesurada diferencia de fuerzas, Eslava entró en shock y a pesar de sus reticencias tuvo que recurrir a Lezo, a quien mantenía arrestado en sus aposentos. La victoria de los españoles sobre los ingleses en Cartagena tuvo más que ver con Lezo que con Eslava, sin embargo el virrey preparó un informe sesgado en el que se atribuía unas decisiones que no fueron suyas y un don de mando que únicamente ejerció el marino vasco. Para no parecer narcisista, convino con Carlos Desnaux que el coronel firmaría su informe, para que no pareciera que estaba escrito en primera persona. Del informe a Felipe V se desprendía una actitud tan heroica en Eslava y Desnaux como rebelde y ruin en Lezo, lo que acarreó consecuencias trágicas al almirante, mientras que Eslava fue ascendido a capitán general pocos días después de la muerte del marino vasco.

Por lo demás, finalizada la batalla de Cartagena, Eslava ejerció la administración del virreinato con acierto y talento, construyó iglesias, hospitales y carreteras, pacificó las tribus de indios hostiles y estableció medidas que condujeron a la sensible mejora de la financiación y administración de justicia en su jurisdicción.

De regreso en España, el rey Fernando VI le nombró gentilhombre de Cámara, director general de Artillería en 1750 y ministro de Guerra cuatro años después, cargos que también ejerció con acierto. Antes de morir mostró arrepentimiento sobre el mal trato dado a Blas de Lezo y un año después de su muerte, en 1759, Carlos III le concedió el título de marqués de la Real Defensa de Cartagena de Indias, tres años antes de que reconociera, también a título póstumo, a Blas de Lezo con el marquesado de Ovieco.

En cuanto a Blas de Lezo, a pesar de ganar la batalla a los ingleses y ser el verdadero responsable de que cerca de 500 millones de personas del sur y centro del continente americano hablen hoy la lengua española en lugar de la inglesa, fue con mucho el que salió peor parado de los cuatro gigantes en los que nos hemos centrado en este epílogo. Más allá de su delicado estado de salud y sus taras físicas, el almirante vasco se mantuvo firme en su puesto durante los días que duró la batalla con Vernon. Existe cierta controversia sobre el detalle de si una vez obtenida la victoria, su esposa, Josefa Pacheco, viajó o no desde el Puerto de Santa María a Cartagena de Indias para reunirse con él. Aunque no se ha encontrado ningún documento que lo certifique, habría sido lo más natural una vez que llegara a su conocimiento que su marido había sido herido de gravedad a consecuencia de los combates. El hecho de que no exista constancia documental del viaje no demuestra nada, pues habiendo sido defenestrado su marido a resultas del informe de Eslava, no tendría nada de especial que su hipotético viaje no hubiera quedado registrado en Cartagena, donde los Lezo ya no eran nadie. Es cierto también que Josefa tenía una buena retahíla de hijos que cuidar en el Puerto de Santa María, pero no lo es menos que en esas condiciones ha sido y es una constante en la Armada desde tiempo inmemorial el dejar a los pequeños al cuidado de los compañeros cuando se ha de emprender un viaje por mor del servicio. En sus últimos meses de vida el almirante necesitaba todo tipo de cuidados y en mi opinión, si tuvo ocasión y amigos no les faltaban para propiciarla, su mujer pudo acompañarlo y cuidarlo hasta el último de sus días. En cualquier caso, con o sin su apoyo, a pesar de que la enfermedad le roía las entrañas el almirante sacó fuerzas de flaqueza para redactar su propio diario, convencido de que el escrito por el virrey estaría infestado de falsedades y medias verdades. Conocedor Eslava de la existencia del diario de Lezo, trató por todos los medios de hacerlo desaparecer.

La salud de Lezo fue empeorando con el paso de los días. Postrado en la cama, sumido cada vez más en la inconsciencia, no supo que el virrey, por carta a Felipe V fechada el 21 de mayo, había vertido sobre él acusaciones de desequilibrio mental, insubordinación e incompetencia, y en consecuencia el 6 de septiembre atracaba en Cartagena una fragata con la valija real en la que el rey comunicaba su destitución y la pérdida de su hacienda y honores, además de requerir su presencia en España para ser juzgado. Afortunadamente el almirante no llegó a conocer el contenido de la ignominiosa carta de Felipe V, pues a las 8 de la mañana del día siguiente embarcó en la nave que no regresa nunca. Con las facultades prácticamente perdidas y recordando, quizás, entre brumas alguno de sus combates navales, parece que susurró sus últimas palabras a Josefa cuando ya estaba consumido por la fiebre: «*Dile a mis hijos que morí como un buen vasco, amando y defendiendo la integridad de España y del Imperio. Gracias por todo lo que me has dado, mujer . ¡Fuego! ¡Fuego...!*»

En cuanto a la causa concreta de la muerte del almirante, sabemos únicamente que murió de fiebres y que probablemente estas fueron causadas por alguna infección. Hay constancia de que resultó herido de cierta gravedad a bordo del *Galicia* durante los primeros días de la defensa de Cartagena, aunque no dio importancia a las heridas. En vista de su agotamiento y estado de salud, pudieran haber sido estas heridas las que provocaron el cuadro clínico final que le condujo a la muerte. Otra posibilidad es que se hubiera infectado de peste, que fue una de las epidemias que se desataron después de la batalla debido a la gran cantidad de cadáveres ingleses en descomposición que quedaron en el campo de batalla, siendo la fiebre persistente una de las manifestaciones finales de esta enfermedad. En todo caso, la inquina del virrey, que entre otras cosas terminó llevándole a la ruina, impidió que Lezo pudiera tener una muerte digna en su propia casa, ya que a falta de rentas con que pagarla terminó viviendo en una ajena gracias a la caridad de su amigo el marqués de Valdehoyos.

Se desconoce también el lugar exacto donde pudiera haber sido enterrado su cuerpo, aunque el hecho de que perteneciera a la orden de la Vera Cruz que, entre otras cosas, se ocupaba de sepultar cristianamente a los soldados muertos sin recursos, y que en la catedral de San Francisco existiese una capilla aneja propiedad de esta orden que contaba con una pequeña cripta en la que se llevaron a cabo algunos enterramientos, empujan a pensar que se le pudiera haber dado tierra en este lugar como el soldado sin recursos que fue al final de su vida. Con el paso del tiempo el lugar pasó por diferentes vicisitudes y en la actualidad es un cine abandonado cuyo propietario dio permiso en su día para que se llevaran a cabo las investigaciones pertinentes. Sea como fuere, una vez enterrado su marido, Josefa Pacheco habría regresado a España, donde siguió viviendo con sus hijos en su domicilio de El Puerto de Santa María, reconvertido hoy en bloque de apartamentos, un lugar al que los portuenses todavía se refieren como «*la casa de la Gobernaora*».

La ficticia comparación hecha por Eslava con el Cid Campeador no debió pasar desapercibida a Lezo, que se propuso a toda costa obtener una última victoria después de muerto. Y así sucedió con el diario que escribió hasta su último día de raciocinio y que Eslava trató de encontrar y neutralizar con todos los medios a su alcance, ejerciendo una vigilancia férrea sobre todo lo que salía de Cartagena, de manera que los capitanes de todos los barcos estaban advertidos de la prohibición de embarcar cualquier objeto sin el conocimiento y consentimiento del virrey. Quizás recordando los tiempos de la Guerra de Sucesión, cuando se le encomendó burlar el bloqueo al que los ingleses tenían sometido a Barcelona, tiempo en que izaba su insignia a bordo de la pinaza *Renard*, Lezo obtuvo una victoria postrera gracias a su fiel Lorenzo Alderete, el cual consiguió burlar la vigilancia del virrey hasta embarcar el diario a bordo de un buque que lo condujo hasta Cádiz, de donde, siguiendo sus instrucciones, llegó a las manos de don Zenón de Somodevilla, marqués de la Ensenada, el cual supo esperar el momento apropiado para mostrárselo al rey Carlos III, que en 1762 le honró con el título ya mencionado de marqués de Ovieco en la persona de su hijo Blas Fernando de Lezo Pacheco, título que ha sido ostentado hasta la fecha por un total de ocho descendientes del marino vasco, hasta ser heredado en 2012 por Antonio Marabini y Martínez de Lejarza, su actual titular.

En cuanto al episodio del navío *Stanhope*, se ha cuestionado desde un punto de vista documental la existencia de tal unidad en la lista oficial de buques de la Armada británica en el siglo XVIII, pues no se han encontrado documentos acreditativos al respecto. Personalmente es un dato que no me parece que tenga suficiente peso, toda vez que si Inglaterra tampoco reconoció la derrota de Cartagena, no tendría nada de especial que sus historiadores hayan querido obviar del mismo modo la existencia de un navío derrotado humillantemente por un buque menor que mandaba un oficial como Lezo, al que, además, tenían y tienen reconocida inquina. Más que en ningún otro país, en Inglaterra se ha supeditado siempre la verdad a la llamada intención superior, que en este caso sería preservar el orgullo patrio obviando cuanto tenga que ver con el hombre que les humilló infringiéndoles la peor derrota naval de su historia, les llevó a acuñar unas monedas que hoy representan una vergüenza nacional y es, además, el artífice de que 500 millones de americanos hablen hoy castellano en lugar de inglés.

La Armada ha sabido reconocer la heroica figura de Blas de Lezo y hasta la fecha su nombre ha adornado las aletas de cuatro unidades navales, siendo la última la fragata lanzamisiles F-103, botada en los astilleros de Ferrol en 2004. En 2005, con motivo de la celebración del bicentenario de la batalla de Trafalgar, la corona británica organizó en Porstmouth una parada naval presidida por la reina Isabel II y el príncipe Carlos, en la que participaron más de cien buques representando a cerca de cincuenta de países. España y su Armada estuvieron representadas por el portaaviones *Príncipe de Asturias* y la fragata *Blas de Lezo*. De esta forma la figura del almirante volvía a hacerse patente sobre unos mares que conoció en vida durante sus tiempos de corsario al servicio de los borbones franceses y el primero de ellos en el trono español.

Además de Blas Fernando, primer marqués de Ovieco, nacido en Perú, el gran marino vasco dejó otros seis hijos. Josefa Anastasia, nacida también en Perú, contrajo matrimonio con el vizconde de Santisteban, habiendo nacido los otros cinco hijos en el Puerto de Santa María: Cayetano Tomás, que llegó a ser gobernador de Santa Cruz, cargo en el que le sorprendió la muerte, Pedro Antonio, que falleció siendo un niño, Agustina Antonia y Eduvigis Antonia, que profesaron ambas como monjas Agustinas Recoletas, y la pequeña Ignacia Antonia, que casó con Eugenio Fernández de Alvarado, marqués de Tabalosos. Josefa Pacheco murió en El Puerto de Santa María en 1743, recibiendo cristiana sepultura en el convento de Santo Domingo, que con la desamortización de Mendizábal pasó a ser sede de la Academia de Bellas Artes de la bella ciudad gaditana, reconvirtiéndose posteriormente y hasta la fecha en un instituto de enseñanza superior.

En los últimos tiempos la figura y la memoria de Blas de Lezo han resurgido con fuerza, teniendo como uno de sus más fuertes impulsores el libro del colombiano Pablo Victoria «El día que España derrotó a Inglaterra», basado en la victoria de Lezo sobre Vernon en Cartagena de Indias. El libro narra de forma rigurosa los detalles y la cronología más importante de los combates en la ciudad caribeña, contando con el importante aval de haber sido escrito por un colombiano profundo conocedor de la zona, además de, a la vista de su lectura, del orden de batalla y la evolución de tan épica y trascendental batalla.

Tras la publicación del libro de Pablo Victoria, una especie de euforia histórica pareció apoderarse de los medios de comunicación españoles y comenzaron a surgir todo tipo de *podcasts* y entrevistas, principalmente radiofónicas. Ocasión que no dejó pasar el Instituto de Historia y Cultura Naval de la Armada para poner en marcha una exposición permanente en el Museo Naval de Madrid que, bajo el título de «El valor de Mediohombre», contribuyó notablemente a difundir la biografía de este héroe nacional. La exposición tuvo un éxito resonante de asistencia hasta el punto de que hubo de prolongarse en el tiempo y después de clausurarse en Madrid se hizo itinerante, visitando un buen número de capitales de España.

A título bibliográfico, el libro de Pablo Victoria ha constituido una de las principales fuentes a la hora de escribir esta ficción, además de otra novela: «El Héroe del Caribe», de Juan Antonio Pérez Foncea, y, sobre todo, la voluminosa y extraordinaria tesis doctoral del doctor Antonio Pérez-Piqueras Gómez, que con el sugestivo título de «Blas de Lezo, sus cirujanos y el nacimiento de la cirugía española moderna» constituye, para mi gusto, uno de los documentos más completos de la historiografía del Almirante y de la cirugía naval de la época en nuestro país, pionera y piedra filosofal de la actual.

El interés que ha despertado la figura del Almirante entre los españoles se ha sintetizado en la inauguración de algunos monumentos a su memoria fundamentalmente en Cádiz y en Madrid. El de Madrid, una estatua que se levanta en la Plaza de Colón, es obra de Salvador Amaya, casualidad o no, casado con Victoria Amanda González, que con la gestión de varios blogs relacionados con Blas de Lezo es una enérgica defensora de la figura del Almirante.

En los últimos años se han colocado placas conmemorativas en su casa natal en Pasajes, en la que fue su residencia en el Puerto de Santa María y en el castillo de San Felipe de Barajas que con tanto acierto defendió en Cartagena de Indias, mientras que cada vez son más los municipios que se animan a rotular una calle o plaza con su nombre.

En mi opinión, la figura de Jack Aubrey (Russell Crowe), capitán de la fragata *Surprise* en la película de Peter Weir «Master and commander», ambientada en las guerras napoleónicas de 1805, podría perfectamente sustentarse en la figura del marino vasco, dada la extraordinaria forma de combatir, pericia marinera y sobre todo el enorme ascendiente que el protagonista ejerce sobre sus marineros tanto en la navegación como en el combate. Lastimosamente, a la filmografía española le falta una película que glose a uno de nuestros héroes navales, cuyo guion bien podría ser «El almirante». La figura y obra de Blas de Lezo bien lo merecen.

Por otra parte, las plegarias del arzobispo de Cartagena al beato Telmo durante el asedio inglés a la «Llave del Imperio» dieron fruto, y el 13 de diciembre de 1741 su culto como santo fue confirmado por el papa Benedicto XIV, de forma que la figura del santo palentino es hoy, junto a la muy marinera Virgen del Carmen, objeto de culto por la gente de mar.

Respecto a la batalla de Cartagena y las intenciones británicas, es cierto que como parte de la estrategia de Jorge II para conquistar el imperio español, a la flota de Edward Vernon debía haberse sumado la de George Anson por el Pacífico, pero dos de sus seis barcos, el *Pearl* y el *Severn*, fueron incapaces de doblar el cabo de Hornos en pleno invierno austral y tuvieron que regresar a Inglaterra, otro, el *Wager*, naufragó frente a las costas de Chile y sólo sobrevivieron cuatro marineros. Los otros tres navíos sí consiguieron alcanzar su objetivo, pero tuvieron que renunciar al combate pues, además de llegar tarde, los cerca de 900 hombres que componían las tripulaciones habían quedado reducidas a la tercera parte a causa del escorbuto, hasta el punto de que dos de los tres barcos supervivientes, el *Gloucester* y el *Tryal*, fueron abandonados por falta de tripulaciones, concentrando Anson todos sus efectivos a bordo de su buque insignia, el *Centurion*, que a la vista de lo exiguo de su flota y de la determinación de los defensores de Lima tuvo que regresar también a Inglaterra, donde tuvieron noticia del descalabro sufrido por Vernon en el Caribe. En definitiva y en el contexto global de la Guerra del Asiento, a la derrota de Vernon en Cartagena habría que sumar la de Anson en El Perú, aunque esta fuera propiciada por los elementos. Así le pasó a Felipe II con su Gran Armada y los propios españoles lo contabilizamos como una victoria inglesa. *Quid pro quo.*

Lamentablemente la victoria de los españoles en Cartagena de Indias fue sólo el canto del cisne. El imperio estaba herido de muerte debido a la mala administración que se había venido haciendo del mismo a lo largo de muchos años. Gracias a Lezo España se repuso, pero sólo para seguir deslizándose poco a poco a un abismo por el que empezó a precipitarse sesenta años después en Trafalgar, preludio de otras batallas en las que, de forma definitiva, se terminaron de entregar unas colonias que tanto trabajo y sangre había costado ganar. Quién sabe qué hubiera pasado si España y la Armada hubieran encontrado su Blas de Lezo en Trafalgar, Cuba y Filipinas.

Las últimas letras de «El almirante» se escribieron en Jerez de la Frontera con las primeras claras de la madrugada del 20 de marzo de 2017, unas horas antes del equinoccio de primavera. La novela está dedicada a la grandeza de don Blas de Lezo y Olavarrieta. Gracias don Blass (así se referían a él los ingleses), por mantener el vínculo con nuestros queridos hermanos de ultramar, y para un amante de las letras castellanas como el que suscribe, gracias redobladas por permitirnos leer en nuestra hermosa lengua a autores tan reputados como Gabriel García Márquez (México), Álvaro Mutis (Colombia), Jorge Luis Borges (Argentina), Pablo Neruda e Isabel Allende (Chile), Julio Cortázar (Argentina), Mario Vargas Llosa (Perú), Juan Carlos Onetti (Uruguay) o José Martí (Cuba). ¡ Gracias Almirante!

OTROS TÍTULOS DE LA COLECCIÓN

LUIS MOLLÁ

La FLOTA *de las* ESPECIAS

Magallanes y Elcano
La epopeya de la primera vuelta al mundo

Una historia de valor y obstinación en la que un grupo de valientes
se enfrentarán en los océanos más tenebrosos y hostiles a los peores
elementos y calamidades, hasta completar una de las hazañas más
importantes de la historia de la humanidad

ALMUZARA

Jairo Junciel

EL GUARDÉS

del

TABACO

Una espléndida novela histórica
de capa y espada, inspirada
en clásicos del género como
Alejandro Dumas, Rafael Sabatini
o nuestro Arturo Pérez-Reverte

III
Premio de
Novela Albert
Jovell

ALMUZARA

ÓSCAR EIMIL

REINOS de SANGRE

La Forja de España

*La mejor novela histórica sobre
la épica gestación de los reinos de
León, Castilla, Navarra y Aragón*

ALMUZARA

LUIS MARÍA CAZORLA

La REBELIÓN
del GENERAL
SANJURJO

Helena, emperatriz del Imperio Romano y madre de
Constantino el Grande, descubre algo que ocurrió 326
años atrás con José de Arimatea cuando el Mesías fue
bajado de la Cruz para ser enterrado y ordena llevar a
cabo una misión de búsqueda a Antonino Quintus por
todo el imperio para que averigüe, qué secreto guardó
quien ayudó a enterrar a Jesús

FERNANDO
CARRASCO

I·N·R·I

ALMUZARA

El Almirante. La odisea de Blas de Lezo, el marino español nunca derrotado se terminó de imprimir el 8 de mayo de 2018. Tal día del 1254, en España, el rey Alfonso X *el Sabio* otorga la normativa fundacional de la Universidad de Salamanca.